2012 年 4 月 11 日，在《书香中国》节目录制现场，接受时任新闻出版总署署长柳斌杰颁发的全民阅读形象代言人聘书

2021 年 4 月，参观苏州市相城区政协委员之家的图书馆

2019 年 8 月 20 日，出席爱阅小学图书馆基本配备书目发布会

2021 年 9 月，获得了首届“iBbY-iRead 爱阅人物奖”（全球两名获奖者之一）

2016 年 2 月 18 日， 在国家图书馆拍摄《提案故事》时，给孩子们讲绘本

2021 年 9 月，在江西师范大学与师生座谈

2015 年，在新华网做访谈

2022 年 4 月 7 日，在新华社录制读书节目

知遇
ZHIYU

我的阅读观

WO DE YUEDUGUAN

朱永新 / 著

漓江出版社
·桂林·

图书在版编目（CIP）数据

我的阅读观 / 朱永新著 . -- 桂林：漓江出版社，2022.5（2025.11 重印）
ISBN 978-7-5407-9210-7

Ⅰ . ①我… Ⅱ . ①朱… Ⅲ . ①阅读课 - 教学研究 - 中小学 Ⅳ . ① G633.332

中国版本图书馆 CIP 数据核字（2022）第 023004 号

我的阅读观
朱永新 著

出 版 人 梁 志
策划统筹 文龙玉
责任编辑 章勤璐
封面设计 石绍康
责任监印 黄菲菲

出版发行 漓江出版社有限公司
社址 广西桂林市南环路 22 号
邮编 541002
发行电话 010-85891290 0773-2582200
邮购热线 0773-2582200
网址 www.lijiangbooks.com
微信公众号 lijiangpress

印制 大厂回族自治县聚鑫印刷有限责任公司
开本 710 mm × 1000 mm 1/16
印张 20
字数 317 千字
版次 2022 年 5 月第 1 版
印次 2025 年 11 月第 3 次印刷
书号 ISBN 978-7-5407-9210-7
定价 52.80 元

目 录／Contents

第二章　一个民族的精神境界取决于这个民族的阅读水平

第三章　一个没有阅读的学校永远不可能有真正的教育

第五章　共读、共写、共同生活

附录

阅读的力量

（卷首诗）

莎士比亚说
书籍是全世界的营养品
生活里没有书籍就好像没有阳光
智慧里没有书籍就好像鸟儿没有翅膀

狄金森说
没有一艘船能像一本书
也没有一匹马能像
一页跳跃的诗行那样——
把人带向远方

卡莱尔说
书籍，这所当代真正的大学
横卧着整个过去的灵魂
使我们做内心的反省，是她最主要的影响

爱迪生说
书籍，是天才留给人类的遗产，世代相传
更是给予那些尚未出世的人的礼物
阅读之于精神，正如身体之于运动的力量

爱默生说

读书时
他愿在每一个美好思想的面前停留
就像在每一条真理面前停留一样

赫尔岑说
书是一代人对下一代人精神上的遗训
是行将就木的老人
对刚刚开始生活的年轻人的忠告和宣讲

是啊
那些伟大的书籍
她是那样的诡秘、神奇
她是那样的博大、深邃、不同凡响

一个人的精神发育史
就是他的阅读史
一个民族的精神境界
取决于她有多少人把书本装在心房

一个没有阅读的学校
永远不可能有真正的教育
一个美丽的城市
一定有满城飘溢的书香

书像睡美人
静静地躺在图书馆里，依偎在书架上
等待着我们怀着爱慕
用心灵相拥，用思想相伴

书像好朋友

是最有耐心和最令人愉快的伙伴
与读者终身相随
用真理为我们指路，用睿智为我们导航

书，是人生最重要的里程碑
让我们从这里出发
去穿越那些伟大的灵魂
去拥抱生命中每一次的绽放

改变，从阅读开始

（代序）

阅读意味着改变。通过阅读能够改变我们的一切，改变我们自己，改变我们的学校，改变我们的城市，改变我们的民族。

我无数次这样表达过我对于阅读的意义和价值的基本观点：

一个人的精神发育史就是他的阅读史。

一个民族的精神境界取决于这个民族的阅读水平。

一个没有阅读的学校永远不可能有真正的教育。

一个书香充盈的城市必然是一个美丽的城市。

我们在新教育实验过程中总结出了这样一个阅读理念：

共读共写共同生活。

这五句话，构成了我的阅读观。

一、一个人的精神发育史就是他的阅读史

我们很少认真思考：每个人的精神是怎么成长起来的？个体精神成长的历程是怎样的？如果把精神成长与躯体成长做个比较的话，躯体的成长更多是受遗传和基因的影响，个体的精神成长却不完全依靠基因和遗传，而与后天阅读息息相关。

个体的精神发育历程是整个人类精神发育历程的缩影。每一个个体在精神成长过程中，都要重复祖先经历的过程。这一重复，是要通过阅读来实现的。

人类的历史有很多的精神丰碑，要达到或者超越那些精神高峰，阅读和思考是唯一的途径。只有通过阅读，通过与孔子、孟子等先贤达人的对话，才能达到他们那个时代的精神高度；只有通过阅读，通过和文艺复兴时期的大师们交流，才能达到他们那个时代的思想境界。

人类精神的阶梯就这样随着重复阅读不断延伸。如果没有这样的重复，人类的精神就会退化，就会衰落；没有阅读，我们这一代人的精神境界可能还远不如文艺复兴时代的大师们，甚至还不如更早以前的历史阶段。

我推崇书籍阅读而不是网络阅读。人类最伟大的思想在书里。尽管我国目前的网络阅读人数已经超过了纸质阅读人数，但我认为，人类最伟大的思想还处在离线状态。网络上更容易吸引眼球的是信息、广告和娱乐的内容，人类的理解，特别是人类理性的洞察力，通过网络很难获得，智慧的内容在网络上更是凤毛麟角。对人类思想的进化而言，对个人思想的发展而言，从信息到知识再到智慧，就像一个金字塔，它是精神与智力逐步升级发展的过程。唯有通过书籍阅读，我们每一个人的智慧才能一步步地通往精神的"金字塔"之巅。将每一个人的智慧汇总起来，才能体现我们这个时代的精神高度。

没有阅读就不可能有个体心灵的成长，不可能有个体精神的完整发育。

通过阅读，我们不一定变得更加富有，但一定可以变得更加智慧。

通过阅读，我们不一定能改变我们的长相，但一定可以改变我们的品位和气象。有些人相貌普普通通，但"听君一席话，胜读十年书"，令人如沐春风，你会觉得他深邃厚重，觉得自己得到很多启迪。人的相貌基于遗传无法改变，但是人的精神可以通过阅读而从容，而气象万千。

通过阅读，我们不一定能延长我们生命的长度，但一定可以拓宽我们生命的宽度，增加我们生命的厚度。人的生命长度有基因等先天因素在起作用，而后天阅读可以让我们的精神世界更加宽阔而充实。

通过阅读，我们可以在有限的生命当中欣赏无限的美景，体验精彩人生。

通过阅读，我们不一定能实现我们的人生梦想，但阅读一定可以帮助我们更接近我们的人生梦想。

阅读，对个体的精神成长至关重要。

二、一个民族的精神境界取决于这个民族的阅读水平

很久以来，我们一直都将阅读仅看作个体的行为。这样的认识是片面的。我认为，一个国家、一个民族的共同阅读决定了其精神力量，而精神力量对于一个国家软实力与核心竞争力的培育，起着关键作用。国际阅读协会在一份报告中曾经指出，阅读能力的高低直接影响到一个国家和民族的未来。

犹太民族是值得我们关注和研究的民族。在以色列本土，有600多万犹太人，全世界的犹太人加起来不超过3000万。这个在公元70年以后就失去了祖国、到处流浪并寄人篱下的民族，为什么会产生那么多世界级杰出人物?

看看这些伟大的名字——马克思、爱因斯坦、弗洛伊德、海涅、卓别林、毕加索、门德尔松、柏格森、胡塞尔、大卫·李嘉图、卢森堡、基辛格、斯皮尔伯格、玻尔、费米、罗斯柴尔德家族、摩根、洛克菲勒、巴菲特……在全美200名最有影响的名人和100多名诺贝尔奖得主中，占美国总人口2%～3%的犹太人约有一半；全美名牌大学教授中，犹太人占三分之一；全美律师中，犹太人占四分之一，华盛顿和纽约两地的大律师事务所合伙人中，犹太人占40%；美国的百万富翁中，犹太人占三分之一；全美文学、戏剧、音乐的一流作家中，犹太人占60%……不胜枚举。

人类的物质世界和精神世界，几乎都被犹太人改变过——马克思的唯物史观，改变过或依然在改变着人类对社会和历史的观点；弗洛伊德的精神分析学说，改变了人类对自身的认识；爱因斯坦的相对论，改变了人类对物理世界和时空的认识。《货币战争》一书甚至认为，是犹太人掌握着当今世界的金融命脉。

一个民族获得这些杰出成就，靠的是什么?是智慧。而智慧的背后，是犹太人精神成长历程中对于书籍宗教般的情怀。犹太人嗜书如命，将阅读置于很高的地位：每4500个犹太人就拥有一个图书馆；在以色列，平均6个人就订一份英文报纸；犹太人会在书上涂一层蜂蜜，让孩子一生下来就知道书是甜的，他们还喜欢将书放在枕边……这种对书的迷恋和敬畏之情，

非常值得我们关注。

我认为，阅读对我们不断强化文化认同、凝聚国家民心、振奋民族精神、提高公民素质、醇化社会风气、构建核心价值等都具有不可替代的作用。

我们提出建设中华民族共同的精神家园，提出构建社会主义的核心价值体系，但是讲了这么多年，我们却一直没有寻找到最有效的方式。倡导阅读也许是最佳切入点。

我们所处的时代，几乎与所有快速成长的时代一样，有很大进步，但也有很多问题。今天，我们的社会缺乏共同的语言，而缺乏共同的语言，又怎么可能有共同的理想、共同的道德标准和共同的价值观呢？

作为一个民族共同的精神密码，共同的语言从哪里来？从我们的历史中来，从我们对于世界文明包括中国经典的共同阅读中来。没有共同的语言，没有共同的思想和价值，我们的民族也只能是一盘散沙。

我们曾经或者依然拥有共同的神话和历史、共同的英雄和传说、共同的精灵和天使、共同的图画和音乐、共同的诗歌和小说，但很长时间以来，我们冷落了这些共同的精神财富。这种冷落给我们带来了严重的后果：共同信仰的缺失，文明道德的滑坡，共同愿景的混乱，社会主义核心价值体系和思想基础的建设举步维艰。

为了寻找我们的历史，寻找我们自己，我们需要共读神话和历史。通过共读盘古开天、女娲补天、后羿射日、嫦娥奔月、精卫填海、夸父逐日、炎黄的战争与结盟，我们才能真正成为中华民族祖先的文化后裔；通过阅读希腊神话、希伯来神话，通过阅读美洲发现的历史，通过阅读南北战争解放黑人的美国历史，我们才能了解其他民族的历史和传说，才能让整个人类的文明在更大的生活圈里融为一体。

共同的阅读，是形成我们这个民族共同语言和共同精神密码的关键；共同的阅读，是形成我们这个民族核心价值体系的唯一途径。

我很喜欢的《朗读手册》一书中有一句话："阅读是消灭无知、贫穷与绝望的终极武器，我们要在它们消灭我们之前歼灭它们。"

为了我们这个民族的精神力量的养成，为了我们未来的终极前途，我们应该把阅读提升到国家战略的高度来认识。

三、一个没有阅读的学校永远不可能有真正的教育

很多人说，我们天天不都在读书吗？天天都在看教科书、教辅书。但是，这些并不是我的阅读观所提倡的真正意义上的书，这些书相当于母亲的乳水，对孩子来说很重要，很安全又容易吸收。但如果一个孩子终身都吃母乳，那他肯定是一个发育不良的孩子。每个孩子在两岁之后，甚至更早就要开始自主进食。

学校教育尤其是义务教育阶段，通过最有效率的课堂教育方式，将人类的知识高度集约化、效率化和组织化，在有效的时间内教给我们的孩子，作用就相当于母乳。但教科书不是真正意义上的原生态的思想。一个人的精神发育如果离开了自主阅读，离开了对于人类经典的阅读，就不可能走得很远，精神发育肯定不健全。

我一直认为学校教育关键的一点是，让学生养成阅读的习惯、培养阅读的兴趣和能力。如果一个学校将这个问题解决了，主要的教育任务应该说就算完成了。如果一个孩子在 10 多年的教育历程中，还没有养成阅读的兴趣和习惯，一旦他离开校园就很容易将书本永远丢弃到一边，这样的教育一定是失败的。相反，一个孩子在学校里成绩虽然普普通通，但对阅读产生了浓厚的兴趣，养成了终身学习和阅读的习惯，那他未来一定会比那些考高分的孩子走得更远。学校教育不仅要像母乳一样给孩子们提供最初的滋养，最重要的，还要通过提倡自主阅读让孩子们学会自由飞翔。

苏联教育家苏霍姆林斯基说，一个学校可以什么都没有，只要有为学生和教师精神成长而提供的书，那就是学校。只要有了书，孩子们就有了阳光，有了成长的空间。苏霍姆林斯基的学校的硬件设施比我们现在很多村小的还要差得多，但他每天都要和老师、孩子们一起读书，让孩子们真正走进图书的精彩世界。

一个人的精神饥饿感是在中小学形成的。古代的士大夫说三日不读书，面目可憎，这正是精神饥饿感造成的。人的很多习惯和能力的养成是有关键时期的，在这个时期如果适当地给予刺激，只要一学习就能够培养和掌握。精神饥饿感的形成也有关键时期，一旦错过这个关键时期，再想养成

阅读习惯，就很困难了。

现在，我国学校和学生的图书拥有量是很可怜的，民众阅读相当匮乏。我国每年出版的图书超过 30 万种，但是户均消费图书只有 1.75 本。作为世界上最大的图书生产国，我们却是人均阅读量最少的国家之一。

不仅仅是普通民众，大学生也没有阅读习惯。据复旦大学的一个调查：大学生阅读本专业经典著作的只有 15.2%，阅读人文社会科学经典著作的只有 22.8%，阅读专业期刊的只有 9.3%，阅读外文文献的更是只有 5.2%。而美国的大学生，每周阅读量至少是 500 页。美国的大学是怎么上的呢？不是“满堂灌”，不是学生“课堂上记笔记、考前背笔记、考后全忘记”，美国的大学首先是重视阅读，在有了共同语言的前提下再进行接下来的课程，这是建立在阅读基础上的对话。而我们的老师甚至二三十年来都拿着同样的备课稿去给学生们讲课，这被人戏称为“拿着一张教育的旧船票每天重复昨天的故事”。

没有阅读的学校，培养出来的学生也很难有阅读的习惯；没有阅读的习惯，我们培养出来的学生就是半成品甚至可能是废品。面对未来的社会和挑战，他们将很难有完整的精神生活和充实的人生。

让我们的学校，都成为阅读的天堂吧。

四、一个书香充盈的城市必然是一个美丽的城市

城市的美丽固然表现在它的建筑、规划和绿化上，但一座城市的真正的美，还在于这座城市里的人的品位和气质。人的品位和气质是怎么来的？是通过书籍阅读而来的。我认为，最优秀的城市就应该拥有最善于阅读的市民。

一个城市最美丽的风景应该是阅读的风景，一个文明的城市应该是学习型城市。学习型城市的美丽不在于外在的山水树木、街道建筑的感官之美，而在于内在的思想之美、文化之美。学习型城市的美丽在于有着自我超越的市民、催人上进的组织、简单宁静的生活和自觉创新的文化。这是学习型城市的生命之美、灵动之美。

学习型城市的核心要素是学习型市民，市民的素质决定城市的竞争力。

著名的城市学家刘易斯·芒福德认为，推动人类进步的两个伟大发明是文字和城市，是文字和城市的出现让信息的交换和物质的交换得以跨越时间和空间进行，而这个过程正是通过阅读来实现的。阅读在城市发展和城市自我校正、自我完善的过程中，具有怎样重要的作用，是不言而喻的。

我们应该继承中华民族的优良传统，以创建学习型城市、构建和谐社会为目标，通过广泛开展群众性阅读活动，倡导阅读理念，弘扬阅读文化，营造书香城市，让读书学习真正成为广大市民自觉追求的一种生活方式、自我发展的一种内在需求，进而确立现代市民意识、培育现代生活方式、养成现代文明行为，进一步提高文明素质，并通过阅读，让市民真正了解自己所居城市的文化，甚至积极参与塑造城市文化，从而促进城市文化由文化自觉状态走向文化创新状态，为中华民族的伟大复兴提供强大的动力支持和良好的人文环境。

我曾主持编写过《阅读，让城市更美丽》，这本书介绍了包括苏州市在内的很多国内外城市建设书香城市的经验。“阅读，让苏州更美丽”，这是苏州阅读节的主题词。每年的 9 月 28 日，也就是孔子的诞辰日那天，就是苏州的阅读节。我也呼吁设立“国家阅读节”，呼吁领导干部率先垂范，少一点烟酒味，多一些书卷气。

有书香的城市，有阅读氛围的城市，才是令人向往的美丽城市。

五、共读共写共同生活

今天的中国，无论是学校还是社会，都亟须重建共同的话语体系和共同的价值观。我们亟须通过共读，通过对话和相互用文字交流（共写），来实现真正的共同生活。新教育实验认为，共读共写共同生活，是过一种幸福完整的教育生活的必由之路。

共读，是指一个班级、一个家庭、一所学校、一个社区、一个国家乃至整个人类通过阅读继承共同的文化遗产，拥有共同的语言和密码，从而能够共同生活的最重要的途径之一。

共写，是指同学之间、师生之间、亲子之间乃至整个社会通过反复交互的书写，彼此理解，并在不断的自我反思中加深认同、体认存在的过程。

共同生活，是指同学之间、师生之间、亲子之间、社区成员之间，乃至东西部之间以及所有公民之间，通过共读共写共做（行动）等途径彼此沟通、相互认同，在保持差异性的同时不断地消除隔阂，并逐渐拥有共同的愿景、共同的未来。共同生活的努力，也是整个社会逐渐民主化的过程。

令人遗憾的是，因为没有对经典的共同阅读，因为没有师生之间心灵的对话，因为许多教师自身没有把阅读当成一生学习的重要途径，因为没有学生与学生、学生与教师、教师与教师之间的真正意义上的共同生活，许多学校已经成为精神与文化的荒芜之地，更谈不上成为社区的文化中心。

共读共写共同生活，意味着这样一种文化上的努力，即恢复书香传统以及书写传统。在现代生活背景下，通过对传统文明以及人类文明的反思继承，逐渐形成新的价值观，将班级、学校、家庭、社区、国家重新凝聚起来，冲破个人主义屏障，打破人与人之间相互隔离的状态，恢复生活的整体性和人与人之间的联系，从而不断地创造更加美好的未来。

我们希望，打破教科书和教辅资料一统天下的格局，恢复师生之间、亲子之间的共读传统，为每一位孩子寻找此时此刻最适合他的书籍，让师生、亲子沉浸在民族乃至人类最伟大的作品之中，恢复与传统的血脉联系，恢复师生之间被应试教育异化的密切联系。我们同时期待从书香校园的建设走向一个真正的书香社会。

我们还希望，通过共写，将人们的写作与生活连为一体，并成为反思交流的重要手段。师生、亲子之间的彼此的言语沟通与交流，将彼此的生命编织在一起，从而尽可能地消除相互隔阂、相互对立甚至相互伤害的状况，使人类生活的真正经验能够通过共写（沟通与交流）在彼此之间传递流动。

我们更希望，通过共读共写共同生活，人们不但生活在共同的空间里，而且也生活在共同的精神背景下，逐渐疗治被畸形竞争隔开的孤独的心灵，更加强调人与人之间的合作与和谐。

阅读对一个人、一个学校、一个城市、一个民族的价值和意义，我们怎样强调它也许都不过分。一个高尚的人，往往是通过阅读高雅的书籍成长起来的；一个美好的学校，往往是通过阅读使孩子们开始美好人生的；一个美丽的城市，往往是通过阅读成为令人向往的文明城市的；一个伟大的民族，往往是通过阅读形成共同文化价值而强大起来的。

曾经有一位儿童作家这样说，我们种一棵树的目的是什么？我们需要一张桌子，可以种一棵树。但是，如果种一棵树只是为了制作一张桌子，就忽视、蔑视了一棵树的价值。一棵树，当然可以是一张桌子。但是，同时它可以不使水土流失，是一道好风景，是一片浓荫，可以让人遮阳避暑；可以让孩子玩耍，可以拴一根长长的线，让风筝在天上飞；可以让鸟鸣唱、筑巢；可以花团锦簇、果实累累；可以千秋万代傲立，成为沧海桑田的见证……这就是种一棵树的价值。阅读就是种树，阅读的价值就是一棵树的价值。

阅读，是一种主动地承继和发展的力量。阅读作为人类行为，源自书籍却不限于书籍，也可以通过阅读绘画、雕刻、音乐，以及阅读不同的人生，进而改变我们自己，改变我们的生活，改变我们的社会，改变我们的世界。

改变，从阅读开始。

朱永新

2011 年 8 月于北京滴石斋

引言：什么是阅读

何谓阅读？《中国大百科全书·教育》的“阅读心理”条目告诉我们：“阅读是一种从书面语言中获得意义的心理过程。阅读也是一种基本的智力技能，这种技能是取得学业成功的先决条件，它是由一系列的过程和行为构成的总和。”现代认知心理学认为：阅读是一个典型的认知加工过程。在阅读活动中，人通过感觉器官接受来自阅读材料的信息，然后通过神经将这些信息传送到大脑，经大脑加工和分析后，变成了人可以理解的信息，从而做出相应的判断和决策。也就是说，阅读是从信息符号中获取意义的一种复杂的智力活动。这种活动为人类所特有，它不仅需要各种智力因素，如观察、记忆、思维、想象等的积极参与，而且各种非智力因素，如动机、兴趣、意志、性格等，在阅读中也有着十分重要的作用。[①]

阅读是通过视觉活动获得信息的过程。阅读是一种人类特有的视觉活动，特有之处就在于阅读活动中所使用的符号为人类所特有。使用符号是人类特有的天赋，而阅读正是这种天赋的集中体现。动物也可以通过视觉器官获得信息，但动物只能处理直观信息。而人类的阅读既可以处理直观信息，也可以处理抽象信息。阅读伴随着文字的出现而出现，在文字阅读开始后，人类社会的知识经验和智慧就可以跨越时空进行传递。随着社会的进步和科技的发展，阅读与人类的关系越来越密切。现在，阅读已成为当代社会一种十分普遍的活动，从事智力活动的人几乎一天也离不开它。它已成为人们学习、工作和生活的重要组成部分。

阅读是一种精神交流活动。通过阅读，人类比动物拥有了更多、更快的成长机会；通过阅读，人类比动物获得了更好的交流工具，人类个体之间

---

① 胡继武：《现代阅读学》，中山大学出版社，1991。

的交流关系可以脱离时空而存在；通过阅读，人类个体之间的交流活动显得更加细腻、高效和个性化。

阅读的内涵

要认识阅读的本质，可以从阅读活动的客体、主体和过程三个方面进行分析。

（一）阅读活动的客体

阅读活动的客体又称阅读的对象，有广义和狭义之分。广义的阅读对象包括自然和人类社会的一切。鲁迅就把社会看成读物，他提出，要“用自己的眼睛去读世间这一部活书”“专读书也有弊病，所以必须和实社会接触，使所读的书活起来”。陶行知说得更具体：“活书是活的知识之宝库。花草是活书，树木是活书，飞禽、走兽、小虫、微生物是活书，山川湖海、风云雨雪、天体运行都是活书。活的人、活的问题、活的文化、活的武功、活的世界、活的宇宙、活的变化，都是活的知识之宝库，便都是活的书。”

然而，自然和社会这两类“无字的书”或所谓“活书”，仅仅是比喻意义上的读物，实际上指书本以外的实际知识，即通过观察和实践从生活中直接获得的万事万物之理。它们不是通俗意义上的读物，把它们理解为学习对象更贴切一些。

狭义的阅读对象，是一种精神产品，如书本、报纸、杂志等。这种精神产品既不同于自然事物和自然现象那种“自然客体”，也不同于社会存在和社会关系那种“社会客体”，而是一种“可供传播精神的外化物”。

为什么要对阅读对象做这样的区分呢？区分广义的阅读对象和狭义的阅读对象有什么实质性的意义吗？一般来说，阅读对象决定了阅读方法和途径，也影响着阅读视野和阅读效果。因此，研究阅读对象有助于研究阅读方法、阅读途径、阅读视野和阅读效果。

在某种程度上，读者对于阅读对象的理解直接决定了他的阅读视野。

当读者把人类社会的一切都当作阅读对象时，他的阅读视野无疑是开阔的。当读者把阅读对象理解为狭义的精神产品时，他无非就是在读书、读报、读杂志，比较容易陷入“读死书”和“死读书”的困境。虽然不能绝对地说把人类社会作为阅读对象就好，把书报刊作为阅读对象就不好，但当我们用心去阅读人类社会的一切时，这样的阅读无疑比仅仅阅读书刊报纸更贴近现实生活，也更容易培养人的社会适应性。

阅读不应该只限于书本甚至经典著作。书本是人类文明的见证，是人类区别于动物的标志之一，也是自然人向社会人转变的驱动力之一。经典著作是书本中的杰出代表，是人类文明的精华。阅读书本、阅读经典可以使我们在短时间内学会人类积累的知识经验，实现“精神速成”。但仅仅阅读书本和经典是不够的，还需要阅读人类社会，用心去观察和实践，也就是把人类社会作为阅读对象。当然，人们在日常生活中也不乏对人类社会和工作生活实践的观察，但这种体会和观察大多是在无意中完成的，是自然发生的。对于有心人来说，他会自觉去观察、分析、反思和记录。但是，大多数人对生活、工作、实践和社会发生的点点滴滴采取了“放羊”的态度。除非影响了自己的工作生活，否则大多数人并不去留意周围发生的很多事情。“有心”和“无意”之间，差别就是卓越和平庸。为什么是牛顿发现了万有引力？那是因为他是个有心人，他用阅读的态度去看待苹果落地这一现象，以此为契机不懈地努力，终于发现了万有引力的存在。

阅读对象需要不断更新。这包含两层意思：第一，读者阅读过程中的对象需要转换。社会生活在不断变化，就需要不断转换阅读视角、不断转换心智模式，才能适应社会发展的需要。既要阅读书本和经典，也要“阅读”人类工作生活实践和人类社会；既要阅读通俗休闲读物，也要阅读学术读物；既要阅读人文社会科学，也要阅读自然科学。阅读对象的变换，会扩大阅读视野、促进心智发展、激发内在潜能。美国著名的管理大师德鲁克从年轻时候开始，每三年就要挑战一个自己未知的新领域。他通过大量的阅读，不断向新领域迈进，目的不在于成为那个领域的专家，而在于要能理解和分析发生在那个领域内的事。德鲁克 90 岁高龄时，依然每天阅读、写作，向着人类一个又一个文明领域发起冲击。第二，读者也可以转变成“被阅读”的对象，而且可以主动转变。我们在阅读的时候，会有自己的理解、分析和归纳，也可能由此产生新的灵感。这些灵感要变得有价值，就必须拿出去跟别人分享和交流，为别的读者所理解、吸收和批判。在交流、讨论和批判中，我们的认识就会逐步逼近真理。因此，作为读者，要有被别人“阅读”的勇气和心态，要积极主动地记录自己的阅读心得和阅读思考并与人交流。同时，在阅读过程中还可以对自己的心理状态进行“阅读”，也就是在阅读时观察和反思自己的阅读状态，以便更好地把握阅读过程、提升阅读技能。

（二）阅读活动的主体

阅读活动的主体就是阅读活动的发起者和承担者。阅读是阅读客体作用于阅读主体的头脑，在阅读主体中形成主观印象并为阅读主体所认识的过程。

阅读主体千差万别。阅读主体的差异决定了不同的个体在选择读物的时候，有很大的差异性。这表现在：不同的人选择不同领域、不同风格的书，不同的人对同一本书的理解和感受也不一样（选择性吸收），同一个人对同一本书的理解和感受在不同的时期也不一样。为什么会这样呢？因为不同读者的知识经验和思维方式不同，同一读者自身也在成长，不同时期的知识经验和思维方式也不同，这些都导致了对同一读物的不同理解。

也就是说，读者（阅读主体）的知识经验和思维方式在阅读的过程中起着非常重要的作用。读者的知识经验和思维方式决定了他跟什么样的书产生互动和共鸣。反过来说，这也是为什么不是每一本书我们都会理解和喜欢，因为我们的知识经验和思维方式跟这本书没有交集。

这意味着什么呢？

首先，阅读主体的知识经验和思维方式的差异性，决定了交流分享的必要性。正是因为阅读主体是千差万别的，阅读才显得奇妙和美丽，才需要交流和分享。正是因为有了读物选择的差异性和个人感悟的差异性，读者间的交流才有了可能和必要。试想，如果朋友之间喜欢的书籍完全相同，对同一本书的感受和体会也毫无差异，并且这种感受和体会在不同的时间序列下也永远不变，那么，朋友之间自然毫无分享的乐趣可言，更没有必要进一步交流和探讨。这样的人生，不就成为死气沉沉的人生了吗？阅读之所以精彩，是因为我们生命的脉搏跟读物产生了共鸣，是因为读者相互之间的交流和分享，可以让我们在阅读的基础上彼此印证和继续提高。正如萧伯纳所说："你有一个苹果，我有一个苹果，交换一下，我们各自还有一个苹果；你有一个思想，我有一个思想，交换一下，我们各自就有了两个思想。"

其次，阅读需要外在的知识经验和思维方式的指导。因为阅读效果受到个体知识经验和思维方式的影响，而每一个人的知识经验都是有限的，甚至每一个人的知识经验和思维方式都有"缺陷"，这就导致了在阅读时，我们的理解也必然不够全面，甚至是有错误的。知识经验的积累不可能一蹴而就，思维方式的形成也不可能一次完成，当知识经验不足、思维方式还不完善时，必须借助于我们的知识经验和思想火花才能收到很好的阅读效果，也就是说阅读需要指导。换个角度说，如果我们有意识地影响个体（无论是自己还是他人）的知识经验和思维方式朝着有利于阅读的方向变化，也就可以间接地促进阅读水平的提高。吉姆·崔利斯在《朗读手册》中说："你读得越多，理解力越好；理解力越好，就越喜欢读，就读得越多。"

最后，要读得精彩，也需要做得精彩。个体可以通过有意识地提高、丰富自己的知识经验和思维方式，从而促进阅读能力的提高。外在的指导可以改变个体的知识经验和思维方式而促进阅读，个体自身也可以有意识地给自己"指导"。这种"指导"就意味着在自我反思的基础上，针对自己知识经验和思维方式中的"短板"，积极主动地去实践和体验，以增加自己的知识经验，改善自己的思维方式，从而促进阅读水平的提高。而生活总比自己读过的书更加丰富，在实践之中感受到自身的不足，就会进一步激发阅读的欲望。所以说，阅读促进实践，而实践也能促进阅读，二者是相互促进、相辅相成的关系。

（三）阅读活动的过程

一般来说，阅读是读者从书面材料中提取意义和信息的过程。从广义的阅读对象（人类社会）的角度看，阅读就是获得信息和加工信息的过程。

阅读是人类特有的一种交际活动。这种交际活动发生在作者和读者之间。读者和作者借助读物交流思想，读物是作者观点和情感的表达，读者要对读物做出正确、深刻的理解。通过作者的表达和读者的理解，思想在两个头脑和心灵之间实现了转换。

作者表达思想和情感的工具是语言符号。著作一经写成和发表，语言文字就暂时固定下来了。读物中的语言文字是凝固不变的，这些语言文字符号对所有的社会成员和现实读者都是一样的。但正如前面所说：不同读者对读物的理解和体验各不相同，甚至同一读者在不同时期和环境中，对同一读物的理解和体验也不甚相同。为了利用这种不同而在阅读中得到更深刻的收获，我们有必要对阅读过程中读者的心理变化及其本质进行更深一步的探究。

现代认知心理学认为，阅读是获得信息和加工信息的过程。在阅读时加工信息的过程中，存在两种加工方式：一种是“自上而下”的加工，另一种是“自下而上”的加工。传统的观点主张采用“自下而上”的阅读方法，即从读物的最小文字单位开始，通过“解码”获得文字的意义，然后根据脑海里的知识经验对文字意义加以确定或修正，得出正确的解释，最终理解读物。也就是说，只要逐字逐句读懂文字，便可理解全文。随着现代认知心理学的发展，人们发现阅读并不仅仅是被动地解码，而且同时是一种主动的积极的猜测—证实，即“自上而下”的阅读过程。在这个过程中，读者根据自己脑海中已有的知识结构（图式），对文章进行推测或假设，然后以文字层层向下推进，对预测或假设加以确认。因此，实际上阅读是“自下而上”和“自上而下”这两种模式相互作用与同时加工文字信息的过程。无论采取上述何种阅读方式，都离不开读者的语言知识和图式知识。

阅读中这两种加工之间的区别主要在于理解的出发点不同。“自上而下”加工的出发点是读者头脑中的知识经验，而“自下而上”加工的出发点则是阅读材料本身。阅读过程中，这两种加工形式可能同时存在或交互存在。因为，“自上而下”的加工代表着从代表作者思想的阅读材料本身去理解作者的思想，而“自下而上”的加工代表着在读者思想认识的基础上去理解作者的思想。不管是哪一种加工方式，都代表着作者和读者的思想交流与思想碰撞。要想通过阅读引起思想碰撞进而产生思想火花，必须是“自下而上”加工和“自上而下”加工的结合。

从这个角度看，阅读就是一种特殊的交流活动。这种交流以书籍或阅读材料为媒介，在作者和读者之间发生。正是由于阅读材料的存在，才使得交流可以脱离作者的存在而存在，即在作者不在场的情况下，交流仍然可以进行。

要实现“自上而下”与“自下而上”的加工过程的结合，读者就需要做到以下两点。

首先，要掌握一定的背景知识才能实现有效阅读。阅读是为了深刻理解作者的思想，进而运用该思想改造生活实践。要实现真正的理解和掌握作者的思想，须对作者的出身背景、人生经历、思想渊源、关键事件等有深入的理解。理解了作者的生平背景，那么在阅读的时候，就可以促进加工方式从“自下而上”向“自上而下”转变，从而大大提高阅读效率。

其次，阅读是为了更好地写作、更好地交流。人类无时无刻不在交流。交谈、聊天、传送文件都是交流的某一种形式。写作和阅读是最为普遍的交流形式。写作的目的是记录知识和传递知识，而阅读的目的是接受知识、掌握知识，进而更好地创造知识。所以，阅读和写作本身是密不可分、相互促进的。写作本身就是锻炼阅读能力的最有效的方式之一。写作的过程本身就包括了大量的阅读，因为个人的现实生活经历总是有限的，只有不断地大量阅读才能获取更多、更好的写作素材，这就是写作对阅读的量的提高；在写作过程中，又需要作者不断思考和分析所获得的材料，厘清自己的思想和假设，这就是对阅读信息的再加工过程。重复加工会促进阅读效果的巩固和提升，这是写作对阅读的质的促进。

基于对阅读客体、阅读主体、阅读过程的分析，我们认为：阅读不限于书本和经典，阅读对象要不断更新；阅读主体是千差万别的，因而读者之间的交流和分享很有必要；阅读是需要指导的，找到最适宜自己的阅读方法能实现更有效的阅读；要读得精彩，也需要做得精彩；要掌握一定的背景知识，才能切实提高阅读效率；阅读是为了更好地写作、更好地交流。

阅读的类型

曾祥芹、韩雪屏在其主编的《阅读学原理》一书中，按照阅读的对象、目的、方式和素质给阅读做了详细的分类：按阅读对象，可以把阅读分为白话文阅读与文言文阅读、文章阅读与文学阅读、哲学社会科学的阅读与自然科学的阅读；按阅读目的，可以把阅读分为学习性阅读（积累性阅读、理解性阅读、发展性阅读）、欣赏性阅读（审美性阅读、消遣性阅读、娱乐性阅读）、研究性阅读（评价性阅读、专题性阅读、校勘性阅读）、创造性阅读；按阅读方式，可以把阅读分为朗读与默读、精读与略读、全读与跳读、慢读与快读、个体阅读与群体阅读；按阅读素质，可以把阅读分为幼儿阅读、青少年阅读、成人阅读、基础阅读、职业阅读、专家阅读。[①] 这样的分类很全面细致，让我们对阅读的各种类型有了一个比较全面的了解。

这里，我们不再给阅读做一些新的分类，而是对一些阅读现象做深入的分析，以便于读者对阅读有更深入的理解。我们选择了五种相对的类型对阅读活动进行分析，以期能厘清读者对阅读的认识误区。

（一）功利性阅读与非功利性阅读

根据读者的阅读目的，可以把阅读分为功利性阅读与非功利性阅读。

功利性阅读主要指读者为了实现一些现实的外在目标而进行的阅读活动。例如，为了考心理咨询师资格证、营养师资格证而进行的阅读，为了提高自己的厨艺、人际交往技巧而进行的阅读，为了通过驾照考试、公务员考试而进行的阅读，这些阅读都属于功利性阅读的范畴。功利性阅读具有很强的现实目的性。我们的很多现实问题都需要通过功利性阅读才能完成。如我们换了一份全新的工作，需要了解这个新的甚至可能是自己一无所知的领域，这时我们就需要通过阅读来实现这个现实的目标。

---

① 曾祥芹、韩雪屏主编《阅读学原理》，大象出版社，1992，第 343–365 页。

非功利性阅读主要指读者为了一些内在的、非现实性的目标而进行的阅读活动。甚至非功利性阅读本身并没有特定的目的，读者只是通过阅读活动享受阅读本身的乐趣，这种快乐是发自内心的热爱阅读的表现。非功利性阅读所带来的乐趣不同于消遣性阅读所带来的乐趣。消遣性阅读的乐趣主要通过阅读一些直接的感官刺激的读物来实现，如阅读通俗言情小说、时装杂志、体育杂志。真正热爱阅读的读者不仅可以从言情小说、时装杂志、体育杂志等读物中获得消遣性的阅读乐趣，还能从比较深奥的文学著作、诗歌、散文、传记、历史、哲学中获得乐趣，这种乐趣更多依赖于内心的思想追求而非直接的感官刺激。只有热爱阅读、有着较高精神追求的人才能从非功利性阅读过程中获得乐趣。非功利性的阅读习惯一旦养成，就获得了一条让生命变得灵动、充满活力与动力的成功之路。非功利性阅读是我们的精神支柱，是真正伴人一生、永远不离不弃的“忠心伴侣”。

我们提倡非功利性阅读，也支持功利性阅读。提倡非功利性阅读是因为非功利性阅读能真正给我们以持久的阅读乐趣，它是我们一生的精神伙伴。而人总是现实的人，他不能只活在思想中，更不能只活在理想中。现实中的人需要面对衣食住行、生老病死等现实问题。所以，我们的阅读活动中很大一部分是功利性阅读也就理所当然了。理想的状况是结合两者，我们在阅读活动中既能解决现实问题，也能满足精神追求。阅读要从现实走向理想，从外在走向内在，从功利走向非功利。

我们反对的是，错把功利性阅读当成阅读的全部，结果忘却了非功利性阅读。如果阅读只是沦为解决现实的外在问题，那么阅读对我们来说则更多是一种负担。这种对阅读的认识只是让阅读退位为工作的附属品，而不是让阅读成为我们生活乃至生命的一部分。既然阅读真正的意义，在于它是我们获取精神食粮的最好途径，那么阅读自然应该成为丰富我们的生命、帮助我们修身养性的生活方式，应该成为连接现实和理想之间的桥梁。通过阅读这座有着美丽心灵风景的理想之桥，我们的生命得以永远敞开着，朝向着未来的诸多美妙，继而通过行动获得现实生活里的丰富和完整。

（二）经典阅读与一般阅读

根据阅读内容的经典性，可以把阅读分为经典阅读和一般阅读。

通俗地讲，经典阅读就是以经典著作作为阅读对象的阅读。经典著作是指在人类文明的长河中，被证明了的、经得起考验的、对人类文明有着重要影响的著作。例如，基督教经典《圣经》、柏拉图的《理想国》、亚里士多德的《形而上学》和《尼各马可伦理学》、卢梭的《社会契约论》、美国的《独立宣言》、马克思的《资本论》、中国的《易经》《论语》《道德经》等，这些都是整个人类文明中经典里的经典。经典并不见得是永恒的，但只要某本书在人类长河的某一个时空或领域产生过重要影响，那我们就不应该忽略它，不应该错过与它对话。

经典阅读就是向那些伟大的思想家直接学习的过程。在此过程中，我们可以“成为”大师本人，跟他们一起关心他们关心的属于那个时代的问题，像他们一样给出自己对这个问题的见解和解决方法。经典阅读也是和那些伟大的思想家大胆对话的过程。在此过程中，我们也可以成为大师们的“对手”，去证明他们关注的问题重要或是不重要，去分析他们的观点是否有价值，去判定他们的论证是否严谨，因为人无完人，也因为即使是大师也不可能完全超越自己所处的时代，个性的缺陷或时代的进步，都可能导致当年的大师的思考有所疏漏。所谓“站在巨人的肩上”，就是这样潜入巨人的经典著作中，去关心其中的问题，在作者的观点、立场和方法的基础上向前看，进行研究。阅读经典就是向大师学习，但并不是盲从大师甚至曲解大师。我们通过“成为”大师本人，或者成为大师的“对手”，向经典学习，与经典对话。

一般阅读就是以非经典读物作为阅读对象的阅读。它指那些尚未被广泛检验过的著作，或者那些影响有限的著作。非经典也并不是不值得一读，如一本关于烹饪的书尽管很难成为广为人知或者世代流传的经典著作，但它却很可能对我们的当下生活有较大的帮助。任何读物都有值得阅读之处，只是可能它的可读性、启发性、适用性相对偏低，从而导致阅读效率偏低或者效果偏小。

我们提倡阅读经典，但也不建议放弃一般阅读。因为经典和非经典都是相对的，具有时空性，有可能会随着时空的变化而相互转化。对很多人来说，经典可能是自己的理解力暂时无法企及的，又或者经典中的智慧是自己暂时用不到的。其中，关键是如何选择。也就是说，经典那么多，我们到底选择读哪些。对于从事研究工作的人来说，阅读所在领域和相关领域的经典比较容易，他既能获得专业的发展，也能从中获得阅读的乐趣。而对于那些不是从事研究工作的人而言，阅读的目的可能是消遣、解决现实问题或者是丰富自己的生活。这时选择性就大得多，对于一些在该领域专业人士眼中非经典的读物，只要自己能从其中享受到阅读的乐趣，尽可以去读，因为这种阅读同样有着知识上的收获，更因为阅读乐趣本身比从中获得的知识可能更重要，这种乐趣会激发起下一次兴致勃勃的阅读。不建议放弃一般阅读，是因为阅读本身能带来乐趣。提倡阅读经典，是因为它让我们接受更为丰富、完整的熏陶，同时还是一种高效、快捷的学习方式。

（三）电子阅读与文本阅读

根据信息载体的不同，可以把阅读分为电子阅读与文本阅读。电子阅读是借助于计算机、MP4、电子词典、电子阅读器等电子设备呈现阅读材料而进行的阅读活动。电子阅读是随着网络技术、信息技术的发展而出现的新的阅读形式，是相对于文本阅读而命名的。也有人用“网络阅读”泛指电子阅读。有学者认为网络上的阅读活动不是真正的阅读。但通过网络阅读书籍的形式确实存在，需要我们加以关注和分析。在此，网络阅读指阅读材料通过网络进行传播，在电子屏幕上进行的阅读活动。很多人喜欢网络阅读，信息量大，刺激的形式比较丰富。也有人预言随着数据存储技术的发展，电子读物将成为主流形式，而文本读物将慢慢退出历史舞台。电子阅读相比文本阅读有不同的特点，就是信息量大、信息形式丰富、方便携带、传播迅速等。

文本阅读是指以文本作为信息载体而进行的阅读活动。所有以印刷文本为阅读对象的阅读活动都是文本阅读。目前，文本仍然是我们阅读和存储时使用最多的信息载体。从以石块、骨头等自然物件作为存储和传播载体，到以竹简、木简等人造物件作为存储传播工具是一大进步，再到以纸张作为存储和传播工具就实现了人类文明的历史性飞跃。纸张（文本）的出现，极大地提高了信息存储和传播的量和速度。书本就是人类智慧的翅膀，它让我们借助这些翅膀翱翔，到达无数我们没有去过的地方。

从文本到电子存储器，人类的信息存储能力和信息传播速度更是以几何级数在增长。一张小小的存储器所能记录的信息量甚至超过一座大图书馆里所有图书所记录的信息量总和，并且它可以通过网络在极短的时间内让这些信息传播到任何有网络的地方。从信息量和传播速度的角度看，电子存储器有着文本所无法企及的优势。但如果据此断言文本阅读将被电子阅读所取代甚至消失，就显得过分夸张了。

尽管随着科技发展，电子存储器也日新月异，越来越接近于书的外观，但从阅读过程的舒适度和阅读效果看，文本阅读仍然有着电子阅读无法比拟的优势。从阅读过程看：①文本阅读有着很大的灵活性。只要场合适宜、健康允许，我们就可以选择任何我们喜欢的姿势进行阅读，可以站着、坐着、蹲着、躺着、趴着阅读，也可以随意选择自己喜欢的章节阅读，可以很方便地进行前后翻阅、对照以加深理解，也可以很方便地勾画重点并在书的空白处做笔记。而电子阅读比较僵化，大多数情况下缺乏文本阅读所具有的这些灵活性。另外，经验和研究都表明，阅读过程中的灵活性和自由感对阅读效果有较好的促进。②文本的视觉辨别效果远高于电子屏幕，有利于信息的获得和加工。文本的分辨率是电脑屏幕分辨率的100倍以上。我们都有经验，当电脑分辨率低的时候，长时间使用电脑眼睛很容易疲劳，且长时间阅读还会损害眼睛的健康。这类似于我们看一本字迹很小的书，“模糊不清”让我们读起来很吃力，也不利于我们理解其中的内容。过程决定效果，文本阅读的特征决定了它比电子阅读有着更好的阅读效果。

所以，电子存储器是非常好的信息存储和传播工具，但电子阅读的效果并不如想象的好。如果我们的阅读仅仅是略读、快读的浏览，那么电子阅读还能基本实现这个功能，但是显然浏览只是阅读的一种，而阅读绝不仅是浏览，因此虽然文本作为信息存储和传播工具不如电子存储器，但文本阅读的效果要比电子阅读好得多。

（四）个别阅读与共同阅读

根据在阅读一本书的过程中参与的人数多少，可以把阅读分为个别阅读与共同阅读。个别阅读简单说就是一个人阅读某本书，很少与周围的人交流阅读该书的感受、困惑和心得。共同阅读指两个或两个以上的人都读某一本书，并互相交流对该书的感受、困惑和心得，以期借助群体的智慧对该书有更深入的理解，同时也通过交流加深彼此之间的关系。

个别阅读是“一个人在战斗”。通常，我们不会思考一个人阅读比较好还是大家共同阅读比较好。因为我们的教育无形中是在培养个别阅读的习惯，即让学生无形中认为读书是我自己的事，与别人无关。对分数的过分强调，会让学生以为只要把考试考好就行了。至于自觉与同学交流和分享自己对课文与课外读物的阅读心得，那是不重要的事，也不会影响自己的分数甚至影响家长与老师对自己的评价。如果说有学生觉得与同学和老师交流比较重要的话，那也是他本来是喜欢交流的性格，或者是想给老师留下一个自己比较活泼的印象。即使交流，平时同学之间交流的主题一般都跟学习、成绩排名、体育明星、歌星影星、动画片、电视电影、游乐园等有关，关于读书心得的交流很少。个别阅读是靠自己的能力获得成功和胜利，本无可厚非，但一个人难免孤单，难免遗憾。以考试分数为核心的教育评价体系，不能教会我们如何与人合作、与人为善。同样，强调竞争的考试制度也很难教会我们学会共同阅读。当我们离开学校，走进社会后才发现，与人合作是我们生活中最重要的课程之一。

共同阅读是集体智慧的碰撞，是团队精神的体现。在学校里我们不自觉地习惯了个别阅读，慢慢地我们才发现，当我们共同阅读、相互分享时，我们可以读得更好。俗话说，三个臭皮匠，抵得上一个诸葛亮。共同阅读也要发挥“臭皮匠”精神，学会在分享和合作中更充分地从阅读里汲取营养，从而更具智慧。

共同阅读已逐渐成为我们当代生活的一种主要方式。很多西方国家的父母都有在孩子睡前给他讲故事的习惯，孩子逐渐长大后是相互讲故事。为了能讲好故事，他们需要一起读很多书，这是亲子共读。近年来，亲子共读也越来越为中国父母所接受，开始大量给孩子讲故事，与孩子一起阅读他喜欢的童书。这既拉近了与孩子的距离，也给孩子树立了很好的榜样。共读在学校同样也开始流行起来了。很多学校都开展了丰富多彩的师生共读、教师共读活动，取得了很好的效果。共同阅读在很多企业、政府、民间协会等组织中也逐渐流行起来，读书沙龙、晒书会、图书漂流等活动都是共同阅读的表现。

其实，共同阅读是顺应时代发展而出现的阅读方式。现代社会是一个物质丰富、科技进步的社会。还有人说现代社会是一个物欲横流的社会。这两种言论其实反映了时代给我们带来的变化。物质的丰富和科技的进步不是让我们彼此之间的关系更加密切，而是让我们的关系更加疏远。以前的远距离通信靠书信，我们可以不看署名而一眼看出写信人是谁，我们可以从实实在在的书信的字里行间感受到彼此的感情变化；现在绝大多数人基本很少写书信了，而是通过冷冰冰的电脑屏幕和网络发送电子邮件，其情感交流的效果自然大打折扣。以前，我们住在一个大院子里，邻里之间彼此来往，感情甚好；现在，我们住在钢筋水泥的楼房里，人和人之间的感情被钢筋与水泥阻隔。以前，我们面面相对与人交流；而现在我们更多是对着电脑和电话跟人交流。很难想象，钢筋、水泥、手机、电脑等现代科技怎么能满足我们的情感需求，更何况我们的情感需要在彼此间疏远后反而被放大了。在这种背景下就需要我们有更多的属于彼此的共同的东西，因为共同感是疏离感的敌人。这种东西很难再是四合院一类的物质生活空间，而只能是我们的精神生活空间。例如，读同一本书，参加同样的体育活动，参加同一个旅行团，谈论刚放映的同一部电影，等等。读书是塑造和影响个人的精神生活的主要方式，共同阅读则是改变和塑造我们共同的精神生活的核心手段。

（五）浅层阅读与深层阅读

根据阅读过程中思维参与的程度，可以把阅读分为浅层阅读与深层阅读。浅层阅读是指在阅读过程中思维参与较少的阅读，通常浅层阅读的效果一般。深层阅读是指在阅读过程中思维参与程度较深的阅读，读者在深层阅读过程中对阅读内容进行深入和加工，运用分析、综合、比较、类比、举例、反问、假设等多种方式，对作者的意图、问题、观点、方法和结论进行深入理解。通常深层阅读的效果比较好，但这并不意味着浅层阅读毫无价值。

浅层阅读与深层阅读涉及阅读意识和阅读方法。有人读书不求甚解，似乎读书只是安慰自己的手段，而不是求得增长知识、增长智慧。这种人的重点在于“看”，而不在于“看懂”。一味这样浅层阅读，显然收效不大。但也有的人读书照单全收，要求每书细读，结果因为精力有限而错过了更多的精彩。因此，我们需要根据书的价值和自身需求来确定读书的目的。对于重要的书，我们当然需要深入阅读，需要全身心投入、细细品味。对于价值一般，但又有兴趣了解的书，浅尝辄止即可，这时的浅层阅读恰恰最适宜此类书籍。

从方法角度看，浅层阅读与深层阅读都有许多规则和技巧。下文接着论述阅读方法的问题。

阅读的方法

阅读的效果取决于读者的阅读时间、努力程度和阅读技巧。一般来说，努力越多，效果越好。至少在阅读某些超越我们能力的书时，需要努力让我们从不太了解发展到多一些了解的状态。但并不是所有的阅读都能收到良好的效果。这就涉及阅读方式和阅读层次的问题。首先要问的是，读者的阅读目的是什么。因为阅读目的在很大程度上决定了阅读方式和阅读效果。如果一位读者要追求的目标是消遣，那么他很可能会选择那些娱乐性强的读物，即使选择的是经典著作，他也可能是快速浏览；而如果读者要追求的目标是提升自己的专业知识水平，或是对自己感兴趣的某个事物进行探究，那么他就会选择那些跟他本专业相关或是与此类事物关联紧密的读物，并且深入阅读。

阅读是一个循序渐进的过程。美国阅读专家莫提默 · J. 艾德勒和查尔斯·范多伦在其经典著作《如何阅读一本书》[①] 中，区分了四个阅读层次，分别是基础阅读、检视阅读、分析阅读和主题阅读。这四个阅读层次是循序渐进的。各个层次之间并不是各不相同的，而是存在着包含的关系，即高层次的阅读既有自己的特性，也包含低层次阅读的特性。第一层次的阅读并没有在第二层次的阅读中消失，第二层又包含在第三层中，第三层又在第四层中。事实上，第四层的主题阅读是最高的阅读层次，包括所有的阅读层次，也超过其他所有的层次。

（一）基础阅读

基础阅读（elementary reading）也称初级阅读、基本阅读或初步阅读。基础阅读指基本的阅读能力，通常是通过在小学阶段的学习而完成的。一个人只要熟练于这个层次的阅读，就摆脱了文盲的状态，至少已经开始认字了。在熟练于这个层次的过程中，一个人可以学习到阅读的基本艺术，接受基础的阅读训练，获得初步的阅读技巧。

在这个层次的阅读过程中，读者要弄明白的问题是“这个句子在说什么”，即如何从一个个的文字复合中认识到它们所代表的意思。例如，孩子从一张白纸上的一堆黑色符号中认识到“猫坐在帽子上”，这个过程就是基础阅读。对处于基础阅读层次的孩子来说，他并不真的关心猫是不是坐在帽子上，或是这句话对猫、帽子或整个世界有什么意义，他关心的只是写这句话的人所用的语言。

（二）检视阅读

检视阅读（inspectional reading）在基础阅读的基础上更注重效率，就是我们通常所说的略读或浏览。也就是如何在有效的时间之内，找出一本书的所有重点，不能有所遗漏。第一层次的阅读所关心的问题是“这个句子在说什么”，而这个层次的阅读所关心的典型问题是“这本书在谈什

---

① 莫提默·J. 艾德勒、查尔斯·范多伦:《如何阅读一本书》，商务印书馆，2004。

么”“这本书的架构如何”或者“这本书包含哪些部分”。即使是许多优秀的阅读者，也通常都忽略了检视阅读的价值。有的人打开一本书，就开始孜孜不倦地阅读，从头到尾，甚至连目录都不看一眼，其结果是往往花了大量的时间阅读了一本只需要粗略翻阅的书。检视阅读，能让读者快速抓住重点，提高阅读效果，掌握更大量的阅读信息。

按照艾德勒的观点，检视阅读一般分为两种：一是有系统的略读，二是粗浅的阅读。

有系统的略读是快速浏览书本中的关键信息，以便判断这本书是否值得自己花时间读。虽然这本书不值得我们花时间读，但通过几分钟的浏览至少我们知道了作者在主张什么。通常，我们拿到一本书，要先看看书名页，大概判断这本书的类型是什么，如果有序言，要看看序言。然后，看看目录页，获得对整本书的概括性的了解，确认是否有自己很感兴趣的关键词。如果书中附带着推销用的外包装，不妨读一下作者介绍。接下来可以翻开自己感兴趣的章节看看，了解作者的观点和论证方式。还可以随便翻翻，随便看看其中的几页，看看能否引起自己的兴趣。有系统的略读是一种有选择性的简单的阅读。

粗浅的阅读是指第一次面对一本难读的书的时候，从头到尾先读完一遍，碰到不懂的地方不要停下来查询或思索。在阅读时，不用因为遇到困难的内容而停顿下来，把精力放在能理解的部分，这样把全书浏览完之后，自然会对作者的思想有所了解。尽管这种了解可能只有原书内容的20%～30%，但总比遇到困难就停顿下来而错失与作者的对话要好。

（三）分析阅读

分析阅读（analytical reading）比起前面所说的两种阅读，要更复杂、更系统化。分析阅读就是全盘的阅读、完整的阅读或者说是优质的阅读，也就是尽可能深入全面地理解阅读内容。检视阅读是在有限的时间内，完整地阅读文章的重点内容；而分析阅读则是在相对宽裕的时间里，完整地阅读文章的重点及细节。

一个分析型的阅读者一定会对自己所读的东西提出许多有系统的问题。

分析阅读永远是一种专注的活动。在这个层次的阅读中，读者要紧抓住一本书，一直要读到这本书“成为他自己”。弗朗西斯 · 培根曾经说过：“有些书可以浅尝辄止，有些书是要生吞活剥，只有少数的书是要咀嚼与消化的。”分析阅读就是要咀嚼与消化一本书。如果阅读的目标只是获得资讯或消遣，就完全没有必要用到分析阅读。相反，如果缺乏分析性阅读的能力，就很难让你对一本书从了解一点点进步到了解多一点，就很难有深入全面的理解。

我们不妨看看莫提默·J. 艾德勒和查尔斯·范多伦在《如何阅读一本书》中对分析性阅读的总结：

分析阅读的三阶段

我们已经大致完成了分析阅读的举证与讨论。我们现在要把所有的规则按适当的次序，用合宜的标题写出来。

一、分析阅读的第一阶段：找出一本书在谈些什么的规则

1. 依照书的种类与主题来分类。

2. 使用最简短的文字说明整本书在谈些什么。

3. 将主要部分按顺序与关联性列举出来。将全书的大纲列举出来，并将各个部分的大纲也列出来。

4. 确定作者想要解决的问题。

二、分析阅读的第二阶段：诠释一本书的内容规则

1. 诠释作者的关键字，与他达成共识。

2. 由最重要的句子中，抓住作者的主旨。

3. 知道作者的论述是什么，从内容中找出相关的句子，再重新架构出来。

4. 确定作者已经解决了哪些问题，还有哪些是没解决的。再判断哪些是作者知道他没解决的问题。

三、分析阅读的第三阶段：像是沟通知识一样地评论一本书的规则

（一）智慧礼节的一般规则

1. 除非你已经完成大纲架构，也能诠释整本书了，否则不要轻易

批评。（在你说出“我读懂了”之前，不要说你同意、不同意或暂缓评论。）

2. 不要争强好胜，非辩到底不可。

3. 在说出评论之前，你要能证明自己区别得出真正的知识与个人观点的不同。

（二）批评观点的特别标准

1. 证明作者的知识不足。

2. 证明作者的知识错误。

3. 证明作者不合逻辑。

4. 证明作者的分析与理由是不完整的。

注意：关于最后这四点，前三点是表示不同意见的准则，如果你无法提出相关的佐证，就必须同意作者的说法，或至少一部分说法。你只能因为最后一点理由，对这本书暂缓评论。

根据莫提默 · J. 艾德勒和查尔斯 · 范多伦的观点，在对一本书做深入的分析阅读时，要回答几个基本问题：①这本书大体上来说是在谈些什么？②这本书详细的内容是什么？作者是如何写出来的？③这是正确的吗？④有意义吗？在看完一本书后，只有很清晰地回答以上四个问题，我们的阅读才是有效的。

（四）主题阅读

主题阅读（syntopical reading）是所有阅读中最复杂也最系统化的阅读，也称比较阅读（comparative reading）。在做主题阅读时，阅读者会读很多书，而不是一本书，并列举出这些书之间的相关之处，提出一个所有的书都谈到的主题。但是，仅仅书本字里行间的比较还不够。主题阅读涉及的远不止于此。借助所阅读的书籍，主题阅读者要能够架构出一个可能在哪一本书里都没提过的主题分析。主题阅读是最主动，也最花力气的一种阅读。

对阅读者来说，要求也非常多，就算他所阅读的是一本很简单、很容易懂的书也一样。主题阅读不是个轻松的阅读艺术，规则也并不广为人知。虽然如此，主题阅读却可能是所有阅读活动中最有收获的。就是因为你会获益良多，所以值得你努力学习如何做到这样的阅读。

莫提默 · J. 艾德勒和查尔斯 · 范多伦在《如何阅读一本书》中对主题阅读总结如下：

主题阅读精华摘要

我们已经谈完主题阅读了。让我们将这个层次的阅读的每个步骤列举出来。

我们说过，在主题阅读中有两个阶段：一个是准备阶段，另一个是主题阅读本身。让我们复习一下这些不同的步骤：

一、观察研究范围：主题阅读的准备阶段

1. 针对你要研究的主题，设计一份试验性的书目。你可以参考图书馆目录、专家的建议与书中的书目索引。

2. 浏览这份书目上所有的书，确定哪些与你的主题相关，并就你的主题建立起清楚的概念。

二、主题阅读：阅读所有第一阶段收集到的书籍

1. 浏览所有在第一阶段被认定与你的主题相关的书，找出最相关的章节。

2. 根据主题创造出一套中立的词汇，带领作者与你达成共识——无论作者是否实际用到这些词，所有的作者，或至少绝大部分的作者都可以用这套词汇来诠释。

3. 建立一个中立的主旨，列出一连串的问题——无论作者是否明白地谈过这些问题，所有的作者，或者至少大多数的作者都要能解读为针对这些问题提供了他们的回答。

4. 界定主要及次要的议题。然后将作者针对各个问题的不同意见整理陈列在各个议题旁。你要记住，各个作者之间或之中，不见得一定存在着某个议题。有时候，你需要针对一些不是作者主要关心范围

的事情，把他的观点解读，才能建构出这种议题。

5. 分析这些讨论。这得把问题和议题按顺序排列，以求突显主题。比较有共通性的议题，要放在比较没有共通性的议题之前。各个议题之间的关系也要清楚地界定出来。

注意：理想上，要一直保持对话式的疏离与客观。要做到这一点，每当你要解读某个作家对一个议题的观点时，必须从他自己的文章中引一段话来并列。

以上，我们从阅读的内涵、类型、方法等方面分析了什么是阅读，如何更有效地阅读。其实，我们可以把阅读分析得很复杂，真正行动起来却最简单不过，那就是——在阅读中学习阅读。就从现在、从此时此刻开始，打开一本自己最喜欢的书，从第一个字看起吧，你会发现心灵渐渐变得丰盛充盈，而新世界之门，就在面前徐徐打开！

2019 年 6 月 11 日，在远集坊讲演

第一章　一个人的精神发育史就是他的阅读史

我们每个人的精神发育历程，就是人类整个精神发育历程的缩影。

每一个个体在成长的过程中，都要重复自己的祖先经历的过程，都要重新拿起图书阅读。

通过阅读，我们可以在有限的生命当中欣赏无限的美景，体验精彩人生；

通过阅读，我们不一定能延长生命的长度，但我们一定可以拓宽生命的宽度；

通过阅读，我们不一定会变得更加富有，但我们一定可以变得更有智慧；

通过阅读，我们不一定能实现我们的人生梦想，但阅读一定可以帮助我们更接近我们的人生梦想。

精彩视频　扫码可得

阅读改变人生

书籍的生命，是被阅读激活的。阅读启迪智慧，阅读丰富人生。

美国 19 世纪著名女诗人艾米莉 · 狄金森曾这样讴歌书籍：

没有一艘船能像一本书
也没有一匹马能像
一页跳跃的诗行那样——
把人带向远方

这条道最穷的人也能走
不必为通行税伤神
这是何等节俭的车——
承载着人的灵魂

诚如诗中所表达的，阅读是何等节俭的车——承载着人的灵魂，带领人类走向智慧和文明。阅读为每一个人的人生打开了一条通道，这条通道的沿途有着无数奇异的风光，伴随着万千大众梦寐以求的梦想。通过阅读，我们可以在有限的生命当中欣赏无限的美景，体验精彩人生；通过阅读，我们不一定能延长生命的长度，但我们一定可以拓宽生命的宽度；通过阅读，我们不一定会变得更加富有，但我们一定可以变得更有智慧；通过阅读，我们不一定能实现我们的人生梦想，但阅读一定可以帮助我们更接近我们的人生梦想。

我一直认为，书籍之所以成为书籍，是因为它能够被阅读，如果不能够被阅读，书籍就是废纸。书籍的生命，是被阅读激活的。

一、阅读的危机

大家知道，中国社会在文化心理上正面临着一场阅读危机。2011年4月，由中国新闻出版研究院组织实施的全国国民阅读调查项目，发布了第八次全国国民阅读调查报告。报告称，2010年我国18～70周岁国民的图书阅读率为52.3%，比2009年的50.1%增加了2.2个百分点。而0～17周岁未成年人的图书阅读率为82.7%，未成年人年均图书阅读量超过了成年人。

自1999年以来的八次全国国民阅读调查，前七次调查成人图书阅读率分别为60.4%、54.2%、51.7%、48.7%、48.8%、49.3%、50.1%。前五次调查显示，总体上中国人的阅读率在下降，重视阅读的比例也在下降。近几年在一大批学者的呼吁和推动下，才开始有了缓慢的回升。相比之下，尽管美国的成人阅读率也在下降，但其75%左右的水平要高出中国很多。

2010年，我国18～70周岁国民人均阅读图书4.25本，比2009年的3.88本增加了0.37本。而韩国年阅读量是人均11本，日本是40本，以色列是64本。2010年，中国出版科学研究所发布的第七次全国国民阅读调查，结果表明，我国有58.1%的国民认为自己的阅读数量很少。

中国人的阅读信仰在今天面临着被破坏甚至是消失的危险。这主要表现在两个方面。

一是对读书持怀疑态度，觉得读书无用。很多经济发达地区的孩子上完高中甚至是初中就辍学，开始学习做生意。他们似乎觉得有多少知识无所谓，能挣钱就行了。创业固然值得提倡，为社会创造价值更是值得尊敬。但18岁前就辍学创业，代价未免太大，失去的可能远比得到的要多。

二是读书的人中，真正有阅读信仰、相信阅读价值、愿意读经典的人越来越少。对阅读的信仰，不仅包括信仰著作中传授的精神，更包括对阅读本身的敬重。过去，读书是一件很神圣的事，读书人几乎是有修养的人的代名词。过去，很多人没有阅读能力，但他们很想读书，甚至连文盲对读书都有一种敬畏和羡慕的情感，因此市井间才会流传着类似“万般皆下品，唯有读书高”等不完全正确，但能充分表示极其重视阅读的话语。而现在，有阅读能力的人越来越多，有阅读信仰的人却越来越少。有阅读能力但没有阅读信仰，比没有阅读能力但有阅读信仰要糟糕得多。

阅读信仰的缺失必然导致精神信仰的迷失。现在很多中国人对于自己真正在追求什么并不清楚。“80后”被称为“迷茫的一代”，就是社会急剧变迁和文化根基缺失的结果。在今天的社会中，人流、车流、信息流让我们流连忘返，但却失去了前进的方向。

《论语》曾经被称为中国人的“圣经”，可现在《论语》之类的经典几乎成为只有专业学者才阅读的书。中国人需要重新寻找属于我们自己的“圣经”。每一个中华儿女都亟须通过阅读来认识自己及自己所属的民族：我是谁？我从哪里来？我要到哪里去？我们是谁？我们从哪里来？我们要到哪里去？如何回答这些问题，决定了我们中华民族文化自觉的程度，决定了我们能否融入全球化和信息化的浪潮中并保持民族的独立性。

二、阅读与知识积累

21世纪已经过去了十几年，这是一个变幻莫测的世纪，这是一个催人奋进的时代。科学技术飞速发展，知识更替日新月异。希望、困惑、机遇、挑战，随时随地都有可能出现在每一个社会成员的生活之中。抓住机遇、寻求发展、迎接挑战、适应变化的制胜法宝就是学习——依靠自己学习、终身学习。而阅读作为学习的基础、学习的根本，是获取知识的最主要方式。

曾经在央视《百家讲坛》讲《史记》的河南大学教授王立群认为：“获取知识，亲身实践固然重要，但阅读是主渠道。”书籍，是人类知识、智慧的宝库。“据专家测量，一个人才的知识建构，从直接经验中获得的不足20%，而通过阅读得到的间接经验却在80%以上。阅读在获取和扩展人类知识上的作用，是阅读价值的根本所在。”

牛顿的成功过程最为典型。他说：“如果说我看得远，那是因为我站在巨人的肩上。”这既是他的自谦之词，也揭示了科学发展的普遍规律——任何“天才”，都只能在继承前人成果的基础上创新。而阅读是最好、最快的继承，可以这样说，正是大量阅读把牛顿托上了科学的巅峰。

作为信息获取的直接有效方式，阅读依然是知识社会的基石。阅读能力的高低在很大程度上影响着我们接受和处理信息的能力。“阅读能力演绎开来就是处理、整理生活、社会各种信息的能力。在信息社会，这种能力尤其重要，而这种能力在读书中都能养成。所以，一个人如果善于阅读，善于收集和处理各样信息，长大以后就善于处理社会所有信息，就有工作能力和社会生活能力。”在信息时代，谁能更方便、快捷、高效地获得和处理信息，谁就占据了赢得信息时代的竞争高地。

在书报和网络等多元媒体环境下，所有信息、知识都随时、平等地向每个读者敞开，人们可以不必重复过去人们认识和实践的漫长过程，能够在相对较短的时间内掌握前人累积的知识财富。阅读使读者在时空上与世界沟通起来，积累知识和拓宽视野，提升自身发展平台，可以说阅读是掌握知识“性价比”最高效的方式。

2000 年公布的国际成人阅读能力调查报告指出：“学历高低固然会影响就业机会，但是当学历相当时，阅读能力强的人担任高技能白领工作的概率就明显高得多，而且阅读能力比学历高低更能准确预测一个人在职业生涯中的发展。”这也从一个侧面表明，在知识经济时代，终身学习已不再是一句口号，而是对人生提出的要求，阅读及阅读能力已经成为现代人最重要的学习和发展手段。

三、阅读与精神成长

抗日战争时期，在重庆，有一天国民党元老陈铭枢请学者熊十力吃饭。熊十力面对浩浩长江，大发感慨，而陈铭枢则背对长江看着熊十力。熊十力觉得很奇怪，说这么好的风景你怎么不看。陈答曰：“你就是最好的风景。”熊十力听了很高兴，哈哈大笑。

其实，陈铭枢的话不无道理。一个人的五官固然是天生的，无法因阅读而改变，但读书却能赶走人身上的愚昧和粗野，使人在不知不觉中增强了信心、修养了气质、深化了内涵、优雅了谈吐，正所谓“腹有诗书气自华”。正如宋代诗人、书法家黄庭坚所说：“士大夫三日不读书，则义理不交于胸中，对镜觉面目可憎，向人亦语言无味。”

阅读经典文本是使阅读者经历一番文化濡染的过程，它可以改变人的气质。古人、古贤、古书，都是传统文化积淀的代称，接触多了，势必使一个人的气质发生潜移默化的变化。很多人都发生气质的变化，一个时代的社会风气就会随之发生变化。所以阅读本民族的文化经典，于个人而言，可以变化气质；于社会而言，可以净化风气。

关于阅读的经典著作《如何阅读一本书》指出，“现代的媒体正以压倒性的泛滥资讯阻碍了我们的理解力”“电视观众、收音机听众、杂志读者所面对的是一种复杂的组成——从独创的华丽辞藻到经过审慎挑选的资料与统计——目的都在让人不需要面对困难或努力，很容易就整理出‘自己’的思绪。但是这些精美包装的资讯效率实在太高了，让观众、听众或读者根本用不着自己做结论。相反，他们直接将包装过后的观点装进自己的脑海中，就像录影机愿意接受录影带一样自然。他只要按一个‘倒带’的钮，就能找到他所需要的适当言论”。我们必须清醒地看到，人们的智慧成长与精神发育在现代多元媒体的“干扰与入侵”之下，正在遭遇种种诱惑、阻碍甚至误导。

我说过，一个人的精神发育史就是他的阅读史。人的肉体是从母乳到一日三餐来获取营养而得到成长的，那人的心灵是怎么发育的呢？事实证明，精神的“食粮”就是书籍，而精神发育最重要的载体就是阅读。人类最伟大的智慧、最伟大的思想都没有办法从父母那里通过基因来拷贝、遗传，而是深藏在那些最伟大的书籍之中。

德国诗人歌德说：“读一本好书，就是和许多高尚的人谈话。”通过阅读能与大师交流，与崇高对话；没有阅读就没有个人心灵的健康成长，就没有人的精神的良好发育。

法国作家雨果说：“书籍便是这种改造灵魂的工具。人类所需要的，是富有启发性的养料。而阅读，则正是这种养料。”

莎士比亚也说：“书籍是全世界的营养品。”

阅读启迪生命智慧。“读万卷书，行万里路”，我们尊重并非常赞成这种传统。但需要明确，现实世界指的不仅是我们外在的物质世界，还有我们丰富的内心世界，我们去考察、去游历，是靠什么去体验、靠什么去创造？如果我们不能认识到自身内在世界的现实性的话，我们看得再多、走得再远，获得的也只是一大堆无序的知识和经验，很难培养一种理性的洞察力，很难开启生命的智慧。王阳明说：心外无物，心外无事，心外无理，心外无学也。我们的“身”在游历，实际上是“心”在体验和创造，而真正的阅读是在帮助我们走入这种内在的现实世界，并通过丰富心灵内在的现实世界，激发出对所处外在现实生活的感悟，最后通过行动改变外部世界。

阅读丰富人生，赋予人生以意义。作家余华曾这样写道：“经典作品的优点是可以反复阅读，每一次的阅读都会使我们本来狭窄和贫乏的人生变得宽广和丰富，或者说使我们的心灵变得宽广和丰富。”人的精神可以因阅读而蓬勃葱茏、气象万千。阅读的意义在于，它在超越世俗生活的层面上，搭建起精神生活的世界。在大地上生活的人类，若只是为生存奔波，而不能在精神上仰望星空，灵魂就会逐渐被尘埃遮蔽。

读经典的书，做有根的人；读一生的书，做追梦的人。

阅读滋养心灵

没有阅读就没有个人心灵的成长，没有人的精神的发育。我们的世界观、价值观其实早在童年的阅读中就已经悄悄潜伏，甚至决定了个体精神成长的深度和广度。

美国历史上最伟大的总统之一亚伯拉罕·林肯说：“阅读比起任何其他的行为都更有力量释放你的潜能。在这个过程中，我们的本性会得到更好的展现。”阅读对于个人的重要性是不言而喻的。阅读使人获取信息、占有知识；阅读使人开发智力、激发潜能，阅读使人拓展思维、开阔眼界，阅读使人陶冶情操、修身养性。[①] 每一个从艰苦的农村走出来的读书人，一定会

① 谢鸣敏：《简论阅读与人的全面发展》，《福建图书馆理论与实践》2006 年第 1 期。

感动于有这样的读书之路让自己走出大山，使自己摆脱贫穷与落后；每一个精神充实的人，都会感谢生命中那些一直伴随自己的书，是这些书让他们走向成熟。

阅读改变命运的例子不胜枚举：毛泽东由一介书生成为中国的旷世伟人；马克思在流离失所的状态下继承德国古典哲学并创作了《1844年经济学哲学手稿》和《资本论》，极大地影响了人类历史的进程；金庸在博览群书后终于成为一代武侠小说宗师；等等。这些例子无不证明了读书在个人成长中的重要性。如果说以上例子只是个别，还不足以代表读书的作用的话，那么在科举时代，中国有无数寻常百姓通过科举考试而荣登仕途，成为达官显贵，这无疑证明读书对于个人和社会都有着十分重要的作用。中国自古有“书中自有颜如玉，书中自有黄金屋”的说法。虽然这种说法现在看来未免有点封建，但也不能抹杀了它背后隐藏的更深的假设。这个假设就是，读书可以给人带来好处，读书让人受益，这是任何人也否认不了的。并且，千千万万的人正在不同程度地实践着这句话。许多年过去了，书籍的力量并不因为时空的漂移而消逝。相反，书籍仍然改变着无数人的命运。充实而有意义的人生，应该伴随着读书而发展。

一、阅读促进大脑发育

人的大脑约有1010亿个神经元，每个神经元可以与10000个其他的神经元相联系，也就是说人的大脑有1010万亿种连接的可能性。这就说明我们的大脑蕴含着无限的潜力，我们的命运包含着无数的可能性，等待我们去创造。大脑回路就像一个农田灌溉系统。水如何流到更远的地方？需要什么样的沟渠？需要什么样的新水渠注入？如何不让沟渠长出杂草？大脑也是用进废退的。

怎么让神经联系更紧密？阅读是最好的方法。阅读时，大脑中所有与阅读相联系的信息都会被激发。创造力与阅读可能是同一个神经机制。测量创造力的一个有效方法是“远程联系测验”，呈现三个没有关系的词，让被试者尽快想出一个跟这三个词都有关系的词。有创造力的人需要有很丰富的背景知识。聪明是天生的，没办法改变，但智慧是后天的，可以通过勤奋努力得以改善。大脑需要活的知识，需要发挥举一反三的功能。想象力比知识更重要（爱因斯坦语）。观察力和解释观察现象的能力对于创造也很重要。创造力的神经学解释，就是两个神经回路激发了第三个神经回路，这就是创造力的神经机制。

阅读给大脑以丰富的信息，这是大脑发育中心智发育的基本条件之一。很难想象，如果跟外界失去了信息交流的可能，那么人类将如何生存下去？心理学家做过一个著名的“感觉剥夺”实验，将人置于一个黑暗的空间，除了进食等基本的生存需要，其他的一切感觉都被剥夺了。在这个黑暗的空间里，没有阳光，没有书报，没有任何声音，只有一片死寂。实验表明，参加实验的志愿者在参加实验后不久开始出现一些暂时性的精神错乱症状，几乎没有人可以在这样的环境中持续生活一周以上。实验证明，外界信息对于我们的生存非常重要。尽管视觉信息并不是我们所获得的信息的全部，但视觉绝对是我们最重要的信息获取通道。在视觉通道中，阅读是最高效的一种信息获取方式。通过阅读，我们过滤掉那些不重要的信息，有意识地选择我们需要的信息，从而不仅能正常地学习、生活和工作，还在经验的不断积累、智慧的反复锤炼中，从正常迈向优秀，从优秀走向卓越。

二、阅读使人认识自我

苏格拉底借着德尔斐神庙的箴言告诫世人：“认识你自己。”这是哲学的使命，是苏格拉底的使命，也是我们每一个人的使命。哲学是爱智慧之学，能完成哲学使命之人无疑是智慧之人。在苏格拉底时代，认识自己的途径是与智者对话。而在2400多年之后的现代社会，我们的选择多了很多。智者不仅仅是我们周围的智慧之人，更是一本本伟大的书。因此，与伟大的著作和周围的专家进行对话，就成为我们认识自己从而改变自己的捷径。

认识自己的过程是一个从被动到自觉的过程。当我们哭喊着来到这个世界的时候，我们并不知道迎接我们的是什么，也不知道我们来到了哪里。我们最初到达的地方可能是名门望族，也可能是寻常人家；可能是书香门第，也可能是挣扎在温饱线上的贫民窟。我们无法描述自己看到的、听到的一切，那时能做的就是接受自己周围的一切并睁大眼睛瞅着（阅读）这个世界。可以说，人类是通过“阅读”来适应社会的。我们渐渐长大，也学会了用很多的方式去探索和认识世界，包括视、听、触、味、嗅等。这几种方式中，触、味、嗅三种感觉方式处理的都是直接信息，而视和听则既能处理直接刺激，也能处理间接抽象的刺激（如印刷在纸上的文字是直接刺激，文字所代表的意义是间接刺激）。依赖于视觉的阅读正是因为有了处理间接信息的能力，才使得人类能更快捷地学习知识，更迅速地融入社会。

通过阅读，我们寻找自己，审视社会，与大师对话，与经典为友，能独处一室而体验世间善恶交战，能生活平顺而照样人生百味遍尝。正是有了阅读，我们能在 15 岁的时候触摸 80 岁老人的内心世界；正是有了阅读，我们可以在古老的东方研究遥远西方的现代科技；正是有了阅读，我们尽管在现实中遭遇黑暗阴冷，却学会了心灵上始终与人为善、与人为伴；正是有了阅读，我们才可以在纷繁复杂的现代社会，拥有一片属于自己的纯净、独立的精神家园。

阅读不但让我们认识自己，而且还是人类认识世界的桥梁。人类作为地球生物链中神奇的一环，无时无刻不跟外界进行着物质交换和精神交换。美丽的鲜花，通过反射的太阳光“进入”我们的视网膜，并进入我们的大脑，在我们的大脑中引起美好的感受，让我们体验大自然的多彩多姿。而文字更是一种神奇的“反射”，它看似枯燥，却比画面更能激发我们的想象力，给我们的思维创造留下更多空间。于是，通过阅读，我们可以让心灵游览世界，感受古老的埃及金字塔，想象伟大的空中花园，体验古罗马的竞技场，瞻仰绵延几千年的中国长城；通过阅读，我们可以穿越时空隧道，回到舜耕禹凿的原始农耕时代，重现人与自然在相互适应中不断斗争的宏伟场面；通过阅读，我们还可以预见未来，预见机器人具备智能性，预见人类移民外太空……

三、阅读助人超越自我

认识自己的目的在于改变自己、超越自己，使身体和心灵逐渐成熟为一个独立的个体，融入社会中去获得幸福并体现价值。美国人际关系专家在其畅销书《与鲨鱼一起游泳》中说："我们的生活通过两种方式在改变着，一是通过我们所交往的人，二是通过我们所读的书。如果你不结识新的人，不读新的书，想想看，你就不会发生改变。如果你不改变，你就不会成长。事情就是这么简单。"书不但能帮助我们认识自己，而且能帮助我们改变自己。

阅读能帮助我们改变害怕困难的倾向，做一个勇敢的人。维克多·雨果说："聪明的人面对生活困难时，从书中获得慰藉。"当教师忙于应试教育而叫苦连连的时候，当都市白领忙于工作应酬而无暇休闲的时候，当外来务工人员忙于生计而四处奔波的时候……各行各业的人都可以抱怨："读书成了一种奢侈品。"然而，环境的艰苦和贫瘠并不是一个人思想贫瘠的最大障碍，更不是一个人思想贫瘠的借口。因为一旦不能拥有读书这个"奢侈品"，我们的全部世界就是我们的日常生活，我们的梦想就会被污浊的环境日渐湮没，被细小的夹缝渐渐埋葬。更可怕的是，当我们失去自己的一个又一个梦想，就会逐渐沦为生活的奴隶。

阅读能帮助我们看到一个立体的世界，做一个丰富的人。阅读是一个无比丰富而美丽的世界。在这个世界里，我们读李白、杜甫，背诵屈原、陆游，走进"红楼"，探访"聊斋"，和鲁迅一同"呐喊""彷徨"，与茅盾一起苦熬"子夜"……读不同的书，你会品尝到不同的滋味，感受到不同的快乐。小说里的波澜曲折，散文中的诗情画意，古籍里的激扬文采，不仅能提升我们的文化素养，还能为我们的心灵打开一扇美不胜收的窗户。海伦·凯勒虽然看不见美丽的物质世界，但通过盲读和超常的记忆，她能看到的要比我们大多数人能看到的多得多。

当环境不好的时候，当个人梦想被埋藏在夹缝中的时候，我们要做的就是奋发图强，努力读书。这时的阅读，既是为了能更高效地工作而充实自己，也是为了营造积极健康的心态去直面困难。只有努力阅读，用心工作，我们的梦想才会在最艰辛的环境里深深扎下根去，从而汲取更多养分，最终成为现实。

阅读能帮助我们摆脱贫穷，走向富有。让我们看一份 1995 年美国人口统计局关于美国国民年均收入的调查报告[①]：

学历 / 职业	年人均收入
高中以下	11 000 美元
高　　中	17 000 美元
大　　学	32 000 美元
硕　　士	41 000 美元
律师、医生	66 000 美元

这说明学历对美国人的收入有重大影响，高学历阶层的收入比低学历阶层的收入要高得多。另外，根据贝克·哈吉斯的观点，有 1/3 美国人生活在贫困之中，37% 的美国人中学毕业后没有再读过任何一本书。[②] 他认为，不读书是导致很多美国人生活在贫困中的原因。

阅读能帮助我们超越语言和思维的局限，做一个积极的人。一项名为“美国儿童日常经验的富有意义的差异”的研究表明，儿童掌握词汇的差异非常大，有些儿童掌握了丰富的词汇，而有些儿童掌握的词汇则处于贫乏水平。研究人员进一步研究造成这种差异的家庭原因，发现专业人员家庭、工人家庭、福利家庭的孩子在 4 岁时，所听到的词汇量差异很大，专业人员家庭的孩子 4 岁时听到的字数是 4500 万，工人家庭的孩子听到的字数是 26 万，而福利家庭的孩子听到的字数是 13 万。[③] 可以预见，孩子听到的字数将在他进入学校后发挥重要的作用，他所接触的单个单词的词频将决定他的理解速度。

研究人员还把父母对孩子所说的话分为三种类型：肯定句、疑问句和禁止句。尽管社会背景和经济水平差异很大，但肯定句、疑问句和禁止句却几乎是每对父母都掌握的语言能力，也就是说，一般人都具有成为好父母的基本能力。但在三种家庭类型中，孩子听到的句子类型却有极大的不同。专业人员家庭中的孩子每小时听到 32 句赞美的话，工人家庭的孩子每小时听到 12 句肯定的话，而福利家庭的孩子每小时只听到 5 句鼓励的话。相反，

① 贝克·哈吉斯：《阅读致富》，赖伟雄译，当代中国出版社，2008，第 52 页。

② 贝克·哈吉斯：《阅读致富》，第 30 页。

③ 吉姆·崔利斯：《朗读手册》，沙永玲、麦奇美、麦倩宜译，天津教育出版社，2006。

专业人员家庭的孩子每小时只听到 5 句否定的话，工人家庭的孩子每小时听到 7 句否定的话，而福利家庭的孩子每小时听到 12 句否定的话。不难想象，每小时听到 32 句赞美的话的孩子的自尊心得到了怎样的提高，而每小时听到 12 句否定的话的孩子在上学后却是满脑子充满了“不可以”这样的字句。

有的人积极主动，而有的人消极被动。人们对这样的差异感到不可理解。积极主动的人想不明白为什么那么多人天天活在“地狱”里，而消极被动的人想不明白为什么别人总能活得有滋有味的。有的人遇到困难总是积极想办法解决，而有的人遇到困难总是说困难太大不可能解决。很多人在面对消极被动的人的时候，老是在问:“你为什么不积极主动一点呢？”这时就会出现一个有意思的现象，很多消极被动的人会说:“我也想像你那样积极快乐啊，不知道为什么我就是不行，可能是我能力不够吧。”于是，矛盾、冲突、隔阂、冷漠和自我否定就产生了，这其实是很悲惨的事情。有时候人们都想变得幸福快乐一点，但偏偏没办法变得幸福快乐，最大的痛苦是“痛苦而不知道痛苦的根源在哪里”。

其实，积极主动和消极被动很大程度上在小时候就确定了，被小时候生活环境中的语言模式决定了。因此，要塑造和培养一个积极主动的孩子，甚至是要塑造一个积极主动的自己，最好的思路就是接触积极正面的事物，阅读积极正面的书籍。接触积极正面的事物，阅读积极正面的书籍，可以让我们掌握积极正面的语言词汇，丰富大脑里正面的意义联结。

因此，语言对人的影响是巨大的。人用语言来表征他周围的世界，是语言让人和周围的世界联系在一起。当人们用积极的语言来描绘他周围的世界，那么世界对他来说就是积极的；当人们用消极的语言来描绘他周围的世界，那么世界对他来说就是消极的。同理，当人们用积极肯定的语言表征自己时，他自己就受到了积极正面的鼓励；但当人们用消极否定的语言表征自己时，他自己就受到了消极否定的暗示。我们是否活在一个积极肯定的世界里，是否能做一个积极肯定的自己，在很大程度上取决于我们是否用积极肯定的语言模式表征周围的世界和自己。

很多人把丹麦、挪威这样的国家看成人间天堂，但大多数人并不清楚丹麦和挪威为什么可以成为人间天堂。可能有人会说经济基础决定上层建筑，是丹麦、挪威丰富的资源催生了发达的现代经济，进而让丹麦人和挪威人活得幸福快乐。但有研究表明，人们的幸福感并不取决于物质水平，社会关系和精神因素在更大程度上决定了人们的幸福感。丹麦、挪威是儿童文学非常发达的国家，人类精神史上的瑰宝《安徒生童话》就出自这里，《格林童话》中的许多故事也源自这里。这些精神作品哺育了一代又一代丹麦人和挪威人，可以说，丹麦人和挪威人的幸福早在他们小时候就被这些童话决定了。

阅读促进人的发展，并通过人的自我超越，实现社会的进步。阅读让我们拥有最好的自己，也让我们创造美好的世界。

阅读：有品位的生活方式

在空闲时间内尽可能多地抽出时间阅读是一个很好的选择，因为阅读对我们的生活品位有着重要的影响，阅读就是一种很有品位的生活方式。

在生活节奏越来越快和生活压力越来越大的现代社会，互联网、电视、电影成了受大众欢迎的快餐文化，而阅读则成了慢火煲汤的奢侈品。但是，互联网、电视、电影在给我们带来轻松休闲乃至强烈的感官刺激的时候，我们的生活品质提高了吗？我们的家庭关系更和谐了吗？我们的内心世界更平和了吗？答案恐怕是否定的。

在现代科学技术充斥我们周围每一个角落的时候，我们的幸福感并没有多大的提升。相反，人与人之间相处和交流的时间越来越少。有人说，在电视走进千家万户后，我们生活的自主性不是增加了，而是降低了。电视产生后，看电视取代了很多的家庭活动，如家庭阅读等。如今，很多人在回家后的第一件事就是打开电视。晚饭后最常见的家庭活动就是看电视，电视节目不精彩，就一个一个频道地更换，所有的业余时间都耗费其中。在看电视的过程中，我们很难实现心与心的交流，偶尔迸出的三言两语也只是一些感情、智慧含量很低的随意应付，不能真正就某个问题进行深入探讨，不能进行真正的心灵沟通，不能增进彼此的了解。所以，我们需要追问自己，每天把大量的空闲时间用于看电视对我们有什么好处？是电视在控制我们而不是我们在控制电视。

我们可以问问自己，是想过一种有品位、充实的生活，还是想过一种低俗、空虚、随波逐流的生活呢？答案当然是前者。请问有人在把大量空闲时间用于看电视、上网、看电影之后，还会觉得自己的生活有品位、有意义而又充实吗？答案当然也是否定的。

当然，电视、电影、互联网和书籍本身并不矛盾，它们相互补充。很多人非常喜欢一部名为《肖申克的救赎》的电影，片中主人公百折不挠的精神，把精力集中于自己能改变之事的这种智慧，激励着很多人在面对困难时保持勇气。可是，如果我们看过维克多·弗兰克尔博士所著的《追寻生命的意义》（又译为《活出生命的意义》）这本书，了解他在纳粹的几所集中营里遭遇的一切和所做出的反应，我们才会真正理解生命是什么、生命的意义是什么。我们会发现，《追寻生命的意义》的深刻远非《肖申克的救赎》可比。因为，《追寻生命的意义》远不是仅仅谈论勇气这么简单，它蕴含着生命的智慧，滋养我们的心灵并让其有能力面对困难和挫折，启发我们去思考人生的价值和意义。

因此，在空闲时间内尽可能多地抽出时间阅读是一个很好的选择，因为阅读对我们的生活品位有着重要的影响，阅读本身就是一种很有品位的生活方式。阅读既对于我们认知和情感的滋养具有重要作用，而且从生活层面看，阅读也具有重要意义。

我们提倡一种经常阅读的生活。因为，阅读是让有限生命更为深邃精彩的一种方式。网络、电影、电视大多只能带给我们一时的感官刺激，这种快感是感官性的、短暂的；而阅读带给我们的既有丰富的感官刺激，也有感官之外的无尽想象，还有对天地人生的深入理解，这种快感是全方位的。当然，并不是每一个读者都能从阅读中获得这种全方位的快感和进步，只有会阅读的人才能享受阅读的快乐。暂时无法从阅读中获得快乐并不能成为放弃阅读的理由，阅读的快乐来自对阅读的不懈追求。“读得越多，理解力越好；理解力越好，就越喜欢读，就读得越多”，吉姆·崔利斯在《朗读手册》中这样告诉我们。在阅读这条路上，有着无限美丽的风景，跟我们的日常生活不一样的风景，比电视和电影更丰富、更深刻的风景。

阅读也是通向内心安宁的一条通道。中国人总是寻求安定，最近几年“千军万马考公务员”的现象便是证明，因为公务员的身份代表着一份稳定的职业。为什么我们想要寻求一份稳定的职业？是因为稳定的职业代表着稳定而有安全感的生活。通俗地说，我们不想生活太折腾。可一份稳定的职业就代表着稳定的生活了？当然不能。稳定的生活还需要稳定的家庭、朋友、人际关系等要素的组合。但是，工作、家庭、朋友等只是外在的因素，它对于稳定我们的生活有帮助，可它并不是决定性的。例如，一个家庭和朋友圈子都很稳定的公务员，却有着做一个大学教授的梦想，那么他能安心做公务员吗？他能有职业幸福感吗？他需要在工作的现实和梦想之间取得一个平衡，这个平衡可以通过阅读而获得。因为他可以通过阅读而真正理解“学而优则仕，仕而优则学”这句话。

阅读更重要的是能给心灵以慰藉。真正的内心安宁是指内心的充实感、价值感和意义感，是指深刻的自我认识之后对自己所选道路的认同感，有了这种认同，必然会在成功时不骄不躁，在失败时不离不弃。这种内心的安宁状态是由内而外散发出来的，不是通过外在因素如家庭、朋友就可以实现的。它们是我们人生观和价值观的结果，是我们衡量一切善恶是非的内心砝码。

所以，在这个越来越五光十色的影像世界里，我们只有真正让阅读变成生活方式，在此基础上再结合现代科技的种种神奇与便利，才不会在灯红酒绿中迷失，在奔波劳顿里愁烦，才会寻找到自我的轴心，无论时代之潮如何侵袭，始终能平静从容地傲然屹立。

阅读：重塑心的文化

进行文化建设，必须深刻理解中国文化，重塑心的文化，体认我们自己的文化传统。这不仅可以解决中国的问题，还可以解决整个人类的当务之急。

大家知道，我是到处“鼓吹”全民阅读的，为此还与余秋雨教授有过一番公开讨论。余教授说：“与旧时代文人的向往不同，我不认为阅读是一件重要的事。对文化见识而言，更重要的是考察、游历、体验、创造。阅读能启发生命，但更多的是浪费生命。”我能理解余教授对信息爆炸的今天“灾难性阅读”的忧心，但是若不把“如何阅读与阅读什么”的问题说清楚，是不好贸然下这么大一个结论的。

如果大致将我们身处的世界分为现实世界与虚拟世界的话，余教授的担忧有一定道理，他强调应避免陷入信息海洋和虚拟世界的游乐场，应张开双臂，去拥抱广阔的现实世界，应走出书斋，走向群山和田野。“读万卷书，行万里路”，我们是尊重且非常赞成这种传统的。但这里需要仔细分辨的是，现实世界指的不仅是我们外在的物质世界，还有我们丰富的内心世界。我们去考察，去游历，是靠什么去体验，靠什么去创造？如果我们不能认识到自身内在世界的现实性的话，我们看得再多、走得再远，获得的也只是一大堆知识和经验，是很难培养出一种理性的洞察力的，也很难开启生命的智慧。罗丹说：“生活中从不缺少美，而是缺少发现美的眼睛。”这正说明，行万里路表面上是我们的身体在游历，实际上却仍然是我们的心灵在体验。王阳明说：“心外无物，心外无事，心外无理。”倘若没有阅读让我们心灵丰盈、敏锐，就算亲身遭遇了，见到再多的美好，依然会视而不见。

正如有人问智者：“为什么这里除了我，每个人都这么快乐？”智者说：“因为他们已学会在每一个地方看到善和美。”有人问：“为什么我在每一个地方都看不到善和美？”智者回答：“因为你无法在内在看到的，也无法在外在看到。”从这个意义上讲，阅读不仅没有浪费生命，它还以一种美丽和快乐的方式创造生命中的经验。

何况，今天中国的问题仍然非常复杂，绝不是简单地游历就能有所领悟：公众对科学的理解程度很低，但在观念上又是高度地迷信科学；经济发展迅速，道德滑坡严重，诚信普遍缺乏；在文化上仍然是强烈的自卑情结和媚外心理；教育基础薄弱，功利主义盛行……“中国往前发展，最需要什么？”外交学院原院长吴建民几年前见到德国前总理施密特，向他请教这个问题。施密特反问:“你们建议今天的青年信仰什么?”

我主编过《改变，从阅读开始》一书，其中选编了19位智者的讲话（少数是文章摘选）。这是一批活跃在20世纪中国文化舞台的大人物，他们学贯中西、出入佛老，担当着接续中国文化慧命的历史重任。他们讲得都比我好，因此，我愿意以这种编书的方式向编辑朋友、向读者朋友交差。在这些智者面前，我是心甘情愿执弟子礼的。在断断续续选编这些文章的日子里，我时常法喜充满，真切地感受到他们慷慨激昂、潇洒飘逸的生命气象。

这19篇讲话是对中国文化的集中解读，有儒家、佛教、道家等不同角度，但它们实质上说的是同一个问题，那就是中国人的安身立命之道。他们中的大多数出生于世纪之交，经历了国家危亡、民族动荡，身处“五千年来一大变局”。尽管在当时，他们的声音在全盘西化的大浪潮中显得很微弱，但时至今日，却产生了越来越广泛的回响。

文化是滋养心灵的土壤。中国传统文化所注重的正是人的价值，中国在两千年前就发现了人生的价值在人的心里，价值的根源在自己的生命之内，解决人生价值问题的权利在自己手中，所以人可以用自己的力量穿越种种困难，来完成人生的价值。这就是中国文化对世界做出的最大贡献——人生价值的判断，源于这个“心”。因此，我们进行文化建设，必须深刻理解中国文化，重塑心的文化，体认我们自己的文化传统。这不仅可以解决中国的问题，还可以解决整个人类的当务之急!

中国文化，无论儒家、佛家、道家，都是建立在对自我生命认识的基础上的。它要人智慧不向外用，而反用于自己的生命，使生命成为智慧的，从而使生命得到改造与解放。所以，中国人的教育都是从唤起人的自觉能力开始的，“在明明德”；然后再觉他，“在亲民”；不达到“至善”的程度不能停止你的进步。我们进行新教育实验，也要扎根于这个坚实的文化基石。我建议我们的校长、我们的教师都要多了解一些中国文化，重新认识中国的文化传统，日常阅读不能只停留在几本教育理论书上。

雨果曾经说过:“世上有一种东西比所有的军队都更强大，那就是，恰逢其时的一种理想。”我们是幸运的，因为我们恰逢其时。我们正处于人类历史上的一个大的转折点，全世界都在反思物质文明和实用主义带来的恶果，不同国度的人都在回归一种心的生活。这是一个伟大的时代！人类的整体意识正面临一种转化与提升。我们要想在我们的民族和文化传统中寻求精神鼓舞，真正寻求我们的根，就必须超越那种封闭的种族中心主义或是狭隘的文化主义，我们甚至还应当超越人类本位主义。从某种意义而言，文化，即以文化之，阅读正是最好的途径。

有句话说得好："我一个人无法改变世界，但我能改变一个人的世界。"亨利·弗雷德里克也说："当我们自己改变了，一切似乎都改变了。"

因此，我非常乐意对朋友们说：

改变，从自己开始！

改变，从阅读开始！

当越来越多的人开始觉醒，越来越多的人认识到生命的真正价值，这个世界一定会变得更加美好！

今天我们还需要读书吗

——信息时代的新阅读

作为人的精神发育的最直接、最便捷、最有效的手段，阅读永远是必需的，而且不可能被人工智能所取代。

其实，这个问题对于我们新教育人甚至所有的教育人来说，应该不是一个问题。一个人的精神发育史就是他的阅读史。一个民族的精神境界取决于这个民族的阅读水平。一座书香充盈的城市才能成为美丽的精神家园。一所没有阅读的学校永远不可能有真正的教育。共读、共写、共同生活才能拥有共同的愿景、共同的语言、共同的密码和共同的价值。阅读是提高国民素质、推进社会公平、加强民族凝聚力最有效、最直接、最便宜的路径。——这些新教育的阅读理念，早已经是新教育人践行的行动准则。但是，在当今的信息时代，在互联网和人工智能等技术不断发展的今天，阅读的确遇到了许多新的问题、新的挑战，新教育人不得不有所思考并做出回应。

一、阅读的过去和现在

在人类历史上，阅读本身经历了许多深刻的变化。从广义的阅读而言，人类出现的时刻，就是阅读开始的时刻。所以，从某种意义上也可以说，人类的精神发展史就是人类的阅读史。诚如费希尔所言："阅读史关乎社会不断走向成熟的各个阶段。"人类阅读的历史与其传播史紧密相随。人类传播史经历了语言传播、书写传播、印刷传播、电信传播、数字传播等多次革命，每一次革命都对社会进步具有重大的推动作用，不断将人类带进一个个新的时代、新的境界。美国传播学家A.哈特把有史以来的传播媒介分为三类：一是"示现的媒介系统"，即人们通过面对面的展示与表现来传递信息的媒介，主要指人类的口语，也包括表情、动作、眼神等非语言符号。二是"再现的媒介系统"，主要指人类通过绘画、文字和摄影等间接的符号来传递信息的媒介。三是"机器媒介系统"，主要指人类通过电信、电话、唱片、电影、广播、电视、电脑、手机等来传递信息的媒介。传统意义上的阅读，主要是指A.哈特所说的"再现的媒介系统"，视觉意义上的"看书"是传统阅读的主要形式。纸质阅读的方式有利于读者反复阅看、引用和论证，利于深度阅读；读者对阅读内容深入思考时，能够随时参考其他文献，并进行批注、对照、注解。所以，"书籍传播时代"经过了迄今为止最为漫长悠久、给人类的精神生活带来最为丰富而深远影响的伟大历程。以电话、电视、电影、电脑、互联网、移动终端为代表的"机器媒介系统"，使人类的信息传播发生了深刻的变化。这种变化的表现形式之一，就是自从进入了电信时代以后，各种现代媒体不断地把纸质媒体的读者从纸张上拉到屏幕前，两种阅读之间的拉锯战伴随着各种媒体的出现就一直存在并愈演愈烈。

进入互联网时代以后，移动终端获取信息的便利化和娱乐化，对纸质阅读形成了新一轮的冲击波。关于互联网与阅读的冲突，国内外都有许多不同的看法。1994 年斯文 · 伯克茨在《古腾堡哀歌：电子时代阅读的悲剧》（*The Gutenberg Elegies: The Fate of Reading in an Electronic Age*）一书中曾经感叹，现在印刷文本的稳固地位已经“被新发明的电路中脉冲的急流取代了”，电子通信的泛滥冲走了专注反思，剩下的只是匆匆的浏览和摘要。“我看到了阅读性质的深刻改变，从专注有序和投入的文字阅读，到漫无目的地浏览，不断点击和滑动鼠标。”不过，英国社会学家富里迪对此还是抱有一定的乐观态度。他认为，无论互联网对现代社会产生怎样的影响，技术本身并不会直接导致社会对于人类文化遗产的疏离，不会直接导致阅读能力的危机和阅读的式微。我们不能够用传统的价值标准和阅读方式来衡量和规范当代的阅读方式，而每个时代的人也总会寻找到他们与文化遗产之间紧张关系的新的解决方案。事实上，尽管在社会上，在教育界，有许多批评数字阅读的声音，如认为数字阅读往往碎片化、浅表化，只能做到泛泛浏览，不能像纸质书籍一样画重点、标注、解释等深入挖掘，不利于深度阅读，等等。但是，数字阅读由于信息量大、信息形式丰富、方便携带、传播迅速等，同样受到许多读者的钟爱。海量的信息不可能瞬间在纸质书海中实现搜索，但数字化阅读方式完全可以，简单敲击键盘、滚动鼠标即可实现。面对急需的细碎知识或者最新消息，电子化产品以其强大的内存储量为读者提供丰富而及时的信息。

二、信息时代的数字化阅读

中国新闻出版研究院第十八次全国国民阅读调查报告显示，2020 年有 76.7% 的成年国民进行过手机阅读，71.5% 的成年国民进行过网络在线阅读，27.2% 的成年国民在电子阅读器上阅读，21.8% 的成年国民使用平板电脑进行数字化阅读。中国互联网络信息中心（CNNIC）第 43 次《中国互联网络发展状况统计报告》显示，中国网民每天花在移动互联网上的时长接近 6 个小时，短视频用户数也达到了 6.4 亿。2021 年短视频用户达 8.88 亿。调查中的青少年儿童也有类似情况。2020 年，我国 0 ～ 17 周岁未成年人数字化阅读方式接触率为 72.3%，其中 0 ～ 8 周岁儿童数字化阅读方式接触率为 69.1%，9 ～ 13 周岁少年儿童数字化阅读方式接触率为 76.2%，14 ～ 17

周岁青少年数字化阅读方式接触率为74.3%。所以，我们必须正视这样一个事实：儿童一代是数字原住民，科学发展使数字化阅读以网络检索的便捷性、阅读形式的多元性、内容及载体的丰富性、阅读过程的互动性，创造了全新的阅读体验，数字化阅读正大步走进儿童的日常生活，并成为儿童生活的一部分。同时，父母对儿童数字化阅读的态度更加开放，他们对儿童使用数字设备的抵触情绪正大为缓解。

事实也证明，网络阅读和纸质阅读是并行不悖且相辅相成的。一方面，我们的阅读方式正在快速发生改变，诸如数字化阅读、网络阅读在改变着阅读的基本形态，书和非书的界限已经开始模糊不清。另一方面，我们面临着选择的焦虑，无论是纸质出版还是网络出版，其数量前所未有地巨大，海量信息涌入了我们的生活。我们无时无刻不在阅读，却又充满了选择的困惑和焦虑，常有什么都读了又好像什么都没有读的矛盾感觉。这些新的情况，既是新挑战，也是新机会。正如宾夕法尼亚的媒体素养咨询专家费思·罗高指出的那样："教授媒介素养并不意味着废弃纸质书。读纸质书与使用电子产品，这并不是一种非此即彼的竞争。毕竟，纸质图书也是一种媒介。我们只要快速地浏览几个网站就能明白，如果一个人不具备针对纸质图书的读写能力，就无法具备针对其他媒介的读写能力。"因此，在信息时代，体现文明素养的阅读观和阅读方法也需要做出相应的变化与调整。

首先，应该充分认识阅读的本质。其实，无论时代如何变化，阅读的本质并没有发生变化。从某种意义上看，阅读的本质是阅读主体与文本的互动，这既是阅读的本质，也是阅读的价值和意义。阅读的成效、阅读的价值都取决于互动的程度，取决于这个互动是否能够启发读者的思维与灵感，帮助他们获得新知、成长心智，也取决于这个互动是否能够激发读者的情感与情操，是否能够触动内心深处的灵魂。历史上那些伟大的著作之所以能够穿越时空，就在于不同时代的阅读主体在和它们相遇的时候，总会被击中，被感动，总会激发出创造的灵感，或者产生批评性的思维。阅读的文本如果不能够产生上述的效果，不能够赋予内容以真正的意义，那么，阅读主体与阅读文本之间就没有建立真正的联系，互动也就没有真正地发生。正如阅读社会学家富里迪在《阅读的力量》这本书中所说："阅读的历史总是同寻求意义的活动相关联。而且意义——无论是宗教意义、哲学意义还是科学意义——总是通过提供对真理的洞见来获得自我实现的。阅读一旦丧失其寻求真理的潜能，便会沦为一种平庸的活动。阅读一旦沦为工具性的技能，它的作用便会局限于对文本的解读和对信息的获取。”所以，如果阅读离开了意义的发现，只是变成了简单的阅读技术或者读写能力，阅读本身也会丧失其魅力。如果在认识阅读的本质这个问题上形成了共识，通过什么媒体阅读，就不是问题的核心了。

其次，要注重培养互联网时代的新读写能力。近年来，关注互联网时代的阅读和写作能力越来越引起专家学者的关注。全美英语教师协会（National Council of Teachers of English，NCTE）和国际阅读协会（International Reading Association，IRA）2013 年发出倡议书，提出“要想全面参与和融入 21 世纪全球化社会，孩子需要更复杂的读写技巧和能力”。他们认为，在 21 世纪，成为一个有读写能力的人，意味着需要掌握多种读写技能，意味着要能够理解通过多种形式呈现的信息，能够创造、批判和分析通过多种媒介呈现的文本。学生需要理解视频、数据库或者计算机网络中的信息，也需要更好地了解世界其他地区、其他语言和文化。这是经济全球化提出的新的挑战。青少年需要学会通过竞争和合作去创造一个共享的未来。他们把这种技能称为“21 世纪读写技能”。其他各国的专家学者对此也有着相似的说法。总体而言，互联网时代的新读写能力，其实是在把握阅读本质的基础之上，重点培育学生的思维习惯和批判性探究的品质，让他们不管从什么媒介上看到文字和图片，不管这些文字和图片是呈现在纸面上还是屏幕上，都能够从中学到相应的知识。当引导孩子们学会使用各种各样的交流工具时，他们也能够对观点是如何被传播的，书籍是如何被创造出来的，媒介是如何发展起来的等问题有所认识。

再次，加强数字阅读资源的建设。要加快配备数字阅读终端设备，学校图书馆除配置纸质图书外，还要添置电子书、电影、音乐、游戏和在线课程等，筛选高品质的移动终端 APP，提供网络导航服务。要探索开展“互联网 + 阅读”的数字化书香校园活动，把数字化阅读与纸质阅读有效地融合起来，帮助师生养成良好的阅读习惯。

最后，要加强新媒体阅读的课程建设。在互联网信息量超大的情况下，需要学校教育提供更多特定的课程，教学生学习搜索、筛选、判断、反思。21世纪伊始，webquest（网络探究）课程在欧美各国火爆，它要求学生自己成立探究小组，在网络上搜索相关问题的资料，并通过审辩思维与讨论，判断信息的类型、真伪、价值倾向等，形成自己的报告。同时，需要学校提供经过适当筛选的有效信息，供学生学习，形成丰富而多元的具有教育背景的信息系统，并随着学生年龄的增大逐步对其放开。另外，要推动建立起互联网阅读共同体的伦理规范，教育学生具备网络自我保护能力与抵抗力，让他们远离网络暴力、网络诈骗等。

三、从人工智能反观人类阅读

与网络阅读和纸质阅读关系的问题相类似的，是人工智能与人类阅读的关系问题。以此审视如何利用人工智能服务人类自身的阅读，许多疑惑也可以迎刃而解。首先，从根本上来说，人工智能无法代替人类的阅读活动。每个人的精神成长历程，在一定程度上重演了整个人类精神成长的历程。人的智慧、人的思想是无法通过基因遗传的，也无法像机器人一样通过芯片置入。尤其是蕴含了情感熏陶、价值观涵养的阅读，没有个人的深度阅读与思考，是很难做到的。所以，通过阅读，与那些最伟大的思想、最伟大的智慧对话，不仅是个人精神成长的必修课，也是整个社会进步的重要路径。不仅机器无法代替，人自己也无法彼此代替而进行阅读。

其次，人工智能可以帮助人类更有效地阅读。人工智能虽然无法替代人类的阅读，但是的确可以帮助人类更有效地阅读。如查找资料性质的阅读，未来就可以交给智能机器人去做。机器人还可以帮助人对书籍进行“初读”，了解一本书的基本观点和主要内容，为人们进一步深入研读提供基础资料。机器人也可以根据自己的“阅读”和对读者阅读口味的了解，对图书进行分类分级，帮助读者寻找最合适的读物，等等。再如，人工智能可以读书给人听。现在网络上听书平台的火爆，就是因为它们满足了人们业余听书的需要。据第三方数据公司艾瑞咨询的统计，2019年中国网络音频行业市场规模为175.8亿元，用户规模达4.9亿。同时，现在的电脑在模拟人声方面已经可以达到“乱真”的地步，能够“无限接近”真人的声音，甚至连人在朗读时的感情色彩也可以被人工智能“高仿”。读者可以选择他最喜欢的偶像为自己朗读，从而获得阅读接受的亲近感。这样的阅读，可以帮助人们在跑步运动或者其他活动时“一心二用”地听书，也可以帮助尚不识字的幼儿进行阅读。另外，人工智能可以通过虚拟现实等一系列技术，让阅读超越现有纸质媒体的束缚，进入多媒体多感官的领域。阅读时加入全息投影与成像技术，会创造一番全新的阅读体验。现在，二维码技术已经普遍运用于图书，以及近年很流行的 AR（增强现实）图书，使多媒体阅读得以实现。

总之，无论社会怎样变化，技术如何进步，作为人的精神发育的最直接、最便捷、最有效的手段，阅读永远是必需的，而且不可能被人工智能取代。但是，未来的阅读，也不可能是传统意义上的阅读，从阅读方式到阅读内容，都会发生深刻的变化。未来的人，在很大程度上是一个“人机结合体”，也就是说，未来的学习者，是人脑加人工智能的合体，人们会把简单的、工具性的、检索性的阅读交给智能机器人，会利用各种碎片化的时间让机器人为自己读书，阅读的效率也会进一步提高。人工智能，将会帮助人类智慧阅读、高效阅读。

追随伟大的灵魂

——我的阅读史

在人生的不同阶段，总有一些伴随着我们前行的书。

与许多农村的孩子一样，我的童年基本上没有什么阅读生活。虽然父亲是一个小镇的小学老师，教音乐和数学，但是身处那个物质相当匮乏的年代，家里也几乎没有什么藏书。

上小学以后，认识的字多了起来，我就开始主动找书读。记不清从几岁开始，我突然迷上了读书，而且一开始就与许多喜欢连环画的小伙伴不同，迷上的是厚厚的大书。那个时候，书非常少，又是在偏僻的乡村，找到的书大部分是没有封皮、没有结尾的残缺不全的书，但我照样读得津津有味。虽然不知道书名，书中的情节还是强烈地吸引着我，甚至因为没有书皮，缺乏结尾，我不由自主地揣摩书名，自编结尾，反倒激起了更多的阅读乐趣。长大以后才大概知道，那些书是《林海雪原》《青春万岁》《钢铁是怎样炼成的》《三国演义》《水浒传》等。

由于我母亲在招待所工作，我们全家就住在招待所。南来北往的客人，经常会有一些随身携带的好书，我就缠着他们借阅。因为这些客人往往第二天就要离开，我就逐渐养成了一目十行的本领，快速阅读这些得来不易的书，有时候几个小时就可以浏览一本书的内容。当然，这也让我在一定程度上形成了读书不求甚解的毛病。

进入中学以后，读得最多的是《毛泽东选集》和《毛泽东诗词》，也开始阅读一些能够找到的文学杂志和诗歌。我对诗歌有着天然的兴趣，记得还用毛笔抄录了一本无名的长诗，用笔记本摘录了许多描写人物与风景的片段。那时候，与许多少年一样，不知道天高地厚，我做起了作家梦，津津有味地与班上的一位同学写诗唱和，用“过江”“过海”等笔名写了《车轮滚滚》等小说，还积极向报刊投稿。反正那时投稿不用贴邮票，只要在信封上面写上“稿件”“邮资总付”的字样就行了。

我真正的阅读从大学开始。我是恢复高考后的第一届大学生，被录取到江苏师范学院政史系。按照当时的情况，如果没有意外，我毕业以后应该是一位中学政治老师或者历史老师。一开始也没有明确的读书目标，班上的同学来自五湖四海，有一些老三届的学生学问好得让年轻的老师也自愧不如。我经常是看他们读什么书，自己就去借什么书。第一年，我看得最多的是《中国历代诗歌选》，从《诗经》《陆游诗选》读到《龚自珍诗选》，也看普希金、雪莱、泰戈尔的诗，还尝试背诵了一些古代诗词与现代诗歌，但往往是随记随忘，只对一些名句名段有些印象。第二年是我阅读比较自觉的一年。我有一位同桌刘晓东，父亲做过教育部副部长，当时是一个省的省委副书记。他告诉我，从书上学习的东西，要比从老师那里得到的多得多。所以，他自己常常泡图书馆，老师的课基本上不听。我不敢如此“猖狂”，但是，我们俩一起真正进入了图书的海洋。先是看历史书籍，《光荣与梦想》《第三帝国的兴亡》《世界通史》《中国通史》等，用了好几个月的时间。再后来是读商务印书馆的那套西方名著译丛，从卢梭的《爱弥儿》到亚当·斯密的《国富论》，从福泽谕吉的《劝学篇》到黑格尔的《精神现象学》，虽然许多著作并没有真正读懂，囫囵吞枣，不求甚解，但那毕竟是精神充盈的岁月。那个时候，我自己的借书卡不够用，就借同学的卡，每星期从学校图书馆捧回一大堆书，那一段疯狂阅读，导致每次还书的时候，管理员经常笑着问:“都看完啦?”

在读这些伟大著作的同时，名人传记开始成为我的案头必备。《林肯传》《拿破仑传》《罗斯福传》《居里夫人传》《马克思传》《海伦·凯勒传》……从每一个人物身上汲取精神的力量，成为我为自己充电的必修课。后来，我又读完了学校图书馆里所有诺贝尔奖获得者传。给我影响特别大的一本人物传记是日本医学改革家德田虎雄的自传《产生奇迹的行动哲学》，这是上海人民出版社“青年译丛”的一种，讲的是德田虎雄怎样从一个日本农村的普通孩子成长为优秀的医学改革家的故事。这本书告诉同是农村普通孩子的我:追寻自己的梦想，任何人都能够创造辉煌;追寻伟大的灵魂，我们也可以走得很远。一直到今天，阅读名人传记仍然是我日常的功课。

考虑到自己今后要做教师，从大二下学期开始，我有意识地阅读了许多教育学、心理学的著作。那个时候，基本上都是苏联的教科书，从凯洛夫的《教育学》到列宁夫人的教育文集，看得最多的是马卡连柯的《教育诗》，做了许多笔记。没想到无心插柳，在学校选择部分学生去上海师范大学进修教育心理学的时候，这些笔记发挥了作用。这些笔记让系总支书记相信，我是真正地热爱教育学与心理学的。

真正系统地阅读教育心理学著作，是在上海的两年。给我们开课的老师，都是大师级的人物:华东师范大学的陈桂生教授、邵瑞珍教授，上海师范大学的李伯黍教授、陈科美教授、燕国材教授、吴福元教授等。吴福元教授是皮亚杰《发生认识论原理》等重要著作的翻译者，我们的心理学原著翻译课程就是他手把手教的。燕国材教授则把我带进了中国心理学历史的领域。那两年，我比较系统地阅读了从《尚书》《周易》《论语》《孟子》《春秋繁露》《论衡》《韩愈集》《柳宗元集》到《二程集》《张载集》《陆九渊集》

《朱子语类》《四书集注》《陈亮集》《叶适集》《船山全书》《戴震集》等中国古代经典，以及顾树森、毛礼锐、陈景磐等人的中国教育史著作，这为我 1990 年完成近 100 万字的《中华教育思想研究——从远古到当代中国教育科学的成就与贡献》一书奠定了基础。

1997 年底，我离开了大学，到苏州市政府担任分管教育、文化和社会事业的副市长，我的读书范围更加广泛了。首先，我为自己订阅了分管领域的主要报纸和刊物各一种，如《中国教育报》《人民教育》《中国文化报》《新闻出版报》《中国妇女报》等，了解这些领域的动态与情况。其次，我开始阅读管理学与经济学的一些书，《有效的管理者》《西方管理思想史》《一分钟经理》等，很长时间是我的案头书。我主编国家“十五”重点教材《管理心理学》很大程度上得益于这个时期的阅读。为了完成博士后的课题，这个时期，我还大量阅读了关于城市管理的论著。

2002 年，新教育实验在昆山玉峰实验学校正式启动。我的阅读生活有一部分与新教育实验的进展紧密地联系起来，与新教育共同体的阅读紧密结合起来。读《从优秀到卓越》，我为新教育人写下了万余字的读书笔记《新教育，如何从优秀到卓越》；读《如何改变世界》，我对新教育实验的老师说《我们，也可以改变世界》……我的阅读不仅和写作紧密联系在一起，而且和新教育实验的行动也紧密相连。这些书不仅给我提供了养分，也给与我同行的新教育人提供了动力。随后几年配合新教育实验的进展，我不仅阅读了大量相关书，更反复深入地阅读了《复杂性理论与教育问题》《儿童的人格教育》《教育人类学》《给教师的建议》《教学勇气》《第 56 号教室的奇迹》《幸福的种子》《图画书》《有效教学方法》《学校是一段旅程》《相约星期二》《一生的学习》《有效课堂》《教学框架》《夏山学校》等著作。

2002 年，我和李镇西博士等创办了教育在线网站以后，读帖也成为我每天生活的重要组成部分。每天清晨，打开电脑，到教育在线与老师们交流，看帖、留言、发帖，差不多一个小时的时间，让我及时地了解教师的喜怒哀乐、所想所思。网络读帖是阅读生活的一种有效方式，我的许多政协提案和人大建议案，都直接来自老师们的故事和建议。

2007 年底，我调到民进中央担任专职副主席。角色的变化要求我的读书生活也要随之调整，因此，我先后阅读了《大国的悲剧》《世界是平的》

《美国精神的封闭》《娱乐至死》《大趋势：2020年的世界》《货币战争》《大国的崛起》《“六个为什么”》《灵魂不能下跪》《人类的敦煌》《苦难辉煌》《中国震撼》《领导干部国学大讲堂》等一大批政治理论书。

新教育实验发现，每一个人都有自己的阅读史，每一份职业都有其自己理想的阅读史。读什么，在很大程度上影响着我们会成为什么。所以，根据自己的职业和兴趣，选择一些能够帮助自己成长和发展的书，是我们每一个人必须努力学会做的事情。在人生的不同阶段，总有一些伴随着我们前行的书，这些书，如日似月沿途相伴，让我们不再胆怯，不再孤单，坚定地行走着、跋涉着。

青春伴书最痴狂

因为阅读为伴，我的青春岁月没有轻狂；因为阅读为伴，我的教育之路走得痴狂。从这里开始，阅读真正成为我一生的生活方式。

母校，是一个人的精神故乡。

苏州大学是我的母校，虽然年岁渐长、离校渐远，但我的精神总是一次次地返回那片校园、那段岁月，回首往事从未让我叹惋，相反每次我总能从回忆中汲取青春的激情、不竭的动力，重新启程。因此，我也为母校写下了不少文字，《光明日报》编辑《走进苏州大学》专刊，我写了一篇讲述苏大精神的小文《百年东吴仍青春》。到了母校110岁的生日，我为之写下《与书相伴的日子》。其实说到底，在那段青春岁月里，我所做的最重要的一件事就是阅读。

一个苏北小镇上的农村孩子背着一个自制的小木箱，怀着欣喜、好奇，甚至还隐隐藏着几分胆怯，踏上了苏州的土地，来到了一所当时叫作江苏师范学院，数年后更名为苏州大学的学校。这个孩子，就是1978年的我。

从那时起，我的生活，我的命运，就与这所学校血脉相连。

刚进校时，我读的是政史系，100多人的班级。不久，政史系又分为政治教育与历史教育两个系，但是，班上的同学已经感情深笃，不再分离。

这段时间，我的阅读首先是读人——同学中许多是老三届的，社会经验丰富，知识基础扎实，外语能力卓越；我们的老师，大部分也是满腹经纶、才华横溢、循循善诱。这些性情不同、经历各异的老师与同学，对我而言都是一本本书，我关注他们，聆听他们的故事，既受益匪浅，内心深处又经常涌动起强烈的自卑感。于是，开始拼命恶补。

中学时基本上没有学过外语的我，有一段时间疯狂学习英语。我每天清晨在学校操场长跑10圈左右，回宿舍冲个冷水澡，就去教室自习，背英语单词，把薄冰的英语语法书、张道真的教材翻了又翻，读了又读。读着读着，语法、教材不免枯燥，于是我就找原版书翻译来学习。记得当时翻译了一本《东方故事集》，还兴致勃勃地投稿到出版社。尽管没有出版，但是，从此对外语毫无惧怕，后来到日本留学需要学日语，也是如法炮制。

课外阅读上，我从图书较少的农村闯进大学校园，简直像刘姥姥进了大观园，惊喜不已，一时间竟不知如何下手。喜欢读书的同桌刘晓东成为我的阅读“导师”，读他带来的书，开始了我大学阅读的启蒙。读着读着，自己对选择怎样的书也就有了感觉，后来就自己去图书馆借书，几乎两三天换一批书。换书换得勤，与图书馆的老师们渐渐混得很熟，又多了个好处，就是经常能多借几本回去……

那是我一生最充实、最幸福的时光。后来我给在大学读书的儿子写过一封信《大学是读书的天堂》，就是我自己的切身体会。我不敢说自己那个时候真正读懂了多少，但是，我的阅读习惯和兴趣从此养成。今天，我成为全国有一定影响的全民阅读的推动者，应该说，与当时的阅读经历是分不开的。

书读多了，就有不吐不快的冲动。记得当时许多同学对作业怨声载道，我却并不介意。我把每次的作业作为挑战，力图写成有一定水准的文章。当时有位吴建国教授，是苏联留学回国的哲学博士，讲课逻辑严谨、见解深刻，深受学生尊敬。我有一次写了一篇关于群众创造历史还是英雄与群众共同创造历史的文章，请教于他。他对文章的结构、内容、文字全面点评，还鼓励了我一番。可我拿回文章一看，发现竟然没有只言片语的批注，更是对老师的功力佩服得五体投地。从此算是知道了什么是真正的学问及怎样去做学问。

除了专业写作，那时还有一段为文学疯狂的日子。我自幼喜爱文学，走进大学时，卢新华的伤痕小说正在点燃许多大学生的文学梦想。我由此开始大量读文学作品，读中外诗词，也悄悄写了不少诗歌。虽然大部分不能登大雅之堂，但喜欢读诗，喜欢诗意的生活，喜欢激情的创造，从此融进我的生命。

在我人生的关键转折点，阅读再一次发挥了威力。我读大三时，恰逢学校急需补充教育心理学教师，决定在大三学生中选拔 5 人送到上海师范大学教育心理学研修班打造。消息一公布，立即就有几百名同学报名，个个都是精兵强将。强手如林，但我仍然不愿放弃这个机会。我抱着自己课外阅读教育学、心理学时写下的笔记，直接去找系总支书记。这一摞沉甸甸的笔记，比任何誓言更能说明我对教育的热忱。于是，我终于得到了机会和大家一起竞争，最终过关斩将，被幸运录取，从江苏师范学院的学生变为一名学院的“准教师”。

1982 年 7 月，当我学成归来的时候，江苏师范学院已经改名为苏州大学；1987 年，我成为苏州大学也是当时江苏省最年轻的副教授；1993 年，我成为苏州大学也是当时全国最年轻的教务处长之一；后来，我的工作又有变动，先是成为苏州市人民政府的副市长，后又担任民进中央副主席……

无论我走多远，从 1978 年开始，阅读成为我一路的坚持。无论身在何处、担任什么职务，我总是抓住繁重工作之余的每个间隙，黎明深夜，车上路上，如饥似渴地读着，读着。

我经常想，我一生最充实的时光就是在天堂读书的日子。因为阅读为伴，我的青春岁月没有轻狂；因为阅读为伴，我的教育之路走得痴狂。从这里开始，阅读真正成为我一生的生活方式。我生命中最宝贵的东西，是在这个天堂里爱上的阅读。我要用我的一生，将这份天堂里得到的心灵大礼，推荐给更多的人。

阅读让教师更智慧

教师的成长，离不开阅读。教师阅读经典，就是与过去的教育家对话。

一流的教师应该是一流的读书人，只有一流的读书人，才有可能培养出一流的学生。

30年前，我走上苏州大学的讲坛，一位教授语重心长地对我说：“教师很可能一辈子平庸，但若能努力追求，就能成为一个优秀教师或教学专家甚至是出色的教育家，成功并不像人们想象的那么难。”于是，我向他进一步讨教当教师成功的秘诀，他略加思索后送给我一句话：“读书滋养底气。”

当时年轻的我并不能真正领悟教授的话，只是把这句话作为师长的嘱托来尽力完成。然而数十年后，回望自己一路的脚印，用自己的亲身经历再去验证教授的这句话，我深为感慨：是的，一流的教师应该是一流的读书人，只有一流的读书人才有可能培养出一流的学生。

一个刚刚诞生的婴儿，他的精神世界充其量只相当于人类的童年，在他成长的过程中，精神世界又如何与身体的发育、成熟一道与时俱进呢？随着我个人的成长，我越来越认为读书是实现以上目的的必由之径。书籍是传承文明的桥梁，是延续文化的中介。充实而有意义的人生，应该伴随着读书而发展。

我一直强调，一个人的精神发育史实质上就是一个人的阅读史，而一个民族的精神境界在很大程度上取决于全民族的阅读水平。在学校中，我最看重的就是教师与图书。学校就是提供了一个读书的空间，一个学生在教师的指导下读书的空间。而学生读书的兴趣与水平又直接受教师的读书兴趣与水平的影响。因此，教师的读书不仅是学生读书的前提，而且是整个教育的前提。

近10年来，我在全国各地发起并主持了“新教育实验”。为了实现师生与人类崇高精神的对话，新教育实验在充分研究、积极实践的基础上，把“营造书香校园”确立为新教育实验“六大行动”之首，而且把教师的读书作为书香校园建设的前提。

教师读书当然不仅是为了学生。有人说，教师是一个辛勤的园丁，培育美丽的花朵；也有人说，教师是春蚕，劳作到死吐丝方尽；还有人说，教师是人类灵魂的工程师，塑造着学生的精神世界；更有人说，教师是蜡烛，燃烧自己，照亮别人。

我认为，教师不仅仅是园丁，他自己本身应该是一朵美丽的花。花是无法去影响园丁的，它只能给园丁带来感官的愉悦，带来工作的成就感。而在现实生活中，学生对于教师的影响是巨大的。教育过程是教师与学生互相作用的过程。同时，园丁自己是如何发展的呢？我们过去的教育理论强调教师的价值必须通过学生的价值体现出来，忽视了教师自己价值的直接呈现方式。

教师也不是春蚕，教师的生命应该在四季拔节。春蚕吐丝是没有目的甚至是没有对象的，它的使命是为自己筑一个永远的巢，最后甚至彻底封闭了自己，最多是为人类提供几根纺织用的丝。这显然不应该是现代教师的形象。

教师也不是人类灵魂的工程师。人类的灵魂不可能是一个机器，让工程师任意修理，用一个固定的工艺流程去塑造或者改变。而且，教师自己的灵魂由谁去塑造呢？

教师更不是蜡烛。那种把教师看成点燃自己、照亮别人的蜡烛的说法，其实很荒唐，我们可以赞美那些具有牺牲精神的人，但我们绝不能用牺牲作为准则来要求教师。

有人还嫌不够，要教师两头燃烧，加快成为灰的步伐。把学生发展的前提建立在牺牲教师的基础之上，显然也是不妥当的。

有人说，教师是绚丽的晚霞，在照亮天空的同时，也呈现出自己的美丽。这个比喻虽然比上面的要精彩，但是，当晚霞退却的时候，那星星和月亮构成的夜色天空难道不美丽吗？

这些曾经写在我们教育学教科书上的文字，现在细加推敲，是有不少问题的。教师的定位含混不清，也是教师在工作中逐渐迷失自我的原因之一。

那么，教师究竟是什么？其实，教师就是教师。教师与学生是一对互相依赖的生命，是一对共同成长的伙伴。教师每一天在神圣与平凡中行走，为未来和现在工作。教师首先是一个人，他有自己的喜怒哀乐，有自己的油盐酱醋，他必须做好一个人，争取做一个大写的人，一个能够促进学生健康发展的人，一个永远让学生记住并学习的人。

教师是一个冒险甚至危险的职业。伟人和罪人都可能在他的手中形成。因此，教师必须如履薄冰，尽最大努力让自己和自己的学生走向崇高。

教师的幸福也不仅仅是学生的成功，同时应该是自己的充实与成功。教师可以利用的时间与空间决定了教师是一个幸福的人，因为无论周遭环境如何，当关上教室的门，教师就是教室里的国王，就是拥有土地的农夫。在这样的工作中，教师完全可以进行自我的设计与武装，让自己多才多艺，让自己的精神世界更加丰富，让自己远离庸俗，让心灵在理想的星空翱翔。

教师要达到上述境界，最重要的途径就是读书。人类几千年的教育历史中，创造和积累了许多宝贵的教育思想财富。这些财富保存的载体主要就是教育的经典著作。阅读经典，与过去的教育家对话，是教师成长的基本条件，也是教师教育思想形成与发展的基础。教育智慧的形成，在一定意义上说，就是跨越由这些经典构成的桥梁的过程。这是一个不可超越的过程。人类的教育虽然不断变迁与发展，但是教育的根本不会变化，教育培养人的功能不会变化，教育过程的内在规律不会变化。如教育创新，虽然是我们这个时代的主旋律之一，但是对于创新教育的论述，现在可能并没有超过陶行知。因此，现代的许多教育新思想，其实只不过是用我们这个时代的语言和案例跟过去的大师对话而已。

记得看过一个发人深省的小故事。有位老教师上了一节精彩的课，课后大家纷纷表示祝贺。有人崇敬地问老教师："这么精彩的课，您肯定下了很多功夫，备课很久吧？"老教师微笑着回答："具体到这堂课的备课，我花了 15 分钟。但是为了这 15 分钟，我用了一生的积累。"

磨刀不误砍柴工。教师通过阅读，让自己多才多艺、远离庸俗，表面看与教育无关，其结果却恰恰是"歪打正着"，提升了自我的智慧，逐步形成教育智慧，最后大幅度提高工作效率。

教师读书不仅是寻求教育思想的营养、教育智慧的源头，也是情感与意志的冲击与交流。从过去的教育家的著作中，教师可以学习的东西很多。有心的教师会认真阅读教育的重要文献，认真领会不同时代教育家的人生理想与人格力量。读书会让我们的教师更加善于思考，更加远离浮躁，从而让我们的教师更加有教育的智慧，让我们的教育更加美丽。

一位外国学者在他的《教育的目的》一书里说："理想的消失是人类努力失败的可悲证明。在古代学校里，哲学家们渴望传授的是智慧，而在现代学校，我们降低了目标，教授的是学科。从神圣的智慧——这是古人向往的目标，沦落到学校教材知识——这是现代人追求的目标，标志了多少世纪以来教育上的一种失败。"如果说对现在的教师有什么期待，那么，我最期待的是，通过读书，让我们的教育重拾往昔的智慧，续写新的传奇。

少点烟酒味，多些书卷气

官员只有少一点烟酒味，多一些书卷气，抖落一身官气，才能与老百姓走得更近些。读书，会让领导干部有一个宁静的心态、从容的心情、理智的头脑、开放的胸怀。

"仓廪实而知礼节，衣食足而知荣辱。"随着经济的繁荣，国人对精神生活也越来越重视。最近几年，阅读问题不断升温，不断成为媒体关注的热门话题。2009 年，人民网曾经举行"百名党政干部阅读习惯"的调查活动，结果显示，尽管许多党政干部有较强烈的读书需求，但工作太忙、应酬过多已经成为影响干部阅读的最主要因素，大部分干部并不读书。《南方周末》曾经以《九大高官 以书施政》为题，关注了汪洋等当代领导干部的读书倡议。

领导干部阅读的确是一个值得关注的问题。从客观上说，官员身不由己，应酬不可免。作为一个地方的政府官员，当然有许多工作是必须要做的。上级通知的会议，必须参加；自己组织的会议，必须讲话；上级领导来调研，必须陪同；了解基层情况，必须调研；外地客人来访，必须招待。经常是一个晚上有几个应酬。

但我一直认为，尽管我们的工作非常繁忙，“没有时间”仍然只是缺乏阅读习惯的借口。鲁迅先生曾经说：“时间像海绵里的水，只要你愿意挤总还是有的。”他自己就是把别人喝咖啡的时间用来读书写作的。试想某一天，你生命中最重要的人突然约你相见，你会不去吗？肯定会推掉其他的所有事务相见。而我认为，阅读就是我们生命中最重要的人。许多朋友经常很惊讶，说我工作如此繁忙，竟还能够坚持读书、写博客。我说，只要是你认为重要的事情，一定会找到时间的。所以，当读书成为我们的生活方式的时候，当我们真正把阅读作为生命中最重要的事情的时候，你总可以找到读书的时间。早晨起来，应该可以挤 10 分钟的时间读书；晚上睡觉前，少看一点电视，翻几页书应该可以做到；节假日休息时，推掉一两个应酬，时间就出来了。所以，2007 年全国两会时，我当着总书记的面，建议领导干部要“少一点烟酒味，多一些书卷气”。因为只有这样，官员才能抖落一身官气，才能与老百姓走得更近些。

我认为，当代中国，有两个群体的阅读最重要：一是中小学学生，二是领导干部。中小学是一个人一生中形成阅读兴趣与阅读习惯的最重要的时期，人的精神饥饿感就是在这个时候形成的。而领导干部的阅读，首先是对自己的工作具有指导作用。领导干部的视野是否开阔，对于自己分管的领域是否熟悉，直接影响到工作的效率与效果，甚至会影响到一个城市或者一个部门的命运。而善于读书的领导，往往知识面比较宽，决策比较理性，自然显得更加儒雅与从容。

同时，领导干部读书具有社会示范作用，他在会议上引用什么书、他正在读的书，多少会影响到一个部门甚至一个城市的阅读风气。例如，汪洋在担任重庆市委书记时曾向干部推荐《世界是平的》一书，当时一下子这本书在重庆就火了起来，成为重庆干部的必读书。总之，读书会让领导干部有一个宁静的心态、从容的心情、理智的头脑、开放的胸怀。

那么，作为领导干部，应该读什么书呢？总体上说，开卷有益。但并不是所有的书都值得去读，甚至有一些书是麻痹我们的灵魂、消弭我们的精神的。江西省原副省长胡长清，就对《素女心经》《肉蒲团》爱不释手；沈阳市原副市长马向东，在中央党校学习的时候竟然随身携带《赌术精选》《赌术实战108招》，酷爱如宝；山东省泰安市原市委书记胡建学，对面相书“刻苦钻研”。这些人的下场尽人皆知。因此，读什么书，往往反映着我们的生活情趣与价值追求。

我认为，读书如饮食，每个人都有自己的兴趣，每个人都可以在任何时间与地点读自己想读的任何好书。

首先，领导干部应该读一些中国文化的经典，如《论语》《孟子》《庄子》等，这些是中国文化的源头，阐述了许多人生的哲理，对于领导干部树立正确的人生观、价值观是有帮助的。

其次，领导干部应该读一些好的文艺作品。文艺作品往往通过移情的作用，通过作品中人物的悲欢离合的命运，让你知道什么是真善美、什么是假恶丑，如《平凡的世界》《巴黎圣母院》等，都是非常好的文艺作品。

再次，读一些人物传记，如《林肯传》《居里夫人传》《毛泽东传》《我的生活故事》等，与伟大的人物对话，与崇高的精神交流，会使自己不断汲取他们身上的力量。

又次，应该读一些通俗的优秀管理图书，如《从优秀到卓越》《如何改变世界》等，这类书会让自己在行政管理中更有人文情怀，更有艺术性。

最后，应该结合自己的工作性质，阅读一些相关专业的书。如我在政府工作，就努力读一些城市管理的书，读一些经济、环境方面的书；到民进中央工作以后，结合参政议政等方面的工作，我加强了政治理论和教育理论方面的阅读。

许多领导身为某一专业的负责人，往往容易说外行话、做错误的决策，这与他们不善于阅读是有关系的。我认为，读书只要坚持不懈，作为领导干部，不仅能对工作游刃有余，还完全有可能成为该领域的专家。

企业家需要读书吗

阅读，可以帮助企业家净化心灵、涵养道德。阅读，可以帮助企业家把握大局、科学决策。善于学习，勤于阅读，应该是优秀企业家的行为方式。

我参加过一个民办培训教育的高峰论坛，听到新东方教育集团的创始人俞敏洪先生讲新东方的使命与责任，很有感触。俞敏洪在讲演中说：

……

新东方存在的目的是什么？

是为了让千千万万的中国青少年有理想、有追求、有崇高的生命目标，有对未来的无穷期待，不管遇到什么挫折，生命都能够勇往直前！

是为了给千千万万的孩子提供成长的路径，通过我们的努力，使他们从落后走向先进，从低头自卑变得昂首自信。

是为了让千千万万个孩子把学习的痛苦变成一种学习的乐趣，让孩子们把“要我学”变成“我要学”；让孩子们彻底理解：追求知识和智慧是人生中多么美好的一件事情。

是为了让千家万户的家长放心，放心地把孩子们送到新东方来。一个孩子对于新东方来说是百万分之一，对于一个家庭来说就是百分之一百，是一个家庭的未来和幸福。我们要让家长放心地把孩子送到新东方来。不管这个家庭是否有钱有权，每一个家庭面对新东方都应该得到同样的关怀和尊严。

是为了我们自己的灵魂，我们创造新东方，不是来亵渎我们的灵魂的，是来救赎我们的灵魂的。面对那些天真纯洁的孩子，面对他们渴望阳光的眼睛，我们能够让自己变得更纯粹，更大气，更充满爱心和善良。

是为了我们的员工和老师们，他们撑起了新东方的一片天地，他们把自己的青春、梦想和生命寄托在了新东方，我们必须给他们值得骄傲的回报。我们不能做出一个平庸的新东方，做出一个让自己人都羞于启齿的新东方，我们更不能做出一个没有价值、没有梦想、没有崇高的新东方。没有难管的员工，只有无能的管理。我们只有和员工、老师共荣辱、共奋进，新东方才会有真正灿烂的明天。

让我们回归吧，回归到新东方最重要的价值上，回归到能够给我们内心带来崇高感和使命感的事情上。只有这样，我们才能够处乱局而不惊，面巨变而气闲，在纷乱中有章法，在琐碎中有远见。脚踏实地，眼看远方，我们才能把新东方带向美好的未来，我们才能让新东方成为大家愿意回忆，值得回忆并且产生美好感情的一个名字。

俞敏洪为什么会有这样的觉悟？他为什么能够在新东方发展顺风顺水的时候想到回归到新东方最重要的价值上？我认为与他自觉的阅读生活是有关系的。他告诉我，仅 2011 年 1 月至 2 月，他就读了 27 本书。

相比之下，我们大部分企业家的阅读状况是不敢恭维的。据“长三角企业经营管理者读书问卷调查”（2009）披露，在 200 份有效问卷中，157 人每周平均阅读时间不超过 1 小时，有 73 位著名企业家一年读书量不超过 1 本书。在我认识的许多成功企业家中，没有阅读习惯的企业家也不是个别现象。这与欧美企业管理者每年平均阅读书在 20 本以上相比，差距甚远。

企业家不读书，有两条理由：一是认为读书没有什么用处；二是认为工作太忙，根本没有时间读书。其实，这两条理由都站不住脚。

认为工作太忙，没有时间读书的企业家，往往会说：“你看我们，眼睛一睁，忙到熄灯，开会决策，会见客户，宴请喝酒，根本沉不下心来，哪有时间读书呢？”也许，这说的是实话。但是，我一直认为，是否有时间，从本质上取决于你是否把这件事情看作最主要的。如果你认为重要，一定可以安排时间；如果你认为不重要，一定会找出借口不去做。喜欢打扑克、搓麻将的人，再忙，也可以安排时间打一把、搓一下。我曾经劝说领导干部要“少一点烟酒味，多一些书卷气”，讲的就是这个道理，对于企业家来说，也是如此。外出乘飞机等候的时候，在飞机上的时光，晚上睡觉前读一二十分钟，早晨起来以后读一点书……这些都是不费吹灰之力就能够做到的事情。关键还是在于我们是否真正认识到阅读的价值和意义。

那么，关键的问题就是，阅读对于企业家究竟有什么用处？企业家究竟为什么要读书？有许多企业家或者堂而皇之宣称，或者暗自思忖："我不读书不是一样赚钱吗？"甚至会认为，读书反而会迂腐、会缺乏灵活性等。连零点研究咨询集团董事长袁岳也曾经写过一篇反对企业家过多读书的文章，认为"书多扰神、书多疑行、书多欠察、书多轻人"。

我明确反对这种观点。我认为，对于企业家来说，阅读有着非常特别的价值和意义。

首先，阅读可以帮助企业家净化心灵，涵养道德。"小富靠智，大富靠德。"企业家的道德修养对企业的成败至关重要。提高道德修养有多种方法，读书就是一种重要方法。书读得多了，眼光远了，胸怀宽了，道德修养提高了，人生境界也就提升了。书籍以深刻的思想、生动的形象反映生活，揭示人生的真谛，赞颂真善美，鞭挞假恶丑，往往以一种无形的力量潜移默化地影响着人们的思想，陶冶人们的情操。英国作家毛姆曾经说过："在读书的时候，哲人的思想涤荡着我们的灵魂，在知识和智慧的指引下，我们更容易识别美与丑、善与恶，我们的生命也因此一次又一次向前拓展。读书，使我们的心灵变得辽阔而宽广，坚韧而顽强，也使我们获得一个温煦宁静的内心世界，以对抗外部世界的喧哗与浮躁。"所以，如果我们的企业家能够与书本为伴、与大师为伍，就能让自己不为狭隘私心所扰，不为浮华名利所累，不为低俗物欲所惑。这样，才能避免出现牛奶中掺三聚氰胺、火腿肠用瘦肉精猪肉、轮胎掺不合格材料等损人利己的行为。这也是马云不能够容忍手下爱将弄虚作假、俞敏洪呼唤价值回归的原因所在。没有人要求他们这样做，这是良心的呼唤，是价值的引领。而这，也正是从小富通往大富之路。

其次，阅读可以帮助企业家把握大局、科学决策。梁小民先生曾经讲过一个故事：在一次浙商大会上，一位进入福布斯排行榜的企业家大声疾呼："企业家不要读书。"这位企业家"空手套白狼"，凭空有了偌大一笔财富，发出了这样的呼声。也正是这位中了"读书无用论"之毒的企业家，缺乏公司理财的基本知识，上榜后没几个月就陷入现金流断裂的困境。他还举了一个正面的例子，是关于耐克鞋的名字诞生的故事。据说，这个名字是耐克创始人之一约翰逊的灵机一动。当年鞋子生产出来，设计了标记后，大家为起名字犯了愁。约翰逊觉得这个标记很像古希腊神话中有着翅膀的胜利之神耐克的双翼，于是想出了耐克的名字。如果约翰逊没有读过希腊神话，怎么可能想到这个神来之笔的名字？历史上，企业家读书受启示进行产品创新的例子还有不少。

为什么我们许多企业家会感到，我们没有读过什么书一样赚钱呢？是的。在一个市场经济还不充分，民主与法制社会还没有完全建成的社会里，一切充满着不确定性。胆量、勇气甚至关系等因素在创业中起到了非常重要的作用。有人曾经这样分析："第二代成功的企业家往往是没读过什么书的文盲。没有读过书的优势是不受保守的传统文化的束缚，敢闯、敢干。在那个初创时期，知识并不重要，甚至可能是包袱，所以，无文化者成功了。但是，创业成功的人并不一定是能笑到最后的人。随着市场经济的完善，企业必须从经验型企业转变为制度型企业。经验型企业的管理者可以没有文化，不读书，依靠个人能力和过去积累的经验取得成功。但制度型企业是一定要有现代企业管理的理论与知识的。管理理论和知识固然来自实践，但绝不是一个人的实践，而是千千万万企业家的实践。学者把这无数企业家成功或失败的经验与教训总结出来，写成书，就成了理论。不读这些书，就无法去创立和管理制度型企业。"

其实，当我们读那些最优秀的管理著作、最优秀的人文作品的时候，经常会有醍醐灌顶、豁然开朗的感觉，这是没有读书经历的人所无法体会的。人类那些最伟大的思想、最伟大的智慧、最伟大的管理经验在哪里？就在那些最伟大的著作中。也正是出于这样的原因，比尔·盖茨在《未来之路》中提出："要想掌握商业分配的原则，只有一点——学习。而战胜竞争对手最快、最好的方法，就是怎样比对方学得更快、更好。谁学习的速度快，谁就会成为赢家。无疑，学习的最好办法，就是阅读。"

中外优秀企业家成长的历程反复告诉我们，善于学习、勤于阅读，应该是优秀企业家的行为方式。

有资料介绍，日本资生堂创始人、福原家族的福原义春，就是一个读书非常多的人。他的读书范围从社会上的畅销书到原版的法国最新哲学、美学，再到美国最新思潮方面的著作等，多有涉及。东芝全球总裁西田厚聪也是特别热爱读书的人，不论多晚到家，都会埋头读上几个小时的书，而且是几本书、几个方面的书同时读。出差到中国的时候，西田的夫人、秘书等人要为他准备一大包的书，不论去哪里，旅途成了他读书的专用时间。

家居业的著名企业红星美凯龙公司每年会为员工报销 200 元书费。同时，为了将学习的成果落地，公司还专门成立了一个“读书分享委员会”，每个月，各个部门都会分别召开会议，讨论从书籍中获得的知识和启发。另据了解，红星美凯龙公司要求其管理人员将三分之一的时间用来学习，另外三分之二的时间用来培训和调研。对普通员工也要求他们每年至少读 5 本书。不仅如此，从 2002 年开始，公司向每个管理人员的家庭赠送一个书柜，试图将学习触角伸向管理层的“八小时之外”。而为让学习的革命开展得更加深入，红星美凯龙公司甚至要求，员工家中的书柜里要有 30 本书以上，每个人的包里也必须有一本书，因为在飞机、火车上打开就可以看，要是飞机晚点，说不定就能看完一本书。

因此，阅读对于一个企业家的成长，对于一个企业的发展，其作用和价值无疑将会越来越得到显现。希望那些忽视阅读和学习的企业家，能够真正地拿起书本来，成为一个有素质、有思想、有社会责任且更加成功的儒雅商人。

第二章　一个民族的精神境界取决于这个民族的阅读水平

从根本上说，一个民族、一个国家的竞争力不是取决于它的物质力量，而是取决于它的精神力量；一个国家、一个民族的精神力量，不是取决于这个民族的人口数量，而是取决于它的阅读能力。

阅读不仅是个体行为，它对我们强化文化认同、凝聚国家民心、振奋民族精神、提高公民素质、淳化社会风气、建构核心价值有重要作用。

我们如今面临着共同价值崩溃的危险。今天的社会缺乏共同的语言。没有共同语言，又怎么可能有共同的理想、共同的道德标准和共同的价值观呢？阅读恰恰是能够形成我们这个民族共同语言和共同密码的关键。

阅读的力量

知识的力量要通过阅读得到实现。阅读水平直接影响着理解和掌握科学技术能力的高低。

读书与国民的文化素质是成正比的，国民文化素质高的民族一定是酷爱读书的民族。

苏联著名教育家苏霍姆林斯基曾说过:“无限相信书籍的力量。”我理解，书籍的力量，首先就意味着阅读的力量。知识的力量要通过阅读得到实现。阅读对于经济发展、文化传承、政治文明、社会和谐、民族复兴具有重要的意义，而这些往往被人们所忽视。

一、阅读与经济发展

经济发展的过程其实就是先进生产力不断取代落后生产力的进程。科学技术是第一生产力，而且是先进生产力的集中体现和主要标志，科学技术日益成为现代生产力中最活跃的因素和最主要的推动力量。在当今世界方兴未艾的新科技革命和知识经济发展的大趋势之下，任何国家和个人不学习、不会学习都会落后。

科学的本质是创新，创新的关键在人才，人才的成长靠教育，而教育不可能离开阅读。科学技术的传播离不开一定的语言文字，新科学、新技术往往体现为一系列的科研成果，包括研究报告和学术著作，阅读也因此成为了解和学习新科学、新技术的前提与基础。加强科学普及、提高全社会的科学素质离不开全民阅读。

作为学习和掌握科学技术的基本手段与重要途径，阅读对于经济创新发展起着极其关键的基础作用。新闻出版总署原署长柳斌杰指出："只有通过广泛的阅读，才能在继承前人经验和了解最新科学技术资料的基础上有所创造、有所前进。只有站在巨人的肩膀上，才能够以更加高远的立意，找到改革和创新的途径，掌握改革和创新的能力或技术，解放和发展生产力。发展经济的关键是生产力，而作为生产力最核心要素的人必须是有知识、有能力的人。这就决定了阅读直接关系到生产力的发展水平和人的素质的高低。"

个体的知识结构和阅读水平直接影响着理解和掌握科学技术能力的高低。可以这么说，一国国民的阅读水平的高低，影响着该国科学技术普及程度的高低和科学技术创新能力的高低，最终影响着国家生产力的发展水平。

2009 年 4 月 23 日"世界读书日"，时任国务院总理的温家宝在商务印书馆和国家图书馆与编辑、读者交流读书心得时就特别指出：当前，世界正经历着一场前所未有的金融危机。战胜这场危机，不仅要靠物质的力量，还要靠精神的力量。战胜这场金融危机，从根本上还是要靠人，靠知识的力量和科技的革命。在这个乍暖还寒的时候，我们提倡读书更具有现实意义。通过读书温暖人心、提振信心、寄托希望，通过读书掌握知识、增强本领、勇于创新。

在市场经济的发展中，企业是主体。在阅读推动经济发展的多种途径中，尤为重要的就是通过阅读来创建学习型企业。学习型企业强调企业管理者和员工要永不间断地阅读、学习和创新，洋溢着时代进步的气息。在知识经济时代，获取知识和应用知识的能力，将成为竞争能力高低的关键。一个企业只有通过不断学习，拓展与外界信息交流的深度和广度，才能立于不败之地。

二、阅读与文化传承

传统文化，是人们在长期历史发展过程中所积淀起来，并且渗透于民族整体意识和行为之中，世代相传，流动着最具生命活力和价值的东西。

"我们中华民族的传统文化，是中华民族几千年来创造的文明成果，包含了丰富的物质文明和精神文明。而其中的名著和经典，又可以说是人类文明发展史的缩写，能够穿越时间的隧道和历史的长河，为人们所长久研读。因此，在人类传统文化的传承过程中，经典名著无疑扮演着十分重要的角色。”①

令人担忧的是我们文化的传承与创新正在遭遇着一场危机。在网络社会里，恶搞文化肆虐、快餐文化泛滥、浅层阅读流行……这些现象已经开始了对文化及其经典的亵渎与颠覆，造成当下严重的文化病象，需要我们高度警惕。

这种“文化的滞生”也日益扼杀着我们文化的原创力，从社会上愈发严重的跟风、模仿、克隆、山寨、抄袭、剽窃等现象可见一斑。尼尔·波兹曼在《娱乐至死》一书中曾经讲到，文化的消亡有两种方式：第一种方式就是奥威尔的预言——文化的消亡，是书被禁读，公理被隐瞒，文化被亵渎；第二种方式是赫胥黎的预言——文化的消亡是无人想读书，无人想知道真理，文化成为滑稽戏。目前来说，第二种预言可能已成现实。

每一个民族、每一个时代精神的精华，人类最美好的创造都汇集于名著之中，其中的一部分经过历史的筛选，就成了民族与人类的“经典”。人类精神文明的成果，就是通过各类学科的名著、经典的阅读而代代相传的。在声讯和光影将逐渐取代语言文字、网络文化盛行的今天，经典阅读日益体现出无可替代的价值。

我们深刻地认识到，除非我们愿意放弃努力，承认我们的文化已经无可救药，不加思考地接受一个实然的文化，抑或在多元文化中麻痹自我、放纵自我，那么我们就必须对以下真理保持足够的敬畏和信仰：对经典的阅读是传承文化的必要。

全国人大常委会原副委员长许嘉璐曾深刻地指出，当前我们尤其需要通过阅读从传统文化中汲取智慧，来解决我们面临的一系列两难问题：

> 一方面我们要发展，不发展中华民族无以立足；另一方面发展太快又带来很多问题，怎么办？我们需要沉静，要从浮躁、浮夸、浮肿中

---

① 胡媛媛：《声讯时代如何传承传统文化——浅谈重返经典阅读的现实意义》，《成功（教育版）》2009年第10期。

落到地面上来。第一是好学，要多读书；第二要深思，只有深思才能产生智慧。深思就要反思传统，从祖先的智慧中汲取营养。我们要从中华文化中汲取智慧，把古人的智慧拿来创造出适合今天、适合未来的“智”。这就需要我们读书。我相信通过读书，中国会再次产生出像孔子、老子一样的大思想家，贡献出社会发展和人类前进所需要的智慧。

在阅读与传承文化和创新的关系上我们需要强调的是，文化不是在经典中存在，而是在阅读经典的过程中存在。对待经典，我们绝不仅仅是背诵、考证、研究，而是需要在对经典的阅读中，与文本实现一种超越时空的共同存在，让思想凭借着我们的重新言说与书写而复活，让隐蔽的真理重新显现，获得新生！这才是阅读对文化传承和创新的本真意义。

三、阅读与政治文明

一个国家政治文明的内容外在地取决于这个国家的国体和政体，但其发展水平则内在地取决于这个国家的政治文化以及公民的政治素质。在所有阅读的社会价值中，阅读对政治文明的价值是隐性的、潜在的，容易被社会所忽视。然而我们认为，没有政治主体自身的发展，政治文明将成为无源之水、无本之木。阅读是提高公民政治素质、促进社会政治文明的发展的重要途径。

政治文明包括政治意识文明、政治制度文明和政治行为文明三个组成部分。阅读与这三个部分的形成和发展都有着直接或间接的关系。

阅读能够帮助公民树立先进的政治文明意识。阅读有助于公民对民主政治的了解和对宪法、法律的认识，有助于公民对我国政治发展历程和对权利义务的认识，阅读也有利于公民加深对自由、人权、平等、民主、公正等政治价值的理解。阅读也能培养公民积极向上的政治情感和态度。“在通常所调查的性别、居住地、职业、收入、年龄等人口统计学变量中，看来都不如教育变量更能决定政治态度。”① 这里提到的教育变量实质上就是

---

① 塞缪尔·亨廷顿、琼·纳逊尔：《难以抉择：发展中国家的政治参与》，华夏出版社，1989，第 85-86 页。

指公民对政治的认知水平和情感态度。阅读能培育爱国意识，增强公民意识，加强政治修养。而阅读之后的理性思考，更是能够塑造公民科学、理性精神，这种冷静的建构之思，在今天政治体制改革中可能陷入的激进、无序、紊乱的政治解构危机之下显得尤为珍贵。

阅读能够有助于文明之间的借鉴与思考，促进社会政治制度文明的发展。社会主义政治文明是在批判人类一切政治文明成果的基础上形成的一种新型文明形态。而批判地吸收和借鉴先进国家政治文明成果也是离不开阅读的。

阅读也会间接地影响政治行为文明。人民群众参政议政的广度和深度、能力和水平，是受人民群众的文化知识水平制约的，公民政治参与知识越丰富，其政治素质就越高，政治参与能力就越强。如果人们对政治缺少应有的理解和认识，政治观念淡漠，就很难形成政治上的“自我意识”，也不会具有参政议政的自觉性，更不会有参与政治活动的热情，从而制约政治的发展进程。另外，从执政角度而言，领导干部的阅读水平则直接关系科学执政、依法执政、民主执政的水平和程度。

建设政治文明是一个长期的、系统的、复杂的工程，不可能一蹴而就，在众多的建设途径中，阅读的潜在价值不可忽视。我们有理由相信，不断地阅读和学习是中国社会政治文明发展的必由之路。

四、阅读与社会和谐

和谐社会是指人与人、人与社会、人与自然之间关系的和谐。但我们认为，如果没有自我的和谐，就不会有这三层和谐关系。从这个意义上可以说，每个个体的自我身心的和谐，是人与人、人与社会、人与自然和谐的基础。

市场经济下，人的各种欲望无限膨胀，被物质、权力、享乐等异化而失去自我，人的心灵始终躁动不安。精神世界的虚无最终导致深刻的精神危机、情感危机乃至道德危机。正如吉登斯所言：“在晚期现代性的背景下，个人的无意义感成为根本性的心理问题。人成了不是自己的自己。”

另外，现代工业和技术的发展及其引起的社会分工，固然极大地促进了人的能力的提高，但同时也压抑了自我，使人的发展面临着新的片面性，人成了技术和分工的附属品。马尔库塞称这种人是没有精神需要、没有内心体验的“单面人”，弗洛姆称之为“精神的分裂的自我异化”。而在网络这个虚拟社会中，疏离了人与现实的直接联系以及人与人之间的亲密交往的“网络异化”，更给人带来了一种无常感、迷失感，加深了人的自我分裂。

尤其我们这个正处于转型时期的社会，在这样一个剧变的时代，我们突然发现，中国社会历史性地聚集了这些矛盾与冲突。显然，在这个时期人们容易认识扭曲、心理失衡、情绪失控，产生心灵的动荡和自我的分裂。人的自我和谐与阅读是分不开的，尤其是在这个喧哗与浮躁的时代，阅读尤其是经典阅读具有无可替代的价值。

王强先生在《读书只读一流书》中说：“从终极目的上说，读书是建造一个完全属于自己心灵的世界的过程。人读书越多，越不会被外在的环境所困扰，越不会被寂寞孤独这样可怖的东西所折服，因为书籍逐渐在人的心灵里建造了一个完全独立于外界的力量的王国，这个王国是被心灵完全拥有的，在这个世界里栖居着令人神往的古今中外丰富而伟大的灵魂。当一个人的心灵完全拥有这样一个王国的时候，他灵魂的承受能力会有多么坚强！因为他完全不需要依靠任何外力来支撑他的生命。”

近年来，一种被称作阅读疗法的活动越来越受到人们的关注。阅读疗法（Reading Therapy），又称图书疗法或书籍疗法，是以书籍作为治疗手段的一种心理治疗方法。阅读疗法定义可以如此表述：以文献为媒介，将阅读作为保健、养生以及辅助治疗疾病的手段，使自己或他人通过对文献内容的学习、讨论和领悟，养护或恢复身心健康的一种方法。阅读疗法在心理上的作用原理主要有共鸣原理、净化原理、平衡原理、暗示原理、领悟原理等。有西方学者总结了阅读疗法的六个心理治疗作用：①告诉读者他们不是第一个遇到这种问题的人；②让读者看到他们所遇到的问题的解决方法有很多种；③帮助读者了解人们处于某种特定情况中的基本动机；④帮助读者发现他人经验的价值；⑤为问题的解决提供需要的事实；⑥鼓励读者现实地面对他们的处境。

阅读能让人身心健康、实现人内心的自我和谐，是一个不争的事实。如果没有人内心的自我和谐，那么也就很难会有人与人、人与社会、人与自然之间关系的和谐，就无法实现社会的真正和谐。

五、阅读与民族竞争力

读书与国民的文化素质是成正比的，国民文化素质高的民族一定是酷爱读书的民族。温家宝在 2009 年 4 月 23 日“世界读书日”深刻地指出:“书籍是人类智慧的结晶。读书决定一个人的修养和境界，关系一个民族的素质和力量，影响一个国家的前途和命运。一个不读书的人、不读书的民族，是没有希望的。”

阅读是个体行为，但是每一个个体的行为最后就构成了民族的精神境界。一个国家、一个民族的竞争力取决于它的精神力，而它的精神力则取决于阅读水平；民族的精神力量不取决于人口的数量，而取决于人口的阅读质量。

我在本书序言中提到，正因为对书籍充满了宗教般的迷恋和敬畏，犹太人才在过去的两个世纪（包括今天）取得了无比卓越的成就。犹太民族常常被称为“书的民族”（People of the book）。当我们了解到犹太民族是这样一个嗜书如命的民族，我们就不难理解曾经饱受苦难的犹太民族能传奇般地崛起、屹立于世界民族之林了。

正因为阅读对于民族和国家的竞争力具有非常重要的作用，世界各国都非常重视推进全民阅读。“亚洲四小龙”中最具危机意识的新加坡，提出“Thinking Schools,Learning Nation”（思考型学校，学习型国家）的口号。从 2001 年 11 月开始，新加坡婴儿出生时，医院的护士叮嘱产妇的事项中，竟然有“如何读书给婴儿听”一项，这就是新加坡政府提出的“天生读书种，读书天伦乐”（Born to Read，Read to Bond）。

早在 1987 年，里根总统就签署法律，规定当年为美国的“读书年”。作为凸显城市认同的读书节，在美国比较著名的就是纽约读书节。从 1979 年开始，每年 9 月的最后一个周末，纽约在第五大道上举办热闹的读书节活动——“纽约是书乡”（New York is Book Country）。美国图书馆学会在 2000 年 5 月推出“从出生就阅读”（Born to Read）计划，鼓励父母教养出热爱阅读的小孩。在美国，不管是克林顿时代的“美国阅读挑战”运动，还是布什的“阅读优先”方案，都大力提倡读书。1997 年末，美国政府掀起了一场“阅读挑战行动”，克林顿总统亲自做了“美国阅读挑战行动报告”，在《为美国的教育，行动起来！》的演说中，他提出了教育发展的三大目标和应遵循的十大原则，其中之一就是开展阅读运动。2001年初，布什政府发布了《不让一个孩子落后》(*No Child Left Behind Act*)的教育改革议案，其中指出，美国存在两个民族：一个能阅读，另一个不能。该法案中关于阅读改革的力度之大令全球瞩目，仅2001年就为“阅读领先行动”投资了9亿美元。2009年2月，刚上任不久的奥巴马总统携妻子米歇尔来到首都华盛顿一所小学，一起为孩子们朗读介绍美国登月宇航员阿姆斯特朗的儿童读物片段，与全班师生合影、握手、拥抱，还送上满满两个牛皮纸袋的书。

1998年9月到1999年8月，是英国的阅读年，教育部部长宣誓要借着阅读年的推动，改变英国人对于阅读的态度，重拾阅读的乐趣，“打造一个举国皆是读书人的国度”(Build a Nation of Readers)。

法国读书节始于1989年，自诞生起就秉承“为每人提供一条合适的阅读路径”的信念。法国读书节每年一届，联合了作家、译者、出版社、书商、图书管理部门和读书协会等众多机构，共同发起组织数千场盛大的活动。倾国家之力去推动阅读节，在世界上还是比较罕见的。

为了改变与欧盟其他国家相比国民接受教育程度低下的现状，提高国民的文化教育素质，2006年6月，葡萄牙社会党政府推出一项“国家阅读计划”。其政府官员认为，较高的阅读水平是学术上获得成功的关键，这种能力必须从“固定的方式”中获得，而且从孩子们小时候抓起是一个关键。

1999年8月，日本参众两院通过决议把2000年定为“学生读书年”。2001年11月，日本政府出台了《关于推进儿童读书活动的法律》，指定每年的4月23日为日本儿童阅读日，政府更是投入650亿日元，敦促各级学校、社会和地方政府加快步伐，改善下一代的读书环境。

世界已进入知识世纪，一切的竞争与价值都以知识为主，而一切知识的基础都自阅读开始。今天的儿童就是20年以后的社会栋梁，如果他们现在不爱阅读，或者与其他国家的小孩相比不够喜爱阅读，那么20年后的国力强弱及社会进展，在今天即已注定胜负。

鉴于阅读与国家未来的密切关系，世界上很多国家都把阅读作为重要的国家战略，用尽各种办法推动全民阅读。读书是一个国家非常重要的活动，我们的阅读率在下降，背后的问题并不是阅读率下降本身，而是民族素质的下降。一个国家不能仅靠巨大的人口数量屹立于世界民族之林，更重要的是靠人口的素质。

我国正处在由人口大国、人力资源大国向人力资源强国迈进的关键阶段，在这个过程中，全民阅读无疑是一种最廉价、便捷、有效的途径。只有重视在全社会范围内倡导阅读，推动阅读社会更好更快地形成和发展，我们才能在较好的国民素质以及民族精神境界基础上，真正为中华民族的伟大复兴提供不竭动力！

阅读能力也是“生产力”

一国国民的阅读能力与其生产力有着密切的关系。阅读能力是学习新技术的关键，阅读能力决定了个体的工作能力，拥有较好阅读能力的人就能创造更多的价值。

英国女王曾经说过：“宁愿失去10个印度（殖民地），也不愿意失去一个莎士比亚。”可见，优秀作品的价值有多大，甚至可以大到超越国家和民族。因此，国家可以通过有意识地促进国民阅读优秀作品而间接提升国力，而个体也可以通过有意识地阅读优秀作品走向卓越，并在社会中获得一席之地。

阅读是工作生活的基本技能。未来的世界，是知识经济的世界；未来的时代，是信息爆炸的时代。信息传递将在未来成为完成工作的最基本的手段，因此，获取信息的阅读也就必然成为未来工作的基本工具。

断言阅读能力即生产力，也许有些武断，但一国国民的阅读能力确实与其生产力有着极其密切的关系。

邓小平同志说过：“科学技术是第一生产力。”那么，决定着个体是否能很好掌握科学技术的阅读能力，在影响着生产力的发展。可以这么说，一国国民的阅读能力强，则科学技术普及程度高，则生产力强；一国国民的阅读能力差，则科学技术普及程度低，则生产力弱。从这个意义上来说，知识经济时代的国家、地区之间在政治、经济、军事、文化等方面的竞争，最终取决于其国民或居民在多大程度上把阅读作为自己基本生活方式的一部分。第二次世界大战结束以来，文化消费（主要指阅读消费）在个人消费支出所占的比重均居世界前列的国家，如以色列、德国、日本等，其综合国力呈跨越式增长，就证实了这一点。

阅读能力决定了个体的工作能力。在信息时代，我们工作内容的很大一部分是通过信息的交换来完成的。在信息交换的过程中，信息的接受者需要对所获得的信息进行加工（这就是阅读），然后才可能做出正确的决策和反应。那么，是什么决定了我们的信息加工水平呢？是阅读能力。阅读能力在很大程度上决定了吸收信息的速度和正确率，从而影响到我们处理信息的速度和正确率。在信息时代，谁能更快捷、高效地获得和处理信息，谁就占据了信息时代的竞争高地。《朗读手册》中介绍的一项研究早已证明："学历高低固然会影响就业机会，但当学历相当时，阅读能力强的人担任高技能白领工作的概率就明显高得多，而且阅读能力比学历高低更能准确预测一个人在职场的发展。"因为在知识经济时代，阅读能力已经成为核心的工作技能之一。

所以，从科学技术到处理日常工作，阅读能力在其中都发挥了重要的作用。拥有较强阅读能力的人就能创造更多的价值，而阅读能力差的人则面临不适应信息时代工作要求的危险。阅读能力作为一种被忽视已久的特殊"生产力"，需要我们高度重视、积极养成。

阅读，让全民族精神起来①

一个学习型的民族，才是一个不老的民族！

时代需要号角，催醒亿万人民的奋进。

① 本文系2002年11月第三届21世纪教育沙龙上发布的新教育实验阅读宣言。

民族需要战鼓，擂响华夏儿女的精神。

审视天下大势，纵观古往今来，一个国家，一个民族，要兴旺发达、繁荣昌盛，要昂首于地球群脉之巅，要自立于世界民族之林，必须依靠一种振奋的民族精神。

没有振奋的民族精神，就意味失去凝聚。

没有振奋的民族精神，就等于没有灵魂。

这所有的一切，都呼唤我们捧起书本。在我们的灵魂深处存一笔精神财富，我们将享用一生，荫及子孙。

站在世界之巅看世界，中国是一本早已翻开的巨著。世界最美的文字记录着的，有自豪也有屈辱，有崛起更有奋争。

中国人应当读懂中国，读懂自己黄皮肤里浸透着的血质。

中国人应该读懂世界，读懂全球一体化中赋予了的身份。

一个学习型的民族，才是一个不老的民族！

一个爱读书的华人，方能将龙的血脉传承！

书籍对所有的人都是平等的。即使你没有上过任何学校，只要你愿意去求教，它们都不会拒绝。

开卷有益，择卷更有益。信息时代呼唤高质量的阅读。茫茫书海，适合我们的永远只能是冰山一角。越是清楚知识分量的人，在阅读上的选择越谨慎。阅读选择是人生选择的重要部分。

我们祈望看到，每一位中国公民都能捧起一套经典，拒绝粗制，拒绝盗版，与知识为友，与大师为友，与真理为友，用最静心的阅读，来充实自己比天空更广阔的心灵。

我们祈望看到，每一个中国家庭都能坐拥一壁藏书，上至天文地理，下至草木虫鱼，大至立身处世，小至人情物理。情的萌动，语的呢喃，灵的呼唤，尽在其中。

我们祈望看到，每一所中国学校都能开设一门课程，阅读经典，阅读思想，阅读文化，阅读精神，那些充满爱国情操的诗句不胜枚举，那些昭示自强不息品格的至理名言，同样取之不尽……

真知总在书中，忽微忽著。

精神永存行间，时隐时现。

让我们从现在开始，制订一生的读书计划。那是民族创新的基石，伟大复兴的动力，可持续发展的加油站。

——阅读，让贫乏和平庸远离我们！

——阅读，让博学和睿智丰富我们！

——阅读，让历史和时间记住我们！

——阅读，让吾国之精魂永世传承！

用阅读填平社会的沟壑

阅读是提高国民素质、缩小教育差距、推进社会公平最有效、最直接、最便捷、最廉价的路径。

1995年，联合国教科文组织宣布每年4月23日为“世界图书与版权日”，号召散居在全球各地的人们，无论年老还是年轻，贫穷还是富有，患病还是健康，都能享受阅读带来的乐趣与成长，都能保护知识产权，尊重和感谢为人类文明奉献自己力量的人们。这一节日在中国简称为“世界读书日”，并且以“读”一字，概括了推进阅读公平的行动，把促进社会和谐变成蕴含在这一节日之中的梦想。

然而，随着互联网的出现，人类的阅读生态发生了很大的变化。不过，有一点可以肯定：人类是世界上唯一能够运用语言和文字表达思维的生命体，是唯一通过不断的阅读继承和弘扬自身创造的智慧成果的生灵。人类要想不退化，就必须不断学习，不断成长，因此就必须不断阅读，不断行动。所以，无论阅读的载体、图书的形式以及阅读的方式发生怎样的变化，阅读的价值与阅读的本质不会变，人类的阅读需求不会变，以阅读改变命运的梦想也不会变。

我们知道，社会公平的基础是教育公平，当社会能够为所有的受教育者提供相对公平的教育资源时，不同区域、不同群体的学生才有可能真正站在同一个起跑线上。自改革开放以来，尤其是科学发展观提出以来，党和政府在缩小教育差距、促进教育公平方面做了大量工作，硬件的差距已经逐步填平。脱贫攻坚的成果，也让千家万户的教育硬件，得到进一步的改善。这一切，无疑为社会公平提供了坚实的基础。

但是，毋庸置疑，我国的东部与西部、城市与乡村、重点校与薄弱校之间，仍然存在着较大的差距。这个差距，尤其是教师质量方面的差距，在短时间内，很难得到根本性的改变。要想进一步提升教育公平水平，从而更快地推动社会公平的进程，我们需要更多的路径、更好的方法。

其实，我们在推进教育公平的时候，往往忽视了一个非常重要的领域：阅读公平。研究表明，阅读一直是社会变革和社会进步的重要力量，也是改变社会分层、促进社会公平的重要工具。

苏联著名教育家苏霍姆林斯基曾经说过，当偏僻乡村学校的孩子们有了与中心城市的孩子一样多的优质图书时，他们精神发展的起点就站在了同一个起跑线上。这与美国学者赫希的观点完全一致，他在《知识匮乏：缩小美国儿童令人震惊的教育差距》一书中提出，阅读的差距，恰恰是社会不公平的重要原因，“我们只有在妥善处理好阅读问题后，才能在知识经济时代的竞争中处于最佳地位，才能实现保证每位学生人生起点公平的目标。与经济繁荣和社会公平相比，解决阅读问题才是当下最为紧要的事情”。所以，他发起的核心知识运动，就是努力让所有的学生能够和那些最伟大的经典对话，用阅读填平社会的沟壑。

近年来，由于工作的需要，我走进了许多不同区域不同类型的学校，发现那些注重阅读的学校，图书馆品质高、师生阅读氛围好的学校，无论是师生的精气神，还是学校的文化建设、各类教学品质考核，几乎无一例外地好。这一类注重阅读的农村学校，各项指标超过城市学校的，早已不是个案。

比如新教育实验是以“营造书香校园”为首要行动的教育探索，特别强调以阅读为手段推进家校共育。通过 20 年的跟踪调查，我们发现阅读不仅对学校教育有着极好的效果，对家庭教育也有相同的效果。新教育“萤火虫亲子共读”公益项目长期给数十万父母免费提供阅读方法的指导。我们发现那些注重阅读的家庭，能够开展亲子共读，帮助孩子养成阅读兴趣、掌握阅读方法、提高阅读能力的家庭，孩子也更加优秀。“父母的书架决定孩子的未来”“最好的学区房是家中的书房”已经成为许多家庭和学校的共识。

如今，我们是否应该问一下：我们能否为乡村的孩子、弱势人群的孩子、边远地区的孩子提供更多更好的优质图书？能否有更多的阅读推广人、志愿者为这些孩子提供阅读指导，让他们享受阅读、热爱阅读、学会阅读？能否加强西部地区、民族地区、薄弱学校的图书馆建设，帮助他们办好身边的“精神食堂”？

阅读是提高国民素质、缩小教育差距、推进社会公平最有效、最直接、最便捷、最廉价的路径。用阅读填平社会的沟壑，我们将因此拥有一片更适宜人类文明发展的原野。

全民阅读应该成为国家战略

全民阅读是非常重要的问题，一个民族的思想基础和核心价值体系的建设离不开阅读，中华民族共同的精神家园建设更离不开阅读。世界很多国家把阅读作为重要的国家战略，用尽各种办法推动全民阅读。

“国家战略”一词的使用，最早出自美国，其定义是：“在平时和战时，在组织和使用一国武装力量的同时，组织使用该国政治、经济、心理上的力量，以实现国家目标的艺术和科学。”日本给国家战略下的定义是：“为了达成国家目标，特别是保证国家安全，平时和战时，综合发展并有效运用国家政治、军事、心理等方面力量的方策。”中国学术界对国家战略尚无统一认定，一般认为，它是指导国家各个领域的总方略。其任务是依据国际国内情况，综合运用政治、军事、经济、科技、文化等国家力量，筹划指导国家建设与发展，维护国家安全，达成国家目标。目前，我国先后提出过知识产权国家战略、能源问题国家战略等，但是一直没有把阅读，尤其是全民阅读作为国家战略。

其实，全民阅读是一个非常重要的问题。一个民族的思想基础和核心价值体系的建设离不开阅读，中华民族共同的精神家园建设更离不开阅读。我们处在一个伟大的时代，但是在这个时代走向未来的时候，几乎和所有快速成长的时代一样，有很多问题。首先就是面临着共同价值崩溃的危险。①

无论是美国、英国、法国、日本、葡萄牙还是“亚洲四小龙”之一的新加坡，无论是“阅读挑战行动”、“阅读优先”方案、“国家阅读计划”，还是“天生读书种，读书天伦乐”……世界上很多国家把阅读作为重要的国家战略，用尽各种办法推动全民阅读。

最近几年，在党和国家领导人以及社会各界的倡导下，全民阅读问题已经引起广泛的重视。但是与发达国家相比，我们的差距仍然很明显。我国国民读书的现状是值得担忧的。

（1）学生读书现状。中小学生受应试教育的影响而远离经典名著，课外阅读不容乐观。新华社记者李民在《孩子有时间读“闲”书吗？》一文中说：“学生、家长，乃至一些学校‘拒绝’课外读物，已成为我国中小学教育领域的一个‘现象’。”大学生的读书现状又怎样呢？“河北省高校人力资源现状及未来发展研究”课题组对某重点大学 86 名学生进行随机采访显示，其中 60% 以上的学生认为读书主要是由于学习需要。四大名著只有 4 人完整地读过，大部分学生没有读过，以后打算读的占一半，但条件是要看今后有没有时间。谈到什么书是他们必须读的，90% 以上的人认为是英语四六级等考试用书。河北大学的 7 位博士生导师认为，当今大学生的读书状况，从一个侧面反映了大学面临着越来越严重的危机：教育的功利主义色彩越来越浓，而人文素质教育越来越弱。另外一项调查表明：59.2% 的学生只用很少的一部分时间来阅读课外书籍，甚至有 6.2% 的学生阅读时间为 0，只有 12.3% 的学生花在阅读方面的时间比较多；87.7% 的学生认为目前大学生的阅读结构不合理。

---

① 参阅本书代序。

（2）教师读书现状。作为知识分子的教师的读书现状又怎样呢？《中国青年报》的调查结果表明：教师每天学习 2 小时以上的仅占 8.7%，1 小时以下的却高达 70.4%，而根本不读书、不看报刊的也大有人在。

（3）城市读书现状。上海市发布的《2004 年上海城市读书指数报告》表明，上海市是全国读书指数较高的城市，上海市人均年读书量为 6 ～ 10 册。然而，这个数字与犹太人、苏联和美国等民族或国家比仍然有相当大的差距。全世界平均每年读书最多的民族是犹太人，人均 64 本；全世界平均每年每人读书最多的国家是苏联，为 55 本；美国现在正在开展平均每年每人读书达 50 本的计划。

（4）全国国民读书现状。"全国国民阅读与购买倾向抽样调查"结果显示，我国国民阅读（图书）率连年呈下降态势。

总之，从各种调查统计数据或相关报道看，国民的读书情况堪忧。有人曾经指出："一个国家没有现代科学就会落后；而一个民族没有人文文化，精神就会迷失，民族就会异化。一个社会没有人文精神，就是一个病态的社会。一个人没有人文精神，就是一个残缺的人。"在今天建设和谐社会的背景下，强调提高国民素质，提高国家综合竞争力，促进社会走向和谐文明，全民阅读显得尤为重要，应该把全民阅读作为国家战略来认真实施。

令人欣喜的是，2010 年 4 月公布的"第七次全国国民阅读调查"结果显示，65.5%的国民希望有关部门举行全民阅读活动。这说明在全国开展全民阅读活动，已经具备深厚的群众基础。

我建议采取下列做法，加大力度推广全民阅读活动。

（1）成立中华全民读书活动指导委员会。为了推进全国性的"全民读书活动"，应成立一个领导机构——中华全民读书活动指导委员会。该领导机构可设在中央宣传部或教育部或文化部之下，其基本职能是定期推荐"全民读书活动"书目，可根据不同年龄和群体分类分层推荐，以期收到更好的效果；制定和适时调整或完善"全民读书活动"策略，以期使"全民读书活动"稳步、健康、持续和卓有成效地开展下去；策划全国性的读书活动；定期发布全国读书指数；开展学习型城市的创建与评选活动等。各城市与乡镇建立相应的领导机构，从而形成一个全国性的"全民读书活动"领导网络。

（2）各级领导干部应该亲自倡导和推动全民阅读。建议党和国家领导人与各省、市、县等各级主要领导每届任期内至少到校园与学生一起读书一次，以推动全民阅读。时间选择上，在国家阅读节设立前，可以选择在世界读书日；在国家阅读节设立后，则选择在国家阅读节。

（3）大力加强各级各类图书馆建设。图书馆建设是开展读书活动的基础工程，没有布局合理、藏书丰富的图书馆，很难想象会有学习型学校、社区和城镇。为此，建议制定学习型学校、社区和城镇的图书馆建设标准，对图书馆的建筑面积、环境设施、图书数量、服务质量等做出相应的规定。同时，倡导和鼓励各级各类教育、文化部门以及社会公益组织，特别是经济发达地区，积极扶持和帮助经济不发达的农村地区建设图书馆、图书室等公共读书场所，提高农村文化生活水平，促进新农村的精神文明建设。目前，很多县的图书馆由于新书很少，且“守株待兔”，利用率极低。在这方面，国家应该实行图书馆达标制度，至于是否达标，由独立的评审机构确定。

（4）认真做好优秀图书的推介工作。图书推介是一项极其重要的知识工程，国家要做好优秀图书的推介工作，尽快组织力量研制适合各领域人群的基础阅读推荐书目，最终形成中国人的基础阅读书目。通过这些书目让全体国民尽快了解优秀图书的出版信息。注意推介工作的多样性（运用多种媒体）、层次性（不同读者群）、艺术性（吸引读者眼球），从而激发读者阅读的愿望与热情。要推进独立书评人制度，在全国主要媒体开设阅读的频道与栏目，由独立的专家委员会向全社会推荐优秀书目。

（5）开展丰富多彩的读书活动。在阅读节期间，可开展读书沙龙、读书知识竞赛、读书演讲比赛或读书征文、图书漂流、中华经典阅读大赛等活动，营造良好的读书氛围，推动全民读书活动的可持续发展。

（6）开展多种形式的评比活动。评比是推动全民阅读的有力杠杆，通过评比促进学习型学校、社区和城市的建设。可在全国范围内开展学习型城市创建活动，评选“全国阅读十佳”城市。在同一个城市可评选书香家庭、书香社区、书香学校等，也可评选某个城市的“读书十佳”单位等。设立国家级的读书奖，此奖的评审，也由独立的专家委员会评出。此读书奖，并不一定限制在读书上，还可以是“论文竞赛”——法国的历史上这样的论文竞赛，成就了不少大师级的人物，如卢梭等，同时使读书成为热潮。

在推进“全民读书活动”的过程中，可以采取以下策略。

（1）由城市带动农村。根据我国城市经济较农村发达、市民文化素质较农村居民高、读书意识较农村居民强等特点，我认为推进“全民读书活动”应采取“由城市带动农村”策略。首先在全国城市中推进“全民读书活动”，由城市向农村辐射，带动农村的“全民读书活动”。

（2）由学校带动家庭与社区。学校是学习的中心，为了使学校成为学习型校园，学校应开展“营造书香校园”活动，提倡青少年阅读经典名著，丰富师生的精神生活。通过学生带动家庭（学生的父母）的读书活动，通过建立学校与社区的经常性联系带动社区的读书活动，形成书香家庭与书香社区。

我相信，以书为石，阅读必将筑起中华民族的精神长城。

中国人需要自己的“国家阅读节”

建议将每年9月28日孔子诞辰日设为国家阅读节。通过必要仪式开展丰富的阅读活动，培育全民阅读文化，推进全民阅读，提高全民文化素质，提高我国文化的软实力。

一、连续多年呼吁设立“国家阅读节”

自2003年我提出设立“国家阅读节”的建议以来，到2010年再次提出，我已经八次提出这个建议了，同时，我还呼吁把全民阅读作为国家战略。设立阅读节的建议也陆续得到了中央宣传部、文化部、新闻出版总署以及社会各界有识之士的支持。

2009 年，国家新闻出版总署在征求了中宣部、文化部等有关部门的意见后，对设立国家阅读节的建议表示赞同，认为此举有利于保证全民阅读活动的持续深入开展。

但是，总署在答复中明确指出，中共中央办公厅、国务院办公厅 2001 年发布的《关于节日、纪念日、活动日设立程序的通知》（厅字［2001］16 号）要求，“设立节日、纪念日、活动日是关系改革发展稳定全局和人民群众切身利益的一件大事，要从严控制；没有特殊需要，今后不再增加设立”“设立具有重大社会意义的全国性节日、纪念日、活动日，由全国人大常委会或者国务院决定”。根据上述文件精神，新闻出版总署表示将与中宣部、国务院法制办等相关部门协商，达成一致意见后正式向国务院提出设立“国家阅读节”的申请，争取早日进入相关部门的工作程序。

建议设立国家阅读节，是缘于阅读对国家和民族发展的重要价值。温家宝在 2010 年两会的《政府工作报告》中明确指出：“国家发展，民族振兴，不仅需要强大的经济力量，更需要强大的文化力量。文化是一个民族的精神和灵魂，是一个民族真正有力量的决定性因素。”众所周知，阅读是精神文化传承的重要手段，关系到国家和民族的兴衰。一个国家、一个民族的文明素养，在很大程度上取决于全民族的阅读水平；一个健康和谐的社会应该是一个亲近阅读的社会；一个开拓创新的国家应该是一个学习型的国家。阅读能有力地提升国家文化软实力和增强综合国力，在全球走向学习型社会的今天，阅读也成为中华民族最重要的事情之一，阅读的价值再怎样强调都不过分。

在我国，全民阅读已经引起了党和国家领导人的高度重视。胡锦涛在党的第十七届四中全会上提出建设学习型政党，要求不断学习、善于学习。温家宝在 2009 年 4 月 23 日世界读书日时，通过媒体向全国人民发出“读书”的号召。习近平在中央党校 2009 年春季学期第二批进修班暨专题研讨班开学典礼上做了《领导干部要爱读书、读好书、善读书》的重要讲话。

新闻出版总署联合十几个部委连续 4 年发出开展全民阅读的倡议，各地纷纷组织开展了各种形式的全民阅读促进活动。以促进阅读为宗旨，农家书屋建设、职工书屋建设、青工书屋建设、社区书屋建设也正在全国蓬勃开展。据不完全统计，全国已有 400 多个城市设立了城市读书节，一些城市读书节已经发展成为城市文化的名片。

为了推进全民阅读、提高全民文化素质以及提高我国文化的软实力，我愿意不断地呼吁设立“国家阅读节”。

二、设立国家阅读节的意义

具体来说，设立国家阅读节具有如下意义。

（1）唤醒全社会对读书的重视。

尽管我们已有多种形式的地方性读书节、读书月等活动，但这些都是区域性、零星的，由于时间、标准不统一，导致社会影响力和实际效果较弱。设立国家阅读节，将最大可能地使全社会和个人更加深入地认识到阅读的重要性和紧迫性，有效推动全民阅读活动的开展。

（2）在仪式中培育全民阅读文化。

国家阅读节绝对不是一种形式，而是直达个人内心体验的庄严仪式。重要的价值观必须通过仪式才能实现广泛认同和强化。国家阅读节这一庄严仪式，能最大可能地让“以读书为荣”“以读书为乐”的观念深入人心，成为社会的共同价值。

（3）实现公民文化权利的有效载体。

随着社会的发展，文化需求越来越成为社会发展的瓶颈，无论是科学发展还是社会和谐都受到文化发展水平的极大制约。国家阅读节是对人民文化权利的尊重与满足，是对人权的完善和发展。阅读是推动社会主义先进文化发展的根本手段，没有阅读的国家谈不上文化软实力。

（4）推动阅读社会形成的现实抓手。

中央和有关部门可以通过制定《国家阅读指导大纲》《阅读社会指标体系》，加大对阅读的投入力度，同时直接负责、指导、组织、参与国家阅读节或其他相关阅读活动，利用自身的影响力倡导阅读，在全社会形成崇尚阅读的良好风尚。

（5）分享阅读精彩，共享社会和谐。

国家阅读节可以搭建成为人们沟通、交流的平台。通过共同阅读活动达到彼此沟通、相互认同，在保持差异性的同时不断地消除隔阂，并逐渐拥有共同的愿景。这是增强民族凝聚力、建设核心价值体系、实现社会和谐的重要途径。

三、将每年 9 月 28 日孔子诞辰日设定为国家阅读节

正是由于阅读的重要性，早在 1972 年，联合国教科文组织就向全世界发出了“走向阅读社会”的召唤，要求社会成员人人读书。1995 年，联合国教科文组织宣布每年的 4 月 23 日为“世界读书日”（World Book & Copyright Day，全称为“世界图书与版权日”），提出“让世界每个角落每个人都能读书”，让读书成为每个人日常生活中不可或缺的一部分。据统计，目前已有 100 多个国家和地区参与了这一活动。

选择 4 月 23 日作为读书日的灵感来自一个美丽的传说。4 月 23 日是西班牙文豪塞万提斯的祭日，也是加泰罗尼亚地区大众节日“圣乔治节”。传说中勇士乔治屠龙救公主，并获得了公主回赠的礼物——一本书，象征着智慧与力量。实际上，同一天也是莎士比亚出生和去世的纪念日，又是美国作家纳博科夫（Vladimir Nabokov）、法国作家莫里斯·德鲁昂（Maurice Druon）、曾获诺贝尔文学奖的冰岛作家拉克斯内斯（Halldór Laxness）、哥伦比亚小说家曼努埃尔·梅希亚·巴列霍（Manuel Mejía Vallejo）等多位文学家的生日，所以这一天成为全球性图书阅读日“名正言顺”。

但是，我认为，我们的“阅读节”可以根据我们的文化传统和生活实际，改为在每年的 9 月 28 日举行。我建议，将每年 9 月 28 日孔子诞辰日设为国家阅读节的举行日期，以此推动全民阅读活动的开展。原因是：

（1）9 月 28 日是我国著名的教育家孔子的诞辰日，孔子作为在世界文化史上影响最大的中国人，目前没有专门的纪念节日是不可思议的。将孔子诞辰日设立为阅读节，既有纪念意义，对于倡导社会各界尊重知识、崇尚读书也有重要意义，能够得到全社会的广泛认同，也能够得到港澳台地区及世界各地华人的积极认同，具有极强的文化感召力。这也将体现我国阅读节的民族特色、文化特征，有利于扩大中国文化在全世界范围内的弘扬与发展，提升我国文化软实力。同时也是唤醒全社会对中国传统文化的继承和发展，实现文化自觉的有效手段。

（2）9月，正好是大学生、中小学生秋季开学不久的好时期。9月对于教育界来说，是教育新循环周期的开端，是学生升入新学年或新的更高学府的新时段。这一时期，学校往往都将对新生和升入更高一年级的学生进行学习动员和指导。而此时向学生们倡导读书，则是非常好的时机。

（3）9月下旬这一时间段距离十一黄金周以及传统佳节中秋节很近，这也有利于开展阅读活动，广大国民也可以利用休闲时间持续读书。在此时间，还可以开展阅读周、阅读月等形式多样、丰富多彩的阅读推广活动。

四、国家阅读节的操作构想

国家阅读节活动开展以公益性为主，发挥各地政府的主导性，调动社会资源的积极性、主动性和创造性，实现活动形式与内容的多样性、持续性和有效性。具体可以参考苏州、深圳等城市阅读节举办的有效经验。

如可从以下几个方面着手。

（1）政府倡导。每年的国家阅读节由国家新闻出版总署全民阅读协调办公室负责统筹协调有关重大事项。在各省新闻出版局设立办公室，具体组织实施各项活动。

（2）专家指导。在全国范围内邀请知名专家、学者组成专家指导委员会，具体负责咨询、论证、荐书、讲座、报告等工作，以吸引社会各界广泛参与，提高知名度，扩大影响力。

（3）社会参与。将承办单位覆盖到机关、工青妇等单位群体，阅读活动延伸到城市、乡镇、学校、街道、社区和企业，形成部门、县市区之间的资源整合和联动效应。

（4）多方运作。可采取委托承办、项目外包、品牌赞助等形式，探索市场运作模式，创新运作机制。

（5）媒体支持。通过电视、网络、报纸、杂志等媒体为国家阅读节造势。并在城市、乡镇、社区、企业、学校等区域，通过大量海报、宣传手册、宣传墙、横幅、户外电子屏、信息亭、流动标语等各种形式进行广泛宣传。

庆典是汇聚，是点燃，是照亮。每个国家都需要精神的盛典。“国家阅读节”可以承载这一使命。国人的精神在这泥沙俱下的时代大潮中，尤其需要这样一次次的汇聚、一次次的点燃，最终以美好的精神与行动，照亮我们存在的这片大地。

敲响阅读的“闹钟”

当一个有重要价值的事物被人们都忽视了的时候，人们一定会为自己的“心不在焉”付出代价。阅读节的价值就在于人们在阅读风气日益淡薄的时刻，给人们敲响“起床的闹钟”。

为什么要有阅读节?

这首先是因为阅读对于个人、学校、民族和社会都有着极其重要的作用，但在今天，它却已不为广大民众所重视。当一个有重要价值的事物被人们都忽视了的时候，人们一定会为自己的“心不在焉”付出代价。对阅读和经典的忽视很可能使得“崇高的精神”忽视了我们，让我们远离精神的丰盈与崇高。

阅读节的价值就在于人们在阅读风气日益淡薄的时刻，给人们敲响“起床的闹钟”，这是一座“警钟”，提醒人们是时候“清醒”了。每当“闹钟”响起的时候，就是人们应该振作精神迎接一天的新挑战的时候。甚至我们可以把阅读节比喻为战场上“进攻的号角”，它代表着我们要通过自己的勉力学习去夺取胜利，也给人们警醒：如果不奋力战斗，那么将被敌人打败。

但阅读节更应该成为一个盛大的庆典。每当阅读节来临时，人们可以相互赠送自己喜爱的书籍，可以交流自己的读书心得，可以更容易地买到自己喜欢的书籍，可以总结读书给自己带来的幸福快乐并与人分享。就像清明节人们可以深表对已故亲人的思念、中秋节成为人们期待的全家团聚的日子、春节成为中华儿女全家幸福欢聚的时刻一样，在阅读节，人们可以最大限度地享受阅读给人带来的快乐。

有了阅读节的存在，人们会一年一度地审视自己一年来读书的数量和质量，审视自己知识的进步和心灵的成长，感怀好书陪伴自己走过的那些艰难的日子，总结和享受读书给自己带来的轻松与快乐。

作为家长，阅读节的日子需要审视自己是否伴随着孩子的成长而一起成长，需要审视自己是否真正喜爱阅读，是否影响着孩子更喜爱读书，是否让书本真正成为自己与孩子的朋友。

作为朋友，我们需要在阅读节的时候审视自己，是否把自己读书的心得跟朋友们一起分享，自己是否从朋友那里分享到了读书的成功和喜悦，是否在分享中增进了彼此的情谊。

作为组织成员，我们需要审视自己，过去一年里我读了多少专业书，获得了哪些专业成长，对组织做了哪些工作和贡献，以及如何通过阅读进一步提高自己的专业技能。

实质上，阅读节就是学习节。在经济全球化的时代，在日新月异的知识经济时代，学习必然成为人们工作生活的主旋律。甚至在将来，学习本身就会成为很多人工作生活的核心部分。因此，在这样的时代里，阅读节将成为时代形态和时代精神的凝聚与总结。阅读将成为学习型社会的核心。阅读节这个“闹钟”，将反复提醒我们发现新的黎明、拥抱心的黎明。

仪式与形式

仪式在塑造校园文化、社会文化中起着非常重要的作用。呼吁成立阅读节，其实就是希望我们的民族也能拥有一种仪式，让所有的中国人特别是孩子们通过这种仪式，认识到阅读的重要性，认识到阅读本身的神圣。

如果一个孩子从小能在阅读活动和阅读节仪式里渐渐长大，将会具有怎样的精神气质？而一个生活在仪式中的国民，将会在书香熏染之后，拥有怎样的精神力量？

> 教堂式的大厅大门紧闭，教师们身穿礼服肃立于前方的两边，正中站着校长。
>
> 一个女生走到紧闭的大门前，打开木盒，取出槌子敲击大门。
>
> 校长问：谁在敲求知的大门？
>
> 女生答：我代表每一个女性。
>
> 校长问：你要寻找什么？
>
> 女生答：通过辛勤工作，唤醒我的心灵。并将我的生命，贡献给知识。
>
> 校长说：欢迎你，那些和她追求相同理想的都可以进来。
>
> 于是，学生们拥进了会场。
>
> 校长说：现在我宣布，新学年开始了——
>
> 钟楼的钟声响起来了，被惊动的鸽子，扑棱棱地飞向了天空。

这是电影《蒙娜丽莎的微笑》中卫斯理女子高中的开学典礼。

这样的开学典礼，可以称为“仪式”，让人怦然心动。

什么是仪式？仪式是这样一种时刻，它通过包孕性强、极富意味的、有象征意义的程序和形式，使有意义的事情或伟大的事物能够拥有一个伟大的时刻，获得神圣、庄严与尊重。仪式作用于心灵，它唤起内心的神性，使生命能经常与伟大事物交汇在一起，从而形成长久的动力。简单地说，就是一定的文化通过一种固定的模式供大家重复演习。

仪式在塑造校园文化中起着非常重要的作用，通过仪式，学校的文化、愿景被一次次强化、确认，师生被联结在一个共同体中，凝聚成一股向上的力量，学校的日常生活也因此被赋予了意义与目的，而不仅仅是一系列时间的堆积。

古代的教育本身包含许多仪式，除了祭孔，甚至像读书以前要焚香净手这样的习惯，也成为不少读书人的仪式。

可惜的是，放眼望去，现在一些重要的场合，大多充斥着领导讲话以及没有任何意义的歌舞表演，许多礼仪程序可以在不同场合借用或复制。

这种典礼或者说庆典，其实已与生活本身脱节，沦为外在的烦琐的形式。这种形式愈演愈烈，最终破坏了文化，使真正的生活变得模糊不清。更让人反感的是，在学校的重大活动中，这种形式还以师生为道具，对学校生活构成了负面影响。

仪式与形式的区别在于，仪式是通过一定的程序强化共同价值，将共同的愿景在特殊的场合凸显出来，持续不断的仪式增强了向心力，让生活具有了阶段性，不断激励人们为共同的目标而奋斗。而形式却往往通过一定的程序，强化权威，强化权力，强化等级观念，强化领导意志，最终破坏了彼此的关系。

仪式是庄严的。当五星红旗冉冉升起时，学生会在雄壮的国歌声中重新体验民族感、国家感。一次次的升旗仪式，会让这种民族感、国家感不断得到强化。形式则令人厌倦，一个接一个的领导致词，有哪句会被真正记住？仪式作用于心，而形式仅得其形。那些外在的形式，无论是鲜花还是礼仪小姐，都无法激起真正的认同，反而会产生离心的效果。据媒体报道，甚至发生了由于领导讲话过于冗长，小学生承受不了酷暑的折磨当场晕倒的事件。

我呼吁成立阅读节，其实就是希望我们的民族也能拥有一种仪式，让所有的中国人，特别是孩子们通过这种仪式，认识到阅读的重要性，甚至认识到阅读本身的神圣。当然，这样的阅读节，我不希望搞成领导连篇累牍的讲话，我希望在各地，在不同的学校或社区，拥有自己的仪式，不需要红地毯，不需要鲜花，哪怕只是让少年们虔诚地诵一诵："没有一艘船能像一本书，也没有一匹骏马能像一页跳动的诗行那样——把人带向远方。这条路最穷的人也能走，不必为通行税伤神，这是何等节俭的车——承载着人的灵魂。"这不是美妙的时刻吗？

因此，我希望我们的学校、社区，能够基于自身的愿景、文化，形成自己独特的仪式，通过这种仪式使大家拥有共同的生活。

不读书的民族没有希望

提高国民素质、提高国家综合竞争力、促进社会走向和谐文明，读书显得尤为重要。所以，一个国家、一个民族应该有自己的阅读节。

著名作家、全国政协委员赵丽宏告诉我，他在两会期间的博客中写了一篇文章《不读书的民族没有希望》，为我提出的设立阅读节建议而呼吁。于是，我上网查阅到丽宏的文章。在网上我发现，不仅丽宏的文章已经被广为转载，而且全国两会上关于设立阅读节、推进全民阅读的声音更加强烈。

丽宏在文章中表达了对于国人阅读现状的担忧，他指出："我们的国民年平均读书的数量，只有欧美发达国家的几十分之一。阅读如今在很多人心目中不是一件要紧的事，因为读书和游戏享乐、赚钱升官没有关系，何必浪费时间？"

丽宏为温家宝总理在不同的场合多次谈读书而感动，他特别喜欢总理说的一句话："读书关系到一个人的思想境界和修养，关系到一个民族的素质，关系到一个国家的兴旺发达。一个不读书的人是没有前途的，一个不读书的民族也是没有前途的。"

关于设立阅读节的问题，丽宏一直是我坚定不移的支持者。在政协的时候，丽宏不仅多次与我联名呼吁，而且还发动了许多著名作家共同建议设立国家阅读节。丽宏在文章中称我为"推进全民阅读的鼓号手"，实在是愧不敢当，但是为阅读鼓与呼，是我一直坚持的。如果没有像丽宏兄这样的朋友不断鼓励与支持，我想，我可能也不会如此坚守。

我非常赞成丽宏在文章结尾说的那句话："中国是否能有一个读书节，也许无关宏旨，但是中国人对读书的态度，却事关重大。因为，一个不崇尚读书的民族是没有希望的！”

在 2010 年全国两会上，与丽宏兄一样强调阅读的代表和委员很多。江苏代表团的好几位代表，就对我表达了他们对于阅读问题的重视。全国政协委员、中国出版集团公司总裁聂震宁也呼吁设立“全国读书节”，他认为，尽管我们有一些地方性的读书节、读书月之类的活动，但全民性的、国家的“读书节”仍然空缺。当前世界信息技术的飞速发展、知识积累的爆发式增长要求人们多读书、读好书。我国每年出版的图书有几十万种，而要在有限的时间内从数目如此多的图书中选择合适的书来读，也的确不易做到。所以，“以法定节日的形式，强调、深化读书活动成了迫切的需要”。

不约而同的是，聂震宁委员也呼吁把 9 月 28 日（孔子诞辰日）确定为“全国读书节”。他认为，与 4 月 23 日世界读书日相比，9 月 28 日更有中华民族的文化特色。他说：“借助孔子这一家喻户晓、享誉全球的中国文化代表人物形象打造中国特色的‘全国读书节’，这一特定日期的选择也有利于对国民读书热情的唤醒和中华文化在全球范围的传播。”据我了解，在 2007 年两会期间，他就和全国政协新闻出版界 31 位委员共同提出了《关于开展全国全民阅读活动的建议》，这次两会上，他继续提出了关于设立“全国读书节”的提案。

湖北日报传媒集团党委书记、董事长、社长江作苏也在两会期间呼吁建立国家阅读节。他认为，这是超越界别而有益于国家民族的动议。无论是增强科学发展能力，还是增强全民道德素养，或是提升综合国力，基础条件之一都是要认真读书。在我国经济快速发展之时，精神富裕进程要通过国家行为予以调整，使之与物质富裕程度同步。“虽然目前我国一些地方已自发开展了读书节、读书月等活动，但在以现代国家的力量来倡导、组织和推动全民读书活动，营造全社会热爱读书、鼓励读书的浓厚氛围方面，我们已经落在一些国家的后面。因此，设立‘国家读书节’或‘读书日’的必要性，应该得到两会的重视，进而上升为国家立法规定。”

2010 年全国两会，我带来了关于阅读的四个建议：一是关于把孔子诞辰日作为国家阅读节的建议，二是把全民阅读作为国家战略的建议，三是关于建立国家阅读基金的建议，四是关于建设全国图书资源信息网络共享系统的建议。

吾道不孤。我将与大家携手并肩，继续坚定地走在为阅读鼓与呼的路上。

我们需要国家基础阅读书目吗

制约全民阅读水平的一个原因是没有全社会基本认同的基础书目。推荐阅读书目就是指引全民读好书的门径。

中国是个重视书目的国家，早在西汉时由学者刘向编撰的《别录》一书，其中就著录有《列子目录》，这也是“目录”一词的最早出处。从《汉书》开始，历代史书很多都有“艺文志”，都将当时现有的图书开出目录记载下来。后来一些私人藏书馆、国家编修图书集成活动以及一些学者也编制出了很多书目图书，其中最著名的有清代纪晓岚编的《四库全书总目提要》等，中国传统学问中的目录学历来被视为读书的“钥匙”，而这些书目也确为时人查找图书和后人搜罗研究带来了很大的方便。

开列推荐阅读书目，古已有之。例如，孔子亲自为学生整理删定“六经”即是推荐阅读；出土的敦煌遗书中就有被人称作“唐末士子读书目”的推荐书目，是现存较早的推荐书目文献；宋代以后，很多学者给读书人开列过推荐书目，如元代学者程端礼，明末学者陆世仪，清代学者李颙、龙启瑞等，以及民国学者胡适、梁启超、章太炎、顾颉刚、孙伏园、汪辟疆等。1949 年以后也有一些学者开列过推荐书目。这些书目中，最为著名且影响最大的是清代张之洞的推荐书目。清光绪初年，张之洞因一些读书人问他该读何书何本最好而著《书目答问》，挑选 2200 余种图书，以指引治学门径，为读书人所称颂，影响几近半个世纪。

在国外，推荐书目也是比较通行的做法。不仅一些知名的学者会为中小学生开书单，大学每一个学科的教授，第一节课几乎都会拿出一个希望学生阅读的基本书目。美国、英国、日本等国都有各种各样的推荐书目，其中多为评论家、作家以及报纸杂志等编制的。

20年前，人们就惊呼进入知识大爆炸的时代，这缘于新的知识每年都以几何级的速度在累积着。如今，仅我国每年就有30多万种中文图书出版。如果能够将中文图书的所有书目编在一起，估计也是蔚为壮观的。现在，每个人一生读尽自己所从事领域的图书已经远远不可能了，更何况还有所从事领域之外的一些图书需要关注。在阅读方面，“望洋兴叹”早已成为人们眼前的现实。因此，选择一些具有经典性或实用性的图书推荐给不同领域的读者，尤其是中小学生，已经越来越显得非常重要了。

叔本华曾说：“读好书的前提是不读坏书。”而推荐阅读书目就是指引我们读好书的门径。如今，在浩如烟海的图书市场上，为各领域的人们研制推荐书目，成了很多出版人、媒体和知识界人士热衷的一件事，也曾引起过一波又一波的关注。

但是，目前的一些书目推荐活动，往往存在以下问题。

一是商业性驱动，出版机构为了宣传图书而造势的情况屡见不鲜，缺乏公益性，缺乏公信力。

二是图书销售的畅销书榜单往往以市场销量为衡量尺度，内容泡沫化的快餐图书虽然畅销，但缺乏经典性，一些真正的好书往往寂寞于深巷之中。因此，图书内容评价缺乏，需要中立而公正的书评制度加以鉴别推荐。

三是一些媒体的推荐图书活动，往往囿于推荐者的小圈子化和个人趣味化，使得一些图书推荐缺乏普及性和推广意义。

四是推荐图书活动多为年度性质的或某一时的推荐活动，内容上缺乏稳定性，时间上缺乏连续性，选择上缺乏研究性；很少有就一个推荐书目多年进行持续研究修订的，往往造成推出容易而影响消失也极快的情况。

当今社会，各国的竞争表面上看是经济的竞争，本质上看则是文化和科技的竞争。提高国家和民族的文化软实力，已经引起我们国家和社会的普遍重视。提高文化软实力，一方面要重视教育、科研水平的提升，另一方面提高全民阅读水平也极为重要。而我国的全民阅读水平很低，与我们的文化发展目标还相差很远。

制约全民阅读水平的原因很多，其中没有一个全社会基本认同的基础书目，人们囿于图书选择困境的原因也是不可忽视的。譬如非常重要的儿童阅读，大部分家长和教师最困惑的是：究竟给各年龄段的孩子分别推荐哪些图书最合适？据了解，我国每年新出版的少儿读物在 4 万种左右，长销的书还有数十万种。要从几十万种童书中挑选出最适合各年龄段孩子阅读的图书，这是一项浩大而难以完成的工作。这样的工作，非常需要国家给予大力支持，并调动学界、教育界和民间的力量才可能完成。除了学前和小学阶段的儿童阅读，其他如各年龄段的中学生、大学生以及教师、企业家、公务员等各领域，都面临同样的阅读图书的选择和推荐问题。

因此，我们呼吁尽快建立国家基础书目制度，积极支持阅读推荐书目的研究和推广工作。对此，我提出以下建议。

第一，国家和政府应该对阅读推荐书目的研制和推广给予政策和经费等方面的支持。

面对浩如烟海的优秀图书，精心选择适合不同领域和不同年龄段的人阅读，这项工作是个非常浩大的工程。因此，靠一些研究机构、出版机构或个人来进行研究是很难完成的，而且涉及每过几年要进行增补修订的工作。因此，国家每年在加大文化经费支出的时候，可以考虑拨出一些经费用于支持推荐阅读书目的研究工作。这对提高国人的阅读效率和阅读水平，以及扩大中国文化在世界上的影响也颇有好处。

在国外，一些国家的政府部门或教育文化部门很重视这些工作。例如美国教育部及一些州政府、文化教育部门很重视支持阅读推荐书目的研究，如加利福尼亚州就有推荐阅读名单（California Reading List），政府支持研制的这个名单会放在教育局的网站主页上，供家长根据自己孩子所在年级以及语文阅读水平来查询这些推荐书单（分幼儿园至 2 年级，3 ～ 5 年级，6 ～ 8 年级，9 ～ 12 年级）。在法国，政府也非常重视资助阅读推广活动，通过选择资助一些本国优秀图书，在全世界进行宣传推广活动。在法国大多数地区，地方政府文化部门都建立了地方文化中心，这些文化中心会进行图书阅读推荐以及一些阅读活动。因此，政府对阅读推荐书目的研究推广进行支持，是很多国家和地区采取的通常做法。

第二，应组织教育界、文化界的专家学者，以及与研究阅读相关的机构，开展有计划、有步骤的研究工作。

应发挥阅读视野宽阔的学界人士的智慧，积极参与这项利国利民的阅读书目研制工作，并就各领域的阅读推荐的标准、公正的独立研究原则等进行确定。

政府应鼓励专家学者进行阅读推荐方面的研究，可以“国家阅读推荐书目”的名义，组织非常广泛的各领域专家学者和研究团队，进行具有公益性和连续性的书目推荐研究工作，并在研制期间广泛听取社会各界的意见和建议。

在支持专家学者进行阅读书目推荐研究方面，很多国家也是这样做的。例如美国，教育部会支持教育专家及阅读研究专家研制并发布推荐书目，如推荐给家长和教师的一些指导性教育阅读指南，如“帮你的孩子学科学”（Helping Your Child Learn Science）等。

第三，应充分调动民间力量，积极支持民间研究机构参与阅读推荐书目的研究和推广。

民间机构参与的重要意义在于，可以发挥民间研究机构的独立性、公益性、持续性，特别是良好的公信力等方面的作用。

目前，在我国进行研究推广的众多民间机构已经成为阅读推广的强大生力军。每年召开的多数阅读研讨会以及各具特色的阅读书目，大多都是由民间机构推出的。特别是今天在儿童图书的推广方面出现的繁荣景象，民间阅读研究机构发挥了巨大的作用。

让民间学术研究机构参与到阅读推荐书目研究方面的策划、组织、研究、推广工作中，能保证阅读推荐书目的公益性和资源共享，对广大读者是最为有利的。

例如在美国，CBC 童书委员会是全国性的非营利童书出版者的研究联盟。这个民间性质的委员会，每年向社会推荐多种不同性质的书单，包括给学前到中学孩子的年度最佳科学书和给年轻人的年度最佳社会研究书等，前者由 CBC 与国家科学教师协会合作，后者由 CBC 与国家社会研究委员会合作。

其实，我国在这方面也已经开始有了新进展。例如民间学术机构“新阅读研究所”已经在新闻出版总署以及公益基金会（陈一心家族基金会）的支持和资助下，开展了“中国小学生基础阅读书目”的研制工作。从网上征集意见以及学校试读的情况看，得到了广大读者包括家长及学校师生的普遍支持，并对此充满了期待。该机构未来还将继续进行诸如幼儿、中学生、大学生、教师等人群的推荐书目研究与推广项目。此举也得到了专家学者及社会各界的积极支持。

由此，我们可以很有信心地认为，发挥民间研究机构的力量，将是书目质量和公信力的重要保证。因此，希望国家能够给予民间阅读研究机构以经费和出版策划方面的支持。

第四，建议能够建立客观公正的书评人制度。在全国主要媒体上开设阅读频道和栏目，向全社会推荐优秀书目。

阅读推荐书目其实是一项极其重要的知识推广工程，具有文化导航的重要作用。因此，在研究和推荐的过程中要注意推荐工作的多样性（运用多种媒体）、层次性（针对不同读者群）和艺术性（吸引读者眼球）。因此，媒体客观公正的宣传推广作用不可忽视。而在全国文化界、教育界能够出现一批具有深厚学养、独到眼光和深刻思想的书评人，对阅读书目的研制和推广将会有巨大的推动作用，也更容易为公众所认可。

如果我们能够最终完成一套中国人的基础阅读书目，这对弘扬中华文化、提高全民阅读水平、建设文明的和谐社会，将善莫大焉。

为什么需要设立国家阅读基金

我国的全民阅读水平与国外相比存在较大差距，而阅读推广作为一项利国利民的公益活动，需要投入财力并持之以恒地开展。

国民阅读是一项公共文化工程，世界许多国家都通过设立国家阅读基金，由国家公共财政提供资金，以推进国民阅读工作的持续深入开展。如英国1992年成立图书信托基金会，每年由国家财政投入资金并吸纳社会慈善资金，开展以“阅读起跑线”为核心的全民阅读工作；德国 1988 年成立德国促进阅读基金会，其历任名誉主席都由德国总统担任；俄罗斯也在 1994 年建立俄罗斯读书基金会。此外，美国、保加利亚、日本、韩国和泰国等国家也都设立了各类阅读基金会或国民阅读扶持工程。

阅读推广作为一项利国利民的公益活动，需要投入较大财力并持之以恒地开展。在我国，目前虽然中央政府和许多地方政府都在大力倡导阅读并举行各种阅读节活动，但由于经费严重不足，力量非常有限，全民阅读工作与国外相比，存在较大差距。为将全民阅读上升为国家战略，要求我们将阅读问题列为国家重要议题，由国家财政提供专项资金予以保障。

为此，我建议：

（1）设立基金：由国家财政出资，设立国家阅读基金，推动全民阅读工作，提高国民文化素质。也可以采取国家设立种子基金的办法，吸引民间资金投入。

（2）资金规模：考虑到国民阅读基金的巨大社会价值及社会覆盖面，建议每年由国家财政提供 1 ～ 2 亿元的“国家阅读基金”专项资金，再吸收民间资金 2 ～ 3 亿元，专门用于全民阅读推广活动和国民阅读扶持项目。

（3）基金用途：国家阅读基金的专项资金专门用于国民阅读推动工作。主要包括以下几个方面。

①开展全民阅读活动。

开展世界读书日、城市阅读节、阅读月、读书周等全民阅读活动，营造阅读氛围，提供公共阅读平台，开展阅读推广工作。全民阅读活动形式包括开展读书沙龙、读书知识竞赛、读书演讲比赛或读书征文、图书漂流、中华经典阅读大赛等活动，营造良好的读书氛围，推动全民阅读活动的可持续发展。

②推动儿童与青少年阅读。

儿童是民族的未来，只有在儿童时期养成良好的阅读习惯，才能在成年后保持阅读行为。西方发达国家儿童在 6 ～ 9 个月时就开始阅读，而中国儿童则普遍要到 2 ～ 3 岁才开始阅读。美国儿童在 4 岁以后进入独立、自主性的大量阅读阶段，而中国儿童平均到 8 岁才能达到这个水平。由于社会发展不平衡，存在地区差距、城乡差距、贫富差距，中国儿童的阅读教育严重不足，阅读观念也普遍滞后。通过设立国家阅读基金，尽早开展“阅读起跑线”等儿童阅读工程，推动儿童阅读，已经成为世界各国普遍的做法。

③满足弱势群体阅读需求。

弱势群体包括老年人、残疾人、失业者、贫困者、下岗职工、灾难中的求助者、农民工、非正规就业者以及在劳动关系中处于弱势地位的人。通过阅读救助活动，不但可以满足他们的精神文化需求，还能提高他们的生存能力和生活质量。

④开展阅读研究与指导。

国家阅读基金除用于阅读推广，还可用于对阅读进行研究与指导。例如开展国民阅读调查，掌握国民阅读状况；组织专家或支持研究机构进行阅读书目研制，便于各领域人群找到优秀的经典图书；开展阅读测试，有助于科学评价阅读效果；组织阅读志愿者开展阅读推荐与指导，向他人传授阅读的知识与技巧；等等。

（4）设立基金管理机构。由财政部、新闻出版总署、文化部、中央文明办等部门联合组建国家阅读基金管理委员会，负责基金的管理，其日常工作可设立“国家阅读基金管理委员会办公室”。也可以采取“中国社会救助基金”的模式，由国家设立种子基金，政府委托中介机构管理。

（5）进行基金管理与效益评估。国家阅读基金由国家阅读基金管理委员会办公室设立专门账户，基金使用情况向社会公开，接受社会各界的监督。在资金使用上，主要通过面向全社会征集评选阅读促进扶持项目与工程，对项目进行专项资助。为了及时掌握资助情况，总结经验和不断完善资助办法，阅读基金管理部门可对资助对象和资助项目的效益进行调查和评估。

好钢用在刀刃上。设立国家阅读基金，其低廉投入与巨大产出无法相提并论，堪有“四两拨千斤”之妙，是一件功在当代、利在千秋之事。

全国图书资源信息应该共享

普通读者查询各图书馆的资源依然存在诸多障碍，而“全国图书资源信息网络共享系统”是一项规模宏大的文化工程，不但需要投入较大的财力和较长的时间，更需要文教界同人敞开早已被封锁的胸襟。

我国的文化教育事业正处在信息化、网络化的发展阶段，应充分利用这一契机，尽快让全民（尤其是文化资源相对缺乏地区的人）可以便捷地共享全国范围内的文化教育资源。但是，我国各级各类图书馆在资源共享方面还存在如下一些不适应时代发展的问题。

（1）图书资源分布和配置上极不均衡，且图书馆之间缺乏充分的共享和互动。

由于我国幅员广阔，地区差异较大，加之各图书馆所属的主管部门存在条块分割问题，因此在文化资源的配置上存在严重的不均衡现象，在信息传播上存在不畅通的问题。这既表现在地域差距上，如中西部地区图书馆的藏书数量和类别远远低于北京、上海等发达地区；也表现在同一地区内部图书资源共享平台不够完善，如北京 70 多所高校的图书馆之间、高校图书馆与国家、北京市各级图书馆及在京的科研院（所）之间，目前也缺乏完善的共享平台。为了缩小地区之间和学校之间在资源配置方面的差距，避免出现数字鸿沟，此现象应引起高度关注。

（2）共享平台的不完善和信息的不畅通，导致了图书资源使用效率较低以及投入成本比较高等弊端。

由于图书馆之间缺乏信息互动机制，在采购图书（尤其是外文图书）时就不能很充分地体现各个图书馆的特色收藏，无法更好地实现各馆之间的资源互补。如北京许多高校采购的外文书，雷同现象明显，互补性不强，浪费了本来就比较紧张的图书采购经费。如果能够适当分工合作，同样的经费，我们就可以采购更加多的外文图书。我国在文化教育事业上的投入虽然增加较快，但目前还有很大缺口，我们还是要坚持尽量少花钱、多办事的方针。

（3）我国台湾地区的“图书书目资讯系统”为我们提供了可供借鉴的经验。

这个资讯系统将台湾地区的图书馆和76所高校及研究所（数量在陆续增加）的图书馆书目全部放在一个信息平台上，读者要查一本书，只要在家里点击几下鼠标，就能知道在全台湾地区都有哪些图书馆藏有这本书，就能根据自己的实际距离和社会关系到离自己最近的图书馆去查阅，也可以通过馆际互借的方式就近借阅。

据了解，我国高校图书馆系统已经在部分地区建立了初步的书目共享系统，如“北京地区高校图书馆文献资源保障体系”（http：//balis.ruc.edu.cn）基本建成，这为建立全国书目资讯共享提供了基本条件。但目前存在的问题是，高校图书馆文献资源保障系统包括的高校数量偏少，且与社会图书馆之间尚未建立密切的共享平台。因此，普通读者查询各图书馆的资源依然存在诸多障碍，应加快“全国图书资源信息网络共享系统”建设的步伐。

“全国图书资源信息网络共享系统”是一项规模宏大的文化工程，不但需要投入较大的财力和较长的时间，更需要文教界同人敞开早已被封锁的胸襟。好在高校图书馆系统在这方面已经有了两年多的试验，积累了一定的经验，因此具有较强的操作性和可行性。

在程序上，建议由国家发展和改革委员会立项、财政部出资，国家图书馆牵头，模仿台湾地区或“北京地区高校图书馆文献资源保障体系”的做法，先在东北、华北、华东、华南、华中、西南、西北各建设一个“书目资讯共享系统”，逐渐实现全国联网。各个分中心的建设以高校图书馆和省（自治区、直辖市）公立图书馆为基础，并辐射到地市一级公立图书馆（有条件的地方，县级图书馆也可纳入），最终形成全国范围完整的图书书目查询系统。建立高校与社会图书馆、科研院（所）图书馆甚至与著名的私立图书馆之间的相互关联，让更多的国民可以就近非常方便地享受全国范围的图书资源。

在管理上，应该借鉴博物馆免费开放的做法，同时考虑建立一种鼓励各图书馆积极对外服务的利益机制，在制度设计上对那些为公众提供优质服务的图书馆进行经济上和精神上的补偿，以保证延续、深化和推动此项服务的开展。

推动全民阅读是一项惠及千秋万代的宏伟巨业，建立“全国图书资源信息网络共享系统”，对于推广全民阅读，减小地域、阶层、职业等差异给国民阅读造成的障碍，具有十分重要的意义。

农家书屋该建在哪儿

我担心的不是有书无屋或者有屋无书，而是担心有屋有书而无人读书。

农村的孩子与父辈们一起阅读，才能最大地发挥农家书屋的作用。

近几年，农民阅读的问题受到了从政府到媒体的高度关注。农家书屋被写进了2009年的政府工作报告。作为国家公共文化服务体系的重要组成部分，大力发展农家书屋，已经成为政府重要的文化政策，据说“十一五”期间，农家书屋将发展到20万个；2015年，全国64万个行政村将全部建起农家书屋，7万个城市社区也要建成居民公用书屋。按照农家书屋的建设标准，每个书屋配备不少于500种的1500册图书、30种报刊、100种音像制品，需要投入2.5万元。为此，每年的总投入大概在10亿元。

在2009年举办的以“全民阅读与新农村文化建设”为主题的中国出版高层论坛上，新闻出版总署署长柳斌杰做了主旨演讲，他说，文明传承和民族兴亡的历史证明，国民阅读力和阅读水平在很大程度上决定一个民族的基本素质、创造能力和发展潜力。而我国是农业大国，农民占人口绝大多数。农村地区良好文化环境的形成，广大农民群众良好阅读习惯的养成和整体文化素质的提高，对于改变他们的命运，对于建设先进文化、培育文明风尚、建设全体公民具有更高文明素质和精神追求的国家至关重要。因此，把农家书屋建到村上，把全民阅读扩大到农村，切实解决农村、少数民族地区人民群众看书难、看报难的问题，培养农民的阅读习惯，提高广大农民知识水平和文化素质，这是卓有成效地推进新农村文化建设的重要举措。

我非常赞成农家书屋建设，农民非常需要阅读。但是，当阅读没有成为一个人的生活方式的时候，他永远不可能真正地走进阅读。所以，我担心的不是有书无屋或者有屋无书，而是担心有屋有书而无人读书。农家书屋作用的真正发挥，必须有一群热爱读书的农民。

研究发现，阅读最关键的时期是儿童时期，这是人的精神饥饿感形成的关键时期，是阅读兴趣与习惯形成的最敏感的时期。在这个时期，一旦孩子发现了这个智慧宝藏、思想之渊，他的好奇心得到了满足，他就会拥有终身阅读的习惯，阅读就会成为他的生活方式。即使他今后仍然在农村，仍然像他的父辈一样做农民，他仍然会与图书为友。

但是，全国许多农村学校还没有图书。我在一次调研时了解到，贵州山区的一个县，有200所学校没有一册藏书。

因此，我们主张，把农家书屋建在村小学，让那些最需要读书的孩子能够有书可读；在农家书屋配书的时候，把孩子们最喜欢的书优先配齐。这对最大限度地发挥农家书屋的作用具有非常重要的意义。

目前最大的矛盾是行政体系的鸿沟。村小学是教育部门管的，农家书屋是新闻出版部门管的。我们希望两个部门能够为了同一个目标联起手来，共同为农村的文化建设服务。

具体来说就是：

（1）由新闻出版部门提供图书；

（2）由学校提供场地和管理人员；

（3）双方共同商定书目，有50%左右适合教师和学生阅读的，50%左右适合成年农民阅读的如农业科技、实用技术、文学等方面的书。

一个农村孩子真正爱上了阅读，或多或少会悄然影响一个家庭的读书氛围。从拯救农村孩子的阅读入手去改变农民的阅读理念，会收到事半功倍的效果。而且今天的孩子就是明天的父母，有了热爱阅读的父母，必然会教育出喜欢阅读的孩子。如此一来，阅读的种子才算真正扎根在了乡间的土地上。

第三章　一个没有阅读的学校永远不可能有真正的教育

学校教育最关键的一点就是让学生培养阅读的习惯、兴趣和能力。

如果一个学校的教育将这个问题解决了，主要的教育任务就算完成了。如果我们的孩子在十多年的教育历程中，还没有产生阅读的兴趣和养成阅读的习惯，一旦他离开校园就将书永远地丢弃在一边，教育一定是失败的；相反，一个孩子在学校的成绩普普通通，但是对阅读有浓厚的兴趣，养成了终身学习和阅读的习惯，一定比考高分的孩子走得更远。学校教育实际上不仅仅像母乳一样给我们最初的滋养，最重要的是通过阅读让我们学会了自主飞翔。

把阅读作为“过一种幸福完整的教育生活”的基础，通过推进师生阅读，与伟大的智慧对话，让我们的精神丰富起来，让我们的社会走向崇高，是我们的梦想。

精彩视频　扫码可得

阅读与中国教育改造

真正的阅读应该从教育开始，这才是解决中国教育问题的最重要的手段。同时，也是找到中国素质教育突破口的一个重要选择。

著名教育家陶行知先生曾写下《中国教育改造》一书，他提出要用100万元的资金，召集100万个教师，改造100万个乡村。他提出生活教育理论：生活即教育，社会即学校，教学做合一。他希望通过生活教育来改造中国的教育。可惜由于时代的原因，陶行知的很多梦想都没有实现。如今，我们一群新教育人，提出了“营造书香校园”的设想，我们的梦想是从“书香校园”走向“书香社会”，从推进阅读来撬动中国教育改造，教育的改造应该从校园开始，应该真正地从孩子们的阅读开始。

我曾说过，一个没有阅读的学校永远不可能有真正的教育。学校教育对一个人的成长的确至关重要，但是学校教育如果离开了真正的阅读，就算不上是真正的教育。

但正如我在本书代序中指出的那样，教科书、教辅书不能给学生们提供原生态的思想，让学生们自主阅读那些经典伟大的著作，才是我的核心主张。

可惜的是，我们多数学校连教育都谈不上。多数学校不是在从事教育，而是在进行无休止的训练，因为它根本没有阅读生活，根本没有学生心灵成长的土壤。

美国著名生理学家玛莉安·伍尔夫通过研究儿童阅读时间的大脑变化，发现儿童阅读要比成人使用更多的大脑区域，左右脑的区域都一起运行。而我们成年人往往是用一个脑在进行阅读。他认为，父母是否在孩子5岁以前经常给他讲故事，影响着孩子今后阅读技巧的形成，听故事开启了儿童的心灵成长的历程。他认为人类在14岁以前的阅读体验，对人类的成长非常重要。人生以后的历程只不过是前面14年所阅读的东西的展开。事实上，孩子长大以后，是用他在14岁以前所阅读的东西、所体验的东西、所经历的东西、从书本当中获得的基本的价值观，用感恩、慈善、友爱等这些最伟大的观念和知识在建设。所以，儿童早期的经验对他的成长非常重要。当他成人以后，他是用儿童时代所获得的东西为根基，继续去构建他内心的成人世界。

最新的脑部研究发现，阅读和联想力、创造力、感受力、理解力、记忆力都有极大的关联。“无论阅读什么作品，通过语词媒介的触发，都会产生种种联想（接近联想、相似联想、对比联想、关系联想）和种种想象（类比想象、虚拟想象、通感想象、飞动想象）。”阅读是有效培养孩子想象力的途径。“孩子在阅读时，会无拘无束地想象书中的故事情节，有时孩子会把自己已有生活的经验和书本上的间接经验结合起来，产生无穷的联想，激发丰富的想象。”美国阅读专家M.A.汀克研究表明，在绝大多数情况下，阅读时用于眼睛移动的时间仅占5%，其余95%的时间则用于思维。长期的阅读，不仅促进内部言语的发展，而且能改善思维的准确性、条理性、开阔性、深刻性、灵活性及创造性。

越来越多的科学研究发现，通往美好未来的必经之路在阅读，而且愈早启蒙愈好。美国心理学家推孟在天才发生学的研究成果中指出：有44%的天才男童和46%的天才女童，是在5岁以前开始阅读的。所以对孩子来说，阅读是一种全方位、多维度的智力体操，它能使孩子的头脑逐渐变得灵活敏捷，并进一步促进孩子心智的全面成长。在将阅读图画书、讲故事、诵读童谣儿歌、用图画表达相整合的过程中，儿童的思维与语言能力得到自由的发展。

美国的著名诗人惠特曼曾经说过：“有一个孩子每天向前走去，他看见最初的东西，他就变成那东西，那东西就变成了他的一部分。”我讲的也是同样的道理。研究儿童阅读的人，首先要懂得这个道理。

我们新教育实验团队一直在做读写绘的研究，其中有一个方面就是用绘本故事来开启儿童心灵成长的历程。格林在《消失的童年与其他散文》里面曾经讲过：“或许只有童年读的书，才会对人生产生深刻的影响……孩提时，所有的书都是预言书，告诉我们有关未来的种种……这些书影响着未来。”我想，这正是书令人激昂兴奋的原因。

我们在新教育实验的推进过程中做了很多工作，如编制中华经典诵读本、英文诵读本、儿童阶梯诵读亲子会的研究等。新教育实验首先要做的就是拯救阅读，尤其是儿童的阅读。新教育实验团队还曾开发出儿童阶梯阅读的文学书包。

其实，在小学不同的年级有不同的阅读内涵。我一直认为，我们在讲阅读重要性的同时，却没有专家潜下心来研究孩子们应该读什么。我们的新阅读研究所做出了一个中国小学生基础阅读书目，从几万本经典图书里选出适合不同年龄段孩子阅读的书目，我们还将研制出适合中国的初中生、高中生乃至大学生的多种基础阅读书目。我们觉得，真正要通过实验和研究才能发现我们应该给孩子的和孩子所需要的东西。

我们呼吁学生要远离电视，还提出和推广“晨诵、午读、暮省”的儿童生活方式，即在儿童的低年级往往从童谣、儿童诗开始，中年级用中外的一些著名诗歌开始，在高年级通过经典诵读开始一天的生活。

真正的阅读应该从教育开始，从儿童开始，这才是解决中国教育问题的最重要的手段。同时它也是寻找中国素质教育突破口的一个最重要的选择。这么多年来，我们一直在寻找使应试教育回归素质教育的路径，但是一直没有找到，我认为阅读是最好的路径。只有通过阅读让孩子成长了，才是最好的素质，才是最好的教育。

从牛津乞丐读书说起

营造书香校园，让我们的孩子与人类的崇高精神对话吧！

著名文学理论家叶舒宪先生曾经讲述过这样一个故事：他到英国牛津访

问讲学，经常到市内各家新旧书店淘书。有一天从街上走过时看到一个戴帽子的乞丐坐在地上，不顾初冬的寒冷，专心致志地捧读一本书。他从未看到这种“不协调”的景象，一种莫名的感动油然而生，便问他看的是什么书，原来是法国名家凡尔纳的小说。

作为乞丐，连温饱都不能保证，却照样需要幻想中的“环游地球”。叶先生由此大发感慨，还比较了英国与世界各国的读书状况。他介绍说：英国每550人印书一种，德国每1050人印书一种，法国每1600人印书一种，美国每4000人印书一种，中国每12000人印书一种。也就是说，每年读者需要的印书种类，英国读者比德国读者多1倍，比法国读者多2倍，比美国读者多几乎7倍，比中国读者多20倍。在伦敦，阅读的需要，几乎像需要呼吸和吃喝一样，成为近乎本能的文化习惯了。

社会上曾经流行过一句话，说“穷得只剩钱了”。的确，从精神层面看，这个英国乞丐比起许多腰包鼓鼓、头脑空空的富翁，生活得更为充实。

无独有偶，2003年3月6日的《扬子晚报》刊登了石志宏先生写的一则趣闻，介绍了一位美国校长“舔肥猪”的故事：

> 为了激励学生们多多阅读，美国剑桥沱滨小学的校长唐拉尔德·沃森打下一赌，说他的410名学生如能在一年之内读完2003本书，他就去“舔”猪。2003年3月，在全国教育协会组织的“全美读书日”上，沃森心甘情愿地兑现了他的诺言。大腹便便的8岁肥猪“戴茜”乘着精心装饰过的小车登上学校的舞台，接受了校长一吻。同学们乐不可支。得知这是推广阅读的活动，“戴茜”的主人康涅狄格州的保罗·米讷说，他们在华盛顿停留时，还收到了第一夫人劳拉·布什的感谢信呢。

410名学生，每人不到5本书的阅读量，竟然能够使一个堂堂的小学校长去吻猪，这在我们看来几乎是一个不太正经的笑话。然而，我们有多少校长能够真正让每一个孩子在一年内读5本以上的课外书？我们又有多少校长能够为了鼓励孩子们课外阅读，愿意做出类似“舔肥猪”的“牺牲”？

中国正处于一个不愿读书、无暇读书甚至无书可读的时代，人们习惯于电子游戏、电视、快餐文化，教育因此面临着前所未有的挑战。如何让孩子们荒芜的心灵得到滋润，让孩子们的精神世界得到充实？如何让孩子们阅读经典，拥抱大师？这的确是值得每一个校长、每一个教育工作者认真思考的问题。

与此同时，我多次出国，对叶先生所说的情况也是感同身受。我亲眼看到，无论是在火车车厢还是在飞机场候机室里，总有许多老外在静静地看书。在他们的行囊中，书已经真正成为必不可少的精神食粮。

我也常想，什么时候我们的社会不把读书、学习看成是负担，看成是一种为得到某种荣誉、获得某种证书的途径和工具，而仅仅作为生活的一部分、生命的一部分，哪怕成为物质世界的乞丐，也想要当精神世界的富翁时，我们才算是真正进入了学习型社会。

布什夫人给肥猪和它的主人写了热情洋溢的感谢信，而我更要向校长沃森致脱帽礼。我要再次向中国的校长们呼吁：营造书香校园，让我们的孩子与人类崇高的精神对话吧，因为我们今天的校园，正孕育着明天的社会！

为什么纸质阅读很重要

我们要注重儿童的纸质书籍阅读习惯的培养，因为纸质阅读有助于培养儿童的注意力和思考力。

在各种讲演中，许多朋友经常问我，纸质书籍的阅读和网络媒体的阅读究竟哪个更好？我的回答是，在现代媒介发生如此巨大的变革的社会背景下，要拒绝网络阅读不仅是不可能的，也是没有必要的。但是，我们要注重儿童的纸质书籍阅读习惯的培养，因为纸质阅读有助于培养儿童的注意力和思考力。

如前所说，纸质阅读与网络阅读并不是水火不容的两种阅读。人类阅读的载体也是不断变化不断发展的。从最早的摩崖石刻、结绳记事，到后来的竹简木刻、纸质图书，再到后来的电脑手机，阅读的形式与载体都发生了许多变化。

电视、电脑、移动终端等，不断把人们从传统的阅读中拉走，电视的大屏、电脑的中屏和手机的小屏，让现代社会的阅读行为发生了深刻的变化。我曾经写过一篇文章《电视应该“赎罪”》，希望电视能够在黄金时间为阅读鼓与呼，把精彩的美文诗篇在黄金时段通过电视传播给观众。当然，那只是我的“一厢情愿”而已。

不过，网络阅读也有其问题。最大的问题就是我曾在采访中提出的对于专注力和思考力的负面影响。

首先是对于专注力的影响。网络时代是一个“信息过剩而注意力稀缺”的时代。以网络为基础的当代经济的本质是“注意力经济”，在网络时代，最重要的资源是注意力。我们知道，无论是电脑还是手机等终端产品，屏幕呈现的内容往往跳跃性强，色彩鲜艳，会吸引和刺激人的眼球，分散人们的注意力。网络的超级链接让我们在一篇又一篇文章之间、一个又一个消息之间应接不暇，每一次点击，其实都是一次注意力的中断与转移。在网络阅读的过程中，我们的注意力不断处于亢奋或者疲倦的转换之中，对于发育不够成熟的儿童来说，处在注意力与意志力的成长关键期，过早地进行网络阅读，显然不利于他们相关能力的培养。这也是许多国外中产阶级家庭不让孩子过多看电视、过早上网，甚至不让孩子接触平板电脑等电子产品的原因。

其次是对于思考力的影响。在网络时代，我们处在一个信息不断涌来的海洋之中。碎片化的信息，让我们的思维也变得碎片化。有价值的信息与无用的信息交杂在一起，让我们淹没在信息的海洋之中。黑格尔曾经说过：在绝对的光明中与在绝对的黑暗中一样，什么也看不见。所以，我们需要厘清各种信息的真伪，需要过滤无用的信息，需要付出更多的处理信息的时间与精力。

我们知道，思维品质反映了人们智力或思维水平的差异，主要包括深刻性、灵活性、独创性、批判性、敏捷性和系统性六个方面。以思维深刻性为例。思维的深刻性，即思维活动的抽象程度和逻辑水平，涉及思维活动的广度、深度和难度。这是一个去粗取精、去伪存真，由此及彼、由表及里，抓住事物的本质与内在联系，发现事物的规律性的过程。这个过程是一个理性的、冷静的、深入反刍的过程，需要集中注意力才能突破。网络阅读容易向广度无限扩展，恰恰导致无法集中，因而不是提高思维深刻性的最佳阅读环境。因此，网络阅读有其利也就有其弊，在某些方面会使思维发展受到限制。

当然，我不是说网络阅读或者移动终端的阅读、电子书的阅读不能够培养思维的深刻性，而是说与纸质阅读相比难度更大，不要说中小学生，就是一个正常的成年人，在网络面前，也很难抵制各种“标题党”的诱惑和各种汹涌而来的信息的诱惑。成长中的中小学生如果在阅读能力养成的关键时期，过早投入网络阅读之中，就更难形成专心致志的注意力、思维的深刻性等相关能力品质。

因此，在童年尽可能让孩子们养成纸质阅读的习惯，在此基础之上，再让他们了解和掌握网络阅读的方法，将网络作为一个有效的工具使用，及时查询知识，了解新闻信息等，并形成控制上网时间等良好习惯，是一种既顺应发展，又确保根基的良好方法。

儿童阅读需要阶梯

我们所倡导的儿童阶梯阅读，有这样几个基本理念：童年是一段由浪漫到精确、由粉红到天蓝的彩色阶梯。为每一个儿童寻找到此时此刻最适合他的书。“共读、共写、共同生活”，让孩子们和父母、老师们共读、共写，才能拥有真正意义上的共同生活。

我所倡导和推进的新教育实验，目前全国已经有1500多所中小学在实践新教育实验的理念。新教育实验的儿童课程“毛虫与蝴蝶”项目的核心就是儿童阶梯阅读。

一、儿童阶梯阅读的理念

儿童阶梯阅读有这样几个重要理念。

第一，童年是一段由浪漫到精确、由粉红到天蓝的彩色阶梯。

也就是说，阅读在人的童年是一个阶梯式的、逐步过渡的过程。在最初的粉红色的阶段，阅读是以读、写、绘、儿歌、童谣为主；到了三四年级的时候，阅读则表现为大声朗读、复述故事、默读等形式；到了高年级，就要开展主题的探讨。

美国著名诗人惠特曼在他的一首诗中说：“有一个孩子每天向前走去，他看见最初的东西，他就变成那东西，那东西就变成了他的一部分。”

实际上，对儿童的成长来说，最重要的只有两个东西，就是游戏和阅读。如果没有阅读生活，没有儿时的游戏，儿童的生活将是单调的、死板的、没有生机的。

第二，为每一个儿童寻找到此时此刻最适合他的书。

过去我们一直讲阅读的重要性，但是究竟什么样的人应该读什么样的书，在人的每个不同的发展阶段应该读什么，并没有人认真地去做过研究。到目前为止，我们国家也还没有一个分层的阅读指导书目。我们新教育实验团队曾专门做了一个“儿童文学书包”，为小学的孩子们精选了 36 本书。这些书包含和平、尊重、爱心、宽容、乐观、责任、合作、谦虚、诚实、朴素、自由、团结、专注、想象、宁静、勇气、敬畏、热忱、虔诚、感恩、纪律等观念。不是通过说教，而是通过一个个具体的形象，编织成一张美丽的网，呵护着孩子们，让他们在漫长的人生旅途中保持纯真、快乐和勇气。

第三，“共读、共写、共同生活”。

也就是说，孩子们的阅读不仅仅是孩子们的事情，他们应该与父母和老师们一起来阅读，只有共读、共写，才能拥有真正意义上的共同生活。

现在，很多父母跟孩子，很多老师跟孩子，表面上朝夕相处，其实往往是生活在一个房间里的陌生人，在共同的生活空间里，心灵却没有沟通，完全陌生。生活在不同的词语里，事实上就是生活在不同的世界上。通过共读，父母和孩子、老师和孩子才能真正地拥有共同的生活，才能创造共同的语言和密码。

二、阅读改变教育

我们的新教育，就是要通过阅读，把最美妙的种子播撒在童年的岁月里。我们相信这些种子所孕育的信仰，我们期待岁月的培育导致奇迹的发生。

什么是新教育实验？新教育实验是一个以教师的发展为起点，以营造书香校园、师生共写随笔、聆听窗外声音等六大行动为途径，以帮助新教育共同体成员过一种幸福完整的教育生活为目的的教育实验。

2007 年 11 月，中央电视台《新闻调查》栏目用 45 分钟时间，专题介绍了新教育实验，将新教育评价为“心灵的教育”。而《南风窗》杂志则认为新教育是中国的“新希望工程”。

从 2002 年至今，全国二十几个省、自治区、直辖市的 1500 多所学校、40 万多名教师、600 多万名学生参与了新教育实验。教育的改变，从西部的孩子们从破旧窑洞搬到了宽敞明亮的教室来看，这确实是很大的。但是，教育的变化从根本上要依靠阅读，要依靠教师的成长；否则，就只有教室变了，其他都没有变。所以，新教育实验把教师的成长作为其逻辑起点。

书香校园的建设是新教育实验的重要基点。这缘于我们的学校阅读遇到了最大的危机。当前，阅读的危机主要表现在这几个方面：全国平均阅读水平持续走低，年轻人的阅读水平尤其偏低，其中又包含阅读量的萎缩、阅读习惯养成的滞后、浅阅读、反阅读行为的盛行等。

学校教育的去阅读化，则是阅读危机的根本原因。在学校教育中，应试教育、应试主义大行其道，真正的阅读被排挤掉了，很多老师和学生以为阅读就是去读教科书、教辅书，有些老师甚至反对学生阅读那些与应试教育无关的课外“闲书”。在这样的环境下，孩子们根本没有机会读到那些真正伟大的作品。大量的学生没有享受到阅读的快乐，反而过早地轻视甚至厌恶阅读。善良天真的孩子在原本应该大量阅读的时期，却没有得到阅读的滋养，过早地被社会不良风气影响，他们善良的天性也就极易受到扭曲。

人的精神的成长，是和阅读紧密地联系在一起的。因为人的智慧和思想都首先来自文化和文明的传承，然后才是对文化的消化、总结和吸收，这样才会获得成长。

三、阅读应成为日常生活方式

那么，我们需要怎样的阅读？当然是有益身心的阅读——深阅读、有品质的阅读、自主的阅读、立体的阅读、优雅的阅读、生命价值选择的阅读、精读、慢读，是一次次阅读的理性狂欢，是一次次新的博雅教育的实践。

因此，阅读指导永远是需要的。茫茫书海，何去何从？我经常到书店去，每次都看到很多人在里面根本就不知道怎么选书，只是听到谁说什么书好就去买什么书，既盲从又跟风。现在很多流行书和畅销书都是炒作出来的，那些形形色色的图书推荐榜，都是和书商、出版社的利益紧密地捆绑在一起的，几乎都是变相的广告。

中国如今非常稀缺的是负责任的书评家。美国以及欧洲一些国家的出版界，都有很完善的职业书评家体系，值得我们参考。我认为，国家图书馆应该有专职的研究人员，也就是独立的书评员，对社会上流行的书籍进行客观公允的点评，同时也给读者推荐一些真正的好书。这件事情，国家图书馆既有能力，也有责任去做。当然，民间的公益研究机构也应该这样去做，如我们的新阅读研究所，正在做的就是这样的事情。

阅读应该成为中国人的日常生活方式。每年的4月23日是世界阅读日，在西班牙的巴塞罗那，妇女们都会赠送丈夫或者朋友一本书，而获得赠书的男人们则会回赠给她们一枝玫瑰。所以每到这一天，全西班牙的图书降价一半，但是玫瑰花价钱却要上涨好多倍，专门赚男人们的钱。这一天，在马德里，几百位著名的作家会聚集在一起，每人两分钟，接力朗诵古典名著《堂吉诃德》，并且通过电视与观众共享这场马拉松阅读的盛宴。

中国人不喜欢送书，不喜欢把书作为礼品，如在苏州，给别人送书的时候还一定要送一个钟或者一块表，叫“有始有终”，否则就是“输”的意思。而我们在和外国人交流的过程中发现，最常见的礼品就是书。所以，我觉得书应该成为中国人礼仪生活很重要的一个组成部分。发现一本好书，并和朋友一起分享，应该成为一件很愉悦的事情。我觉得国家图书馆可以搞一些这样的活动，请一些著名的作家每人来朗诵一段，这是一种仪式，而不仅仅是一种形式，它会唤醒人们心里对书籍的美好情感。

国家领导人亲自推动阅读，在很多国家也是通行的惯例。大家都知道美国"9·11"的大灾难，但很多人不知道"9·11"事件发生时总统布什在干什么。布什当时正在佛罗里达州的一所小学里面参加一次阅读示范活动，当随行人员向他报告这桩危难事件后，布什却没有立即离开教室。英国女王伊丽莎白在她70岁大寿时，没有参加任何庆典，只邀请了几个小孩子到白金汉宫，为他们读名著。

希望有那么一天，我们在飞机上，在火车站，在许多公共场合，也能够看到我们的国人静静地拿着一本书在那里阅读，使阅读成为中国的一道普通而美丽的风景线，而不是几个人碰到一起就搓麻将打牌，碰到一起就大声喧哗吵嚷。我在国内的很多宾馆里经常会看到，外国人早晨喝咖啡、吃早点时，往往都拿着一本书在看，读书已经成为他们的生活方式之一。

营造书香校园，是构建书香社会最重要的基础。我们新教育实验的梦想，就是从书香校园走向书香社会，通过推进阅读去撬动中国教育的改造。新教育人尽自己的一份心力，努力去做，尽管这是一个草根的、民间的教育实验，但是它在唤起阅读意识、研究阅读等方面应该说已经做了一些非常有意义的探索，在这个过程中也的确改变了一大批教师的行为方式，改变了一大批孩子的生活方式。

晨诵、午读、暮省

"晨诵、午读、暮省"，这是新教育实验倡导的一种回归朴素的儿童生活方式。

晨诵就是与黎明共舞，让朗诵诗歌开启一天的学习；午读就是让学生阅读属于他们自己年龄段的童书；暮省就是学生每天在完成学业以后，用随笔和日记等记录每天的生活，并与老师相互编织。

我们开展的“新教育实验”怎样看待阅读？为什么新教育的人对书香校园建设和儿童阅读如此痴迷、如此沉醉、如此追求？因为我们对阅读有这样的理解：阅读最大的意义和价值就是改变，通过阅读，能够改变我们的教育生活。

我对我们的新教育同人说：“只要将阅读做好了，新教育就成功了一半；只要将阅读做好了，新教育对中国的贡献就很大了。”

我们新教育实验首先要做的就是拯救阅读，特别是儿童的阅读。

我们呼吁新教育实验学校的孩子们远离电视，推广一种以“晨诵、午读、暮省”为核心的儿童生活方式，这就是我们倡导的一种回归朴素、回归原点、回归心灵的儿童生活方式。

晨诵：为每一天注入生命源泉

每天清晨，在生命的黎明，我们该让儿童吟诵什么？几千年流传下来的儿童晨间机械地读经或背诵课文的晨读，曾引发很多人的反对，而近年似乎又有卷土重来的趋势。新教育实验认为，晨诵的目的主要不在于记忆未来可能用到的知识，不是为了进行记忆的强化训练，而在于丰富儿童当下的生命，在于通过晨诵，既培养一种与黎明共舞的生活方式，又能习诵、领略优美的母语，体验诗歌所传达的情怀、美感及音乐感。所以，新教育实验开发的晨诵，是一个结合了古典诗词、儿歌与儿童诗、现代诗歌的复合课程。词句优美，便于儿童在吟诵时感受与理解，传递人类美好的愿望与情愫，是新教育晨诵所选内容的三个基本特点。

我们给晨诵取了一个非常有诗意的名称：与黎明共舞。希望孩子们在每天的黎明时分与经典诗歌共舞，让他们的生命在每天的第一时间得以舒展，心灵得到唤醒，师生共同传达一种愉悦、饱满的精神，并由此开启一天的学习。

晨诵吸取了传统读经强调内容的经典性以及大声朗诵的经验，但与读经运动强调在孩子记忆的黄金时段背诵大量经典，待长大以后再慢慢理解的方式不同，我们特别强调所选诗歌应是儿童当下的经验所能感受到的。

晨诵的主要形式有晨间诵诗、日常诵诗、生日赠诗和情境诵诗。

晨间诵读诗歌提倡在一定的时间段内，用同一首诗歌来“开启”黎明，为孩子们的每一天注入生命的源泉。这个一定的时间段可能是一周、一个月，甚至一个学期。这样的诗歌，往往需要千挑万选。晨间诵诗一般选取那些意义深远的诗，既能让孩子一下子感觉到它的力量与美，又无法洞悉其全部奥秘，每一次朗诵都会带来新的感悟，而从新的感悟中又将萌生出新的力量与美。因此，晨间诵诗需要反复咀嚼、吟诵与玩味。

日常诵诗的内容可能达不到晨间诵诗那类诗歌“无数次打动人的灵魂”的高度，但也必须是优美典雅、天真纯净、奋发向上的。更重要的是，日常诵诗的内容应是儿童当下的经验所感受到的。日常诵诗是晨诵的“必修课”。

生日赠诗是最受孩子们欢迎和期待的一种晨诵形式。在每个孩子过生日时，参加新教育实验的教师都会精心选择一首诗或一个故事进行改编，如金子美铃的诗歌《向着明亮那方》等，把学生的名字嵌入其中，然后让全班同学一起朗诵给他。这首诗一定是当下最适合这个孩子的，也一定是暗含了他的将来的，所以具有“唯一性”。许多教师还把学生日常学习生活中的一些细节表现及作业、作品等拍成照片，和生日诗一起做成漂亮的课件，在展示给孩子们的过程中，进一步激发、强化生日赠诗与孩子个体生命的关联。

情境诵诗是在特别的日子或特别的场景，有针对性地选择一些诗歌来诵读，如在教师节、母亲节等节日诵读一些写给教师、母亲的诗歌，再如汶川大地震发生后，选择一些悼念遇难同胞的诗歌来诵读等。在不同的节气，随着气候的变化和校园环境的不同，我们的老师还进行了诸如“在农历的天空下”等晨诵课程的探索，采用诗歌、音乐、绘画等形式，让孩子们共同见证彼此的成长，见证大自然的神奇，见证教师与学生共同编织的生活。

午读：唤醒生命的美好与神奇

一个人的精神发育史就是他的阅读史，一个没有阅读的学校永远不可能有真正的教育。把阅读作为“过一种幸福完整的教育生活”的基础，通过推进师生阅读，与伟大的智慧对话，让我们的精神丰富起来，让我们的社会走向崇高，是我们的梦想。

“晨诵、午读、暮省”中的午读，是新教育实验推进阅读的一种努力与尝试。午读，代表的是整个儿童阶段的非科学性质的阅读，核心内容就是阅读属于他们自己的童年书籍。

不同年龄的儿童，由于其心理发展阶段的限制，他们能读懂的书相对有限，我们要从大量的童书中寻找出适合每一年龄段儿童阅读的书籍。二年级和四年级，不是相近的两个年龄，不是相邻的两间教室，而是隔了几重天地的两个截然不同的世界。因此，阅读应符合不同年龄阶段学生的不同特点。在低年级（1～3年级），我们倡导读写绘结合，用阅读图画书、讲故事、图画表达与创造相结合的办法，让低幼儿童的学习力与创造力得到自由的发挥。在中年级（3～4年级），儿童开始逐步从绘画中淡出，加大文字阅读量；结合讲故事，加大整本书的主题探讨，并开始进行故事与人物传记的阅读。到了高年级，在共读方面我们则主张以主题探讨为主，加大自由阅读的量；加入自然科学方面的阅读；将阅读与儿童文学创作相结合。这种有针对性的阅读呈现出非常明显的“治疗效果”。许多儿童都开始自觉地远离电视、远离游戏，精神面貌有了明显改善。生活在不同的语言里，就是生活在不同的世界中；共读一本书，就是创造并拥有共同的语言与密码。共读，就是与读同一本书的人真正生活在一起。如果没有共读、共写、共同生活，教师与学生、父母与孩子、学生与学生，就可能是同一个屋檐下的陌生人。所以，我们倡导亲子、班级共读，通过共读一本书，共写心灵真诚的话语，实现师生之间、亲子之间、同学之间乃至教师和家长之间真正的共同生活。共读过程中发生了大量感人的故事，共读改善了无数亲子、师生、家校关系，让大家真正感受到一种幸福完整的教育生活。共读传统的恢复，在某种意义上可被视作改良教育的突破口。

教育是唤醒，每一个生命都是一粒神奇的种子，蕴藏着不为人知的神秘，而阅读能够唤醒这种蕴藏着的美好与神奇。教育又是给予，是民族文化的特质，还是世界文明的价值，都需要教师和家长按生命成长的规律，慢慢地通过阅读、故事传授给孩子。可以说，共读中的每一本童书，都是以故事的形式，完美地体现一个或若干个核心文明价值。儿童阶梯阅读研究，就是为每一个儿童寻找到此时此刻最适合他的童书；在儿童成长的每一时刻，一定有着最适宜这一时刻的一本童书。这些精心挑选的书籍，会在娓娓动听的故事中，告诉孩子和平、尊重、爱心、宽容、乐观、责任、合作、谦虚、诚实、朴素、自由、团结、专注、想象、宁静、勇气、敬畏、热忱、虔诚、感恩、纪律、反思……在这样的不断给予、反复唤醒中，孩子心灵深处那些与生俱来的真、善、美的种子，由此得到充分滋养，最终悄然萌芽。

暮省：让反思成为学生的日常生活方式

暮省，指的是学生每天在完成学业以后，思考与反省自己一天的生活，并且用随笔和日记等形式记录下来，同时师生之间也可以通过日记、书信、批注等手段，相互编织有意义的生活。教师与学生用日记记录自己的成长，亲子之间、师生之间用词语相互激励、抚慰，这就使暮省成为一种日常工作的生活方式。

如果说阅读是站在大师的肩膀上前行的话，那么，写作其实是站在自己的肩膀上攀升。我们强调坚持，“行动就有收获，坚持才有奇迹”，我们告诉教师与学生要学会坚持记录自己的生活。在这个意义上的暮省，其实更强调意志的训练。

当然，意志的训练虽然重要，但暮省的方式方法同样也非常重要。

在暮省活动推出之初，学生的随笔往往带有明显的作文倾向，教师也往往以作文的要求来评价学生的随笔，而没有将之视为一种共同生活的方式。随着活动的改进，越来越多的教师开始自觉地引导学生把随笔和日记视为“三省吾身”的生活方式，作为反思自己的重要形式，并利用师生共写随笔参与学生的成长，引领儿童走向自主与成熟。学生随笔也逐渐丰富为心灵独白（保密日记）、相互倾诉（共写日记）、观察日记、班级共议日记、童话文学创作等多种形式。对较低年龄的儿童，这种写作则是以与父母联合，并与绘画和文字相结合的方式进行的，我们称这种方式为“读写绘”，如孩子们可以把他们看到和想到的东西，通过绘画的方式表现出来，图画的文字部分可以让父母配合完成。在高年级，也可以通过教师与父母的“便笺”实现“共读、共写、共同生活”的理想，让父母与孩子一起阅读、一起写作。

让学生养成反思的习惯，无疑是暮省的重要价值。如果能够让日记伴随自己的人生，如果能够坚持记录自己的生活，反思自己的行为，每一个人都可以不断挑战自我，在现有的基础上做得更好。暮鼓晨钟，晨诵暮省，能够给孩子们许多心灵的震撼。

素质不是知识与能力的拼板，而是一个人完整的理解力与创造力。素质教育不是简单地增加一些文艺、体育的课程，而是通过一种整合的生活方式，并结合学科课程的学习，把那些真正对于一个人一生有用的东西教给学生，让阅读、反思与行动在生活中如同呼吸一般自然存在，让教师与学生能够真正过上一种幸福完整的教育生活。

今天我们应该如何阅读

——晨诵、午读、暮省的新发展

新教育晨诵，让生命歌唱，是以诗意点燃黎明；新教育午读，共读创共识，是以经典滋养生命；新教育暮省，内省而内化，是以反思提升自我。

今天我们应该如何阅读？经典而适合的好书，正确的阅读方法，两者会起到相辅相成的作用，让阅读效果显著提升。20多年来，新教育人在继承中创新，推出了许多行之有效的阅读方法。从面向低年级和“学困生”

的图画书阅读“听读绘说”，到适合不同年龄、不同能力的阶梯阅读；从读书会、读书节等活动，到阅读嘉年华；从班级图书角、年级图书广场到家庭好书展；从课本剧、生命叙事剧到童书电影课；从作家进校园到图书跳蚤市场；从自办读书报到画书、说书、写书、做书……可谓不胜枚举。这里，我特别介绍一下关于新教育阅读的核心课程“晨诵、午读、暮省”的新发展。众所周知，新教育晨诵从2000年正式启动、午读从2005年重新规范、暮省作为“师生共写随笔”的行动路径在新教育诞生之初已经推出，在2007年山西运城新教育年会上，我们将三者结合为“晨诵、午读、暮省”的新教育儿童生活方式正式发布。如今，经过多年实践后，我们对其进行了修订与完善。

一、晨诵——让生命歌唱

晨诵课程开始于2000年。这一年，我们编写了《中华经典诵读本》和《英文名篇诵读本》，并且在湖塘桥中心小学等部分学校开始了新教育的晨诵实践。2016年，我们正式提出了新教育晨诵的理论体系、操作纲要，编写了从幼儿园到高中共26册《新教育晨诵》读本，以及《让生命放声歌唱——新教育实验晨诵项目用书》。新教育晨诵，特别强调诵读和叩问。我们把项目宗旨从过去的“与黎明共舞”修订为“让生命歌唱”。我们摒弃知识化的传授方式，而以叩问的方式，使蕴含积极力量的语言文字，浪漫而直接地拥入心灵，成为激发创造的力量，让师生的生命在应和经典中，开始歌唱。

应该说，在理念和操作上，新教育晨诵与中国古代蒙学、读经（经典诵读）运动、华德福的晨诵、一般诗歌教学等各类诵读活动，有着部分内容和形式上的相似，但更多的是本质上的不同。

第一，和中国古代蒙学相比，新教育晨诵与中国古代蒙学教育的优秀传统一脉相承，重在行为习惯、核心素养的养成，适度提供适龄的相关知识。但新教育晨诵更强调诵读内容的经典性，强调把最美的诗歌给最美的童年，把最合适的经典给最适龄的时光，强调阶梯式递进，从儿歌、童谣起步，逐渐过渡到单篇童诗、古诗词等其他经典。

第二，和读经运动相比，新教育晨诵汲取了传统的读经运动中强调内容的经典性以及大声朗诵的经验，但新教育晨诵更重视所选诗歌的内容与儿童当下的生活经验与生命体验的联系，强调激发当下状态，调适当下心态，丰富当下生命，以阅读养成一种诗意的生活方式。

第三，与华德福的晨诵相比，新教育晨诵汲取了华德福晨诵的仪式感，让诗歌的精神力量通过仪式放大。但新教育晨诵不是每天诵读相同的诗歌，而是一门相对体系化的完整课程。

第四，和一般的诗歌教学相比，新教育晨诵和诗歌教学相同的是，所选择的诗歌内容都是符合儿童认知水准、吻合课程需求的诗作，不同的是一般的诗歌教学强调知识的准确理解，晨诵则强调内容的浪漫和易感知，一般的诗歌教学是由语文老师开展，新教育晨诵则可以由所有学科老师和父母主持。

第五，新教育晨诵和传统的早读更是有着明显的区别。在内容上，早读的内容多为语文课文，而晨诵的内容则以优美的诗歌、散文片段为主。在目的上，早读的目的主要是记忆，而晨诵的目的是让诗歌与孩子建立起关系，丰富学生的心灵，记忆是次要的目标或者说是前提性的目标而不是终极目标。在方式上，早读是以学生自读为主，以重复为手段；晨诵是在老师的指导下，通过创设情境，通过师生共读特别是个体诵读来进行。

当然，一个最根本的标志，就是新教育晨诵以诗为载体，以人为中心。无论是从传统晨诵中，还是从传统的诗歌教育中，都可以看到对诗歌的关注。准确理解诗歌的字、词、句，深入了解作者的生存状态，详细还原诗歌的创作背景……这些都是以诗为中心的表现。在很多诗歌读本中，我们常常看到一个被称为“赏析”的板块，这一内容的重要使命，就是欣赏和分析诗歌。这是以诗歌为主体必然产生的现象。新教育晨诵以人为中心，自然而然地，关照的是人，关照的是生命本身。为此，我们在研发“新教育晨诵”系列图书时，特别针对每首晨诵诗进行了“思与行”的写作。这个板块也解读诗歌内容，但更重在结合诗歌内容，提出问题、叩问读者，激发读者以自身生命联系诗歌进行思考，将诗歌与读者进行编织，让诗歌真正深度滋养心灵。同时，在每个晨诵课程中，开篇以导语进行主题简介，便于读者把握重心，在结尾设有“主题拓展”，将单一的诗歌诵读与学习、生活结合，推荐阅读相关图书、建议组织相关活动，将诗歌与生活紧密结合形成整体，进一步加强从知识到素养的转换。

为了保障“以人为中心”理念能够得到贯彻，新教育晨诵课程研发，坚持以下四条原则。一是与儿童的身心发展的需求吻合。一般来说，幼儿阶段的生活与环境、小学阶段的自我与世界、初中阶段的青春与友谊、高中阶段的理想与人生，是儿童发展不同时期的关注重点。新教育晨诵中诗歌内容的选择，是紧密围绕儿童在不同时期的心灵需求来进行的。如爱与被爱、归属感、安全感、成就感等，就是不同年龄儿童的共同需要。二是与诗歌的学习特点吻合。从儿歌、童谣到童诗，从白话文到古文，从五言到七言，从单一内涵到多重内涵，以及谜语诗、藏头诗等不同诗歌形式，注重诗歌的从易到难，同时关注诗歌的意象与情感。新教育晨诵的内容选择，也遵循了诗歌自身的发展规律。三是与生活的情境变化吻合。根据四季的转换、气候的改变以及各类节日庆典、各类营地活动或运动游戏等不同情境，进行主题的安排与诗歌的选择。新教育晨诵特别强调诗歌要与当下的生活相得益彰。四是与学校的学习节律吻合。未入学时的向往期、新入学的适应期、每年开学的激励期、毕业阶段的告别期等不同的学习时期，有着不同的教育主题，新教育晨诵也尽可能顺应这些不同的主题，进行不同角度的引导。

新教育晨诵，就是这样一个以人为中心，以人的幸福完整为目标，扎根传统、立足中国、放眼世界，选编符合儿童的身心发展、诗歌的学习特点、生活的情境变化、学校的学习节律的童谣、儿歌、童诗、古典诗词、现代诗歌、中外经典著作片段等内容，循序渐进地叩问师生心灵、与师生生命编织的综合课程。在内容的选材上，新教育晨诵课程特别注重四个方面。一是扎根传统，大力弘扬中华优秀传统文化，对《三字经》《百家姓》《千家诗》《笠翁对韵》《幼学琼林》、唐诗宋词、四书五经等传统蒙学的优秀成果，根据现代教育理念精心选编。二是立足中国，以印象山水、长江、黄河、民族等不同内容的课程，展示祖国之美，激发家园之爱。三是拥抱世界，以五大洲的文明为谱系，全面而集中地体现不同国家的风情、世界诗歌的特色，激荡全人类共通的思想与情感。四是满足童趣，选择儿童喜闻乐见的活动，甚至儿童自己写的诗歌。

新教育晨诵作为一个综合课程，具有五大功用：它是一种仪式，叩问自我，激发生命的内在活力；它是一种审美，享受韵律，沉醉于美的熏陶濡染；它是一种感悟，日积月累，调节压力健全心智；它是一种唤醒，共读共情，创造幸福明亮的状态；它是一种传承，中外古今，汲取人类文化的精粹。

新教育晨诵的主要形式有日常诵诗和情境诵诗。日常诵诗是指在一个相对固定的时间内，通常选择在早晨，诵读一首诗歌。因为早晨空气清新、头脑清醒，利于记忆，时间可控。虽然名为“晨诵”，也并非一定局限于清晨，其他时间进行也完全可以。一组日常诵诗，并不是经典简单堆积的好诗大杂烩，而是经过反复挑选、按照不同年龄不同主题精心编排的诗歌课程。情境诵诗则是在特别的日子，或者是特别的场景，有针对性地选择一些诗歌。比如教师节、母亲节、国庆节等节日时，诵读一些写给教师、母亲、祖国的诗歌；比如随着气候的变化，我们在不同的节气选择关于二十四节气的诗歌；等等。在雨天读关于下雨的诗歌、在节日读关于节日的诗歌，总是能够引起共鸣。

特别值得一提的一种情境诵诗，是生日诵诗。这是在学生过生日时，全班师生为“寿星”送上一首度身定制的诗。每个孩子都特别喜欢生日诵诗，因为它能够让孩子的生命直接与诗歌相连。这首生日诗可以是已有诗歌的改编，比如直接在诗歌的某个地方，把当事人的名字嵌入其中，然后让全班同学一起为他朗诵。也可以是老师或者学生专门为当事人创作的诗歌，同样由大家一起为他诵读。如何创作生日诗并不重要，重要的是：第一，生日诗一定要符合当事人的生命特质，适合当事人，并暗含着对当事人将来的期待，富有激励性。第二，生日诗具有“唯一性”，切忌将一首诗送给多个孩子，因为这么做会使这首诗的魅力大打折扣。生日是每个人自己的节日，生日诵诗也成了最受人欢迎和让人期待的一种晨诵形式。许多老师还把学生日常学习生活中的一些细节表现及作业、作品等拍成照片，和生日诗一起做成漂亮的课件，展示给孩子们。必要时还可以邀请部分父母参加生日诵诗的晨诵活动。在实践中我们发现，老师、父母送生日诗给孩子，孩子也会送生日诗给老师、父母，就这样，新教育晨诵成了家校共同生活中心灵交流的一种重要方式。在美好的诗歌里，珍藏着人类最伟大的智慧和最美好的情感。试想，如果中国的学校和家庭里，在每一个晨间都回荡着诵读诗歌的声音，那该是怎样动人的一幕？那该是怎样深刻的幸福？

二、午读——共读创共识

午读课程开始于2005年。这一年，我们推出了中国第一套大中小学生和教师、父母等系列书目，成为午读的重要指导。2006年开始，我们推出了分年级的阶梯阅读课程和新教育童书包。2011年，我们启动了倡导亲子共读、家校共育的新教育“萤火虫亲子共读”公益项目……以一系列举措，不断夯实新教育午读。

新教育午读，特别强调共读和共识。我们希望以群体的方式，对经典著作进行共同阅读，在反复讨论中，读者与经典著作形成共识、读者与读者之间形成共识。这种共读和共识不是一味地灌输，而是通过每一位师生的独立思考，立足自身个性特质，对同一本书做不同的解读，又在分享、沟通、交流中产生更为丰富的共鸣，以此缔造核心价值观，形成人类命运共同体的自觉认识。

新教育午读，一般是以整本书共读的方式推进。它与中小学的整本书阅读课程有着密切的联系，但又不限于整本书共读。《义务教育语文课程标准》(2011年版)明确要求学生“多读书，好读书，读好书，读整本的书”。《普通高中语文课程标准》(2017年版)把“整本书阅读与研讨”作为十八个学习任务群的第一个，是必修课程。正在修订的《义务教育语文课程标准》，也会更加重视整本书阅读在语文课程中的地位。

整本书阅读课程，是相对于中小学语文课本中单篇课文的阅读而言的，它是以整本书为阅读材料，通过有针对性的阅读策略指导和师生共读、亲子共读等形式实施的一种项目式课程，倡导深度阅读。叶圣陶先生也早就提出“把整本书作主体，把单篇短章作辅佐”的阅读主张。他认为整本书阅读有利于扩大阅读空间，使学生对于各种文体都窥见一斑，都尝到一点味道，这样遇见其他类型的书，也就不会望而却步；有利于应用阅读方法，用读课本学到的方法去对付其他的书，不但练习了精读，又练习了速读；有利于养成阅读习惯，激发阅读兴趣，给学生带来阅读的成就感。

新教育午读，从内容上，强调经典又重视个性。我们希望经典读物不断得到擦拭，不断被更多学生认可，也希望新教育人能够结合每间教室的地域特点、班级特点、成员特点，选择出最适合这群学生当下阅读的经典图书，从而更好地润泽生命。新教育午读，从形式上，更推崇“一书多读”，综合运用、融入生活。在新教育教室里，师生要共同从每个学期午读的图书中选出一本，改编为剧本，排演为生命叙事剧，要求全班同学全部参加，成为书中的人物。针对所读图书举办的各类活动，更是不胜枚举。这些丰富多彩的阅读方法，让经典图书和现实生活互相碰撞，激发孩子思考，产生更好的阅读效果。新教育午读，从本质上，更强调人生镜像和生命原型的寻找与追随。归根结底，我们希望为每个孩子找到适合自己生命的独一无二的那本书，能够让这本书阶段引领甚至一生引领着孩子不断向前。我们强调阅读与行动结合、阅读与生活结合，强调在阅读后对榜样人物的模仿与追寻，在真实世界里的行动。这也是新教育生命叙事理论在午读中的体现。

新教育午读，强调过程性、激励性、创造性、发展性相结合的个性化评价。评价往往是行动的牛鼻子。好的评价能够激励众人自觉前行。在传统阅读中，我们通常以阅读挑战、星级评比、活动成果甚至测验考试等形式进行评价，这样很难激发学生持久的热情。在午读中，我们为每一个不同的读者提供基于读者自身个体的特色评价，也就是重视阅读的过程而不是读后的结果，重视正面赞赏而不是随意批评，重视发挥个体的创造力而不是千人一面的标准答案，重视面向未来的发展而不是当下是否能够考出高分。

新教育午读，从主体上，更突出共读。在共读实践中，新教育强调父母与老师应该成为孩子的阅读榜样与伙伴，主张家校互动，学生、老师、父母共读，一起围绕该书阅读的道德价值、思维价值、语言价值和知识价值等交流和讨论，共同编织一个阅读情景，一起进入阅读情境，一起对话分享阅读感受，在共读中找到共同的语言密码。这是新教育午读与语文课的整本书阅读一个重要的区别。

新教育午读，从目标上，希望促进独立思考、缔造个人特色，与此同时能够深入沟通、凝聚共识。我们期待学生们通过午读丰富自我、发展自我，能够借助阅读实现与古今中外的先贤对话，不仅获得精神的愉悦，还能独立思考，形成独特的价值观念和文化人格。同时，我们希望在这个多元化时代中，师生之间、生生之间、亲子之间，能够通过阅读提升境界，能够在更高远处相聚，形成更多共识，有合作意识，有团结精神，能够共读共行。前者是提升学生的审辩式思维能力，后者是提升学生的社会情绪能力。这也是目前各国比较关心的问题。前者具有“不懈质疑、包容异见、力行担责”的特点，对学生的学术能力、创新能力与终身发展都具有重要价值；后者包括良好的自我意识、自我管理和自我尊重，社会意识和人际关系管理的技能，创意地解决问题和做负责任的决定。这些能力直接影响人的幸福感，是未来人才优胜力的关键组成部分。详细说明新教育午读和中小学整本书阅读课程的不同之处，不是为了标新立异，而是为了将两者更好地结合，取两者之长，更好地立德树人。

三、暮省——内省而内化

暮省课程开始于 2002 年。最初，我们将它与“师生共写随笔”相结合，指的是学生每天完成学业以后，思考和反省自己一天的生活，用随笔、日记等形式将它记录下来。师生之间、亲子之间通过日记、书信、批注等方式互相沟通和激励，并针对社会中的重大事件进行反思，用文字提升生活的品质，让生活更有意义。对于低龄段的儿童，我们则希望用涂鸦代替文字，进行暮省。

新教育暮省，特别强调反思和内省。它是指一个人或一群人对知识进行内化，对遭遇进行思考，以富有个性的深入梳理，回顾、审视、分析、解剖，并在此基础上进行自我批评与自我激励，激发行动力与创造力。每个人的一生，都经历着广义的阅读：读书中的内容、读遭遇的人与事。暮省是在广义阅读的基础上，立足自己的生活，关照他人的生命，关注当下的社会，关心今天的世界，对广义阅读的内容进行反思和自省。暮省是对外在所获的内化，是高效地开展德育的方式，也是一种有效的自我教育方法。

我们利用以下时机开展暮省课程：第一，因阅读内容开展暮省。如班级共读《夏洛的网》后，可以就友谊、生命的意义等问题开展暮省。第二，因庆典活动开展暮省。如学校的开学、毕业庆典，中小学生的开笔礼、成人礼等，可以就相关的主题，结合阅读《新教育的一年级》等书籍开展暮省。第三，因班级事件开展暮省。如班级出现学生遭到歧视、冷落或嘲笑等问题，可以结合阅读《一百条裙子》等书籍开展暮省。第四，因社会新闻开展暮省。如结合神舟十三号载人飞船发射，可以阅读有关航空航天和宇航员的故事，开展暮省。第五，因重大主题开展暮省。如结合中国共产党成立100周年，可以观看《觉醒年代》《可爱的中国》等电视电影和阅读相关书籍开展暮省。第六，因个人成长开展暮省。这应该是最日常最普通也是最重要的暮省内容。暮省，是自己与自己的对话，是思考自己的成长历程，选择自己的人生道路，明晰自己的努力方向，寻求人生的意义的重要历程。真正的暮省应该是结合个人生活经验与生命体验进行的，所以，以上六种暮省的内容也都可以结合个人成长来展开。

一般来说，暮省不是阅读研讨会，但有时候暮省会与阅读感悟相伴，这是一种自然而然的融合；同样，暮省往往是一个人独处时的“扪心自问”，但这不妨碍班级中的小伙伴之间，或家庭里的成员之间，互相分享每一天各自的暮省所得，以互相启发，共同进步。特别需要说明的是，对于学生的暮省，老师可以适当了解情况，但是不要像语文老师批改作文那样。在需要批阅时，也不要轻易下断语，不要过分关注写作技巧，而忽视了其他重要因素。应该鼓励学生聚焦问题，打开心扉，展开思考，向纵深推进。同时，暮省一定要尊重学生的隐私，公开学生暮省的内容要非常慎重，一般要得到当事人的同意。对于暮省中反映出来的共同性问题，可以通过班会等活动，由班级共同体开展集体讨论，形成共识。

新教育实验继承了传统教育中的自省文化，又有了新的发展，呈现出以下特点。

第一，新教育将暮省与阅读相连，从而让暮省成为对榜样的学习、对知识的内化。一个真正善于暮省的人应该有思想的资源与思考的武器，阅读的内容无论是人、是事，都提供着这种资源和武器。否则，暮省就会成为盲目的胡思乱想。可以说，没有广博而厚重的阅读，就很难有深刻而智慧的自省。

第二，新教育把暮省和晨诵、午读相连，让阅读贯穿一天，让阅读真正成为日常生活方式。以时间来整合阅读，通过一天之中三个不同的阅读形式，让阅读形成一个有机的整体，更利于培养孩子的阅读习惯，也利于成人在繁忙之中坚持阅读。

第三，作为每日生活的一个环节，暮省不再仅仅是个人偶然的慎独自问，而是已经生活化、规范化和习惯化的一门必修日课。

第四，新教育将暮省与“说写”相连，从而让暮省成为对所学的迅速运用、对创造的有力激发。新教育实验中的暮省，有意识地加入了更多教育因素，暮省不只是冥想，而是变成了一种可以取得更好成效的自我教育行为。暮省中的写作与语文课的作文有所区别。前者的关注点不是文章的结构与形式，而是以与客观世界对话、与同伴对话、与自我对话为核心；而后者则以技巧提高为核心。我们一直提倡暮省的师生将自己对一天言行的反思，以文字的方式记录下来。真正的思考是从写作开始的，这其实就是充满反思精神的日记。暮省的过程就是自我回顾、自我审视、自我拷问的过程，在写作中反思，伴随着追问、比较、推敲、总结、归纳、梳理……一句话，通过写作的反思，能够使自己成为一个自省的人、自觉的人、自律的人，如陶行知先生所说的“自动的人”。

随着新教育研究的进一步推进，我们在暮省的方法上也不断创新。近些年来，新教育童喜喜说写课程，成为一种重要的暮省手段。说写，是以书面语言进行有逻辑、有体系的口头表达，通过有逻辑、有体系地提问来进行引领和对话，促使学生结合自身思考回答问题，真正实现以说促想、以说练听、以说带读、以说助写四大功效，最终实现“以说为写、出口成章”的目标。因此，说写能够在不增加学生、教师、父母的任何负担的前提下，实现“听说读写”系统性地迅速提升，在全国各地的几十个省市、近百万师生中取得了很好的成效。比如在江西定南新教育实验区的定南高中里，教授高三的叶娇美老师开展了 7 个月的说写课程后，学生在 2020 年的高考中取得了优异的成绩，叶老师所教班级第一次成为全校第一名，现在他们学校的说写课程研究已成为江西省教育厅的龙头课题。关于说写以及更多写作的研究，我们将在以后进一步探讨。

总之，新教育暮省的价值是养成反思习惯，引导共同生活，师生（亲子）围绕共同的话题交流、编织有意义的教育生活。通过新教育的暮省，我们希望协助每个人结合个人阅读与班级共读等培养反思能力，汲取外在美好，让自我充满个性魅力，同时又善于表达沟通，在合作中共赢多赢，让每个人不断向自我挑战，不断成为更好的自己。

亲爱的新教育同人，新教育晨诵，让生命歌唱，是以诗意点燃黎明；新教育午读，共读创共识，是以经典滋养生命；新教育暮省，内省而内化，是以反思提升自我。它们可以在新教育的一间间完美教室里展开，也可以成为新教育学生家庭生活的重要组成部分。它是有效抵御信息时代不良信息侵袭的良好方法，也是教师、学生、父母创造幸福完整教育生活的有效手段。当我们这样一天天擦亮每一个日子，我们也就拥有了幸福完整的教育生活。

阅读，让孩子成为天使

——我们为什么要研制幼儿基础阅读书目

和孩子们一起读这些书吧，在共同的阅读讨论中，家庭也会发生奇迹，变得更和谐、更温暖。在现代社会，其实更需要夜晚灯下亲子共读的时光，需要通过童书沟通亲子之爱。有了无数个共读的夜晚，拥有幸福的将不仅仅是孩子。

在孩子出生后最初的几年里，除乳汁、玩具之外，我们还要给他们什么？

犹太人的做法是，在书上滴一点蜂蜜，让婴儿爬过去舔，以此告诉孩子：书本是甜的。英国人的“起跑线”计划是给刚出生的婴儿送一个“阅读包”，包括几本儿童图书和阅读证。新加坡人的做法是医院护士必须告诉产妇一个重要事项：“读书给婴儿听。”

是的，幼儿的成长，除必要的物质营养之外，还要有精神食粮——书籍。

美国心理学家威廉·詹姆斯说，幼儿时期是一个“繁花似锦、匆忙而迷乱的时期”。在这个时期，我们不仅仅要关注孩子的衣食冷暖，更要关注孩子的精神成长，让他们认识周围世界的好奇心得到满足。什么是满足孩子好奇心的东西呢？无疑就是大自然和图书，它们能够把孩子带入最美丽的世界和最美丽的心灵。

我曾经说过，童年的秘密远远没有被发现，童书的价值远远没有被认识。对于幼儿阶段的孩子来说，这两句话不仅同样适合，也许更为迫切。当我们习惯将幼儿园的教育称为学前教育时，惯性思维让我们往往忽视了其实从出生开始，儿童就已经在学习，而且在一定意义上，小学以前的学习更加重要。

2011 年，我们推出了分成不同学段、不同类别的“中国小学生基础阅读书目”，受到广泛的肯定和认同，很多小学生、老师和父母按图索骥找到那些经典童书，让童年洋溢着阅读的快乐！北京大学的曹文轩教授认为，这是中国目前最好的儿童书目。其实，我知道，这是对我们的褒奖，书目远远没有我们理想中的好。但是，他的话让我们多少增添了一些自信，更增添了几分责任。与此同时，我们也欣喜地发现，很多父母和幼儿园老师，对不同年龄段的幼儿该读什么书也越来越关心。

其实，2011 年 4 月在研制完成并发布“中国小学生基础阅读书目”后不久，新阅读研究所已开始组织专家团队，着手进行“中国幼儿基础阅读书目”的研制。经过一年的努力，项目组终于拿出了这份苦心研制、修改无数的书目，希望它能够为孩子们的心灵成长提供一张基础的阅读地图。

一、幼儿阅读的现状与问题

（一）父母对幼儿阅读的忽视和无所适从

父母是孩子的第一任教师，影响世界的手是推动摇篮的手。我不止一次说过，现在的父母大部分是“无照上岗”，这与没有经过驾驶训练就匆匆上路的司机没有多大区别，而且危险性更大——因为儿童的早期教育，是决定人的一生发展的关键。也正是在这个意义上，苏霍姆林斯基在《家长教育学》中提出，所有的人在拿结婚证前必须学习家长教育学，否则不能够发结婚证。

我们知道，中国的全民阅读还处于较低的水平，很多人缺乏阅读意识、阅读兴趣、阅读能力和阅读体验。很多父母本身就不热爱阅读，也不懂得阅读对一个人的重要价值。甚至有些父母认为，只要能够让幼儿吃饱穿暖、身体健康，就算完成了养育责任。在这种家庭环境下，特别是在一些学前教育不发达的农村地区，很多父母对图书的认识都很模糊，许多孩子的童年从未有过阅读的经验。

当然，更多的父母知道孩子阅读的重要性，但不知道该给孩子读什么和怎么去读。

让父母重视幼儿的精神成长，让父母意识到给幼儿读书的重要性，从而让父母参与到阅读中来，逐渐学会怎样给孩子读书，这是目前阅读推广的一个重要方面，也是我们新阅读研究所积极开展“新教育萤火虫”亲子阅读项目的原因所在。

（二）幼儿园小学化的功利阅读

在城市里，很多父母对幼儿早期教育充满功利性的期望，让孩子认字识数以及各种所谓智力开发，都是以能够进入一所好小学为目的的教育，这使得幼儿的阅读内容枯燥乏味。在教育竞争背景下，孩子们只能机械而被动地提前接受不适合其心智发展的内容，这严重违背儿童的心理发展规律，将使孩子的心灵受到压抑和伤害，过早地失去快乐的童年。

幼儿园单纯地成了小学的预备班，成了语文、数学、英语等科目的提前演练场。我们认为，幼儿早期教育的核心是游戏和阅读，科学的早期阅读，对幼儿的成长起着关键的作用。然而，在很多幼儿园里，真正符合不同年龄段幼儿的童书往往很单一，很多幼儿教师的阅读素养也有待加强，很多最美好的图画书、最美好的故事，未能通过幼儿教师这个阅读关键人的手传递给孩子。

许多幼儿园迎合或不能抵制家长的不正确教育观念，结果是未能引导父母顺应孩子的心理发展，给他们应有的阅读指导，承担起保护童年的责任，让最美丽的童书伴着最美丽的童年，伴着孩子们健康快乐成长。

（三）幼儿图书的选择困难

近些年，童书出版和童书阅读推广越来越受到出版界和有识之士的重视，市场上各种内容和形式的童书琳琅满目，让人目不暇接。一些出版机构在童书引进及原创童书推出方面，做出了巨大努力并产生一定的影响。很多作者、专家、老师和家长纷纷成为儿童阅读研究和推广的主力军，使从前往往被忽视或重视不够的幼儿阅读，有了些许新的气象。

但是，大家也发现给不同年龄段的幼儿推荐适合的图书，推荐最好的图书，仍是一个很不容易做好的工作。这既要综合考虑到幼儿不同阶段的心理和思维的特点，又要考虑到对故事书、图画书的理解和接受程度，还要考虑到图书的品质和阅读结构的合理性，更要考虑到对孩子生活习惯、想象力、好奇心和兴趣的培养和引导，等等。

很多父母和幼儿教师非常希望在童书选择和推荐方面，能够得到必要的帮助。从这个意义上看，幼儿阅读书目的研制既有其难度，又有其必要性。

好的幼儿阅读书目，对孩子们阅读兴趣的培养，以及全面而合理的阅读结构的形成，具有重要的指导意义。儿童只有在早期接触到那些最美好的童书，才能够真正热爱阅读。对那些不发达地区的幼儿来说，给他们一套数量有限但营养结构全面的图书，也是保障阅读基本公平与进行教育公益救助的需要。

二、我们的幼儿阅读基本主张

如何在数十万本儿童图书中大海捞针，选出100种基础阅读图书？我们选择的标准和原则是什么？研制组专家的共识是：

（一）真善美中心

这是基于阅读价值观和阅读理念的考虑。

“真”“善”“美”是人们普遍认同的最简练、最基本的价值。对“真”“善”“美”的认知和追求，是具有普遍性的人类基本价值。我们的阅读研究和推广，也要基于这一核心价值，通过最具“真”“善”“美”的文本，给孩子们以求“真”的启蒙、向“善”的熏陶、审“美”的眼睛。

对于幼儿来说，我们利用那些人类创造的文本，通过那些活泼的科普内容传达“真”的知识，通过那些美好的故事抚育“善”的心灵，通过那些美丽的绘本培养“美”的情操，这是幼儿阅读的最佳境界。

在此基础上，我们重视八个价值领域（人与自我、人与家庭、人与社会、人与国家、人与自然、人与世界、人与历史、人与未来），重视阅读的三大文本类型（文学、科学、人文），重视培养人的四个方面（应该追求的品质与美德，应该具有的态度与作风，应该遵循的准则与秩序，应该了解的科学知识及应该具备的科学精神）。

幼儿有其身体发育和心理发展的特殊性，他们的阅读更重视人与自我、人与家庭、人与自然的关系，更重视阅读文本的故事趣味性和视觉色彩性，更需要在认识事物、习惯养成、秩序养成和美德养成等方面加以关注与培养。在阅读选择上，注重选择经典的同时，也要关注幼儿阅读结构的丰富性和均衡性。

惠特曼曾说：“一个孩子向前走去，他看见最初的东西，他就变成了那个东西，那个东西就变成了他的一部分。”所以，在幼儿时期，我们要选择最有价值、最具真善美的童书给他们，在他们幼小的身体和纯洁的心灵中，种下最美好的种子。

（二）儿童中心

这是基于阅读本体和阅读对象的考虑。

美国教育家杜威提出了“儿童中心”（“儿童本位”），他说：“儿童是起点，是中心，而且是目的。儿童的发展、儿童的生长，就是理想所在。”就是说要考虑儿童的个性特征，尊重儿童在教育活动中的主体地位。他还提出，游戏是“儿童幼年期主要的、几乎是唯一的教育方式”。

瑞士认知心理学家皮亚杰认为，幼儿在 0 ～ 2 岁时主要靠动作和感知觉来思维，在 2 ～ 7 岁时主要靠表象来进行思维；儿童的认知只有到了七八岁才能够具有初步的逻辑推理能力，而此前儿童则处于自我中心和即将解除自我中心的阶段。也就是说，幼儿阶段的阅读应该是以图画、儿歌、童谣等具象性材料为主题的。

苏联教育家维果茨基也指出，在童年早期，儿童是按照自己的大纲学习的，他们在学习过程中能做的只是与他的兴趣相符合的事情，并认为这是“棘手的难题”。这就要求我们的家庭教育和学前教育要适应幼儿的身心特点，而不是让孩子适应我们为其安排的貌似科学的教育体系。

这也意味着，幼儿的早期阅读，要适应幼儿的心理特点，要顺应幼儿的思维发展，要把围绕幼儿兴趣、幼儿对周围事物和环境的认知作为他们阅读的重要切入点。幼儿的阅读活动，不能够像小学生的课堂教学那样去开展，而应该注重其阅读的游戏性，在阅读基础上衍生出的无论是绘画还是童话剧等，都带有教育的游戏色彩。

所以，在选择幼儿图书时，要从儿童的立场出发，充分考虑幼儿能否理解、是否喜欢。在幼儿阅读上既要以儿童兴趣为主，也要关注幼儿图书内容的健康和多样性。在阅读的方法上，要注意与游戏结合起来，与幼儿的活动结合起来。

（三）故事中心

这是基于阅读内容和文本类型的考虑。

对孩子来说，最吸引人的、最能打动他们的，无疑就是故事。儿童对于故事的兴趣，有时甚至超过游戏和电视动画节目。好的故事，儿童会不厌其烦地反复聆听。

故事所具有的想象空间和迷人的内容，对孩子理解世界和社会、培养好奇心、训练语言能力以及促进亲子感情等方面，都起着至关重要的作用。

幼儿阅读的书目，在内容上应该以讲故事为主。那些充满趣味、智慧、情感和价值观的故事，几乎能够将阅读的所有重要意义和目的实现。我们希望，孩子能够在那些蕴藏着爱、责任、友情等人类文化的伟大母题的图书中，在这些精神母乳的抚育下，渐渐长大。

无论是在家庭还是幼儿园，无论是白天还是睡前，父母、教师都可以给孩子讲童书上那些美妙的故事，让孩子和大人一起得到成长。故事的各种巧妙结构，会促进人的心智成长。杜威也认为，人的心智生活的轮廓形式，在人生最初的四五年中就已经形成了。因此，我们可以毫不夸张地说，人的心理成长就是浸染在故事中开始的。

故事能够让幼儿产生和保持对阅读的好奇心，所以，选择什么样的故事就显得非常重要。在幼儿阅读故事的选择上，既要注重故事的趣味性，也要注意在童书类型与阅读主题上的引导。我们也要记住杜威的提醒："如果不引导好奇心进入理智的水平，那么好奇心便会退化或消散。"

（四）绘本中心

这是基于阅读载体和阅读形式的考虑。

苏霍姆林斯基认为，图画是发展创造力和想象力的手段之一，并且坚信儿童的图画是通往逻辑认识的道路上必不可少的阶梯，同时有助于培养儿童对世界的审美观点。近些年来，"绘本"（我们传统上称为"图画书"）这个概念越来越被广泛关注和认同。作为专门为儿童创造的图书，绘本也被公认为是世界上最适合儿童阅读的图书。绘本是幼儿阶段最主要的图书形式。当然，有些绘本也适合小学低年级的学生阅读，甚至有的绘本，成人也可以阅读。

对于幼儿来说，绘本为什么很重要？因为在儿童的眼里，图画是一种语言，而世界就是一幅图画。一切皆入画中，爸爸的脸，妈妈的脸，爷爷的脸，奶奶的脸，所有人的脸，都是形状不同的画。中文的汉字，英文的字母，可爱的玩具，所有的符号，也都是丰富多彩的画。

儿童是通过这一张张图画慢慢认识这个色彩斑斓的世界的，换言之，儿童是把世界作为图画来认知的。所以，儿童是天生的色彩大师，拿起蜡笔，无须指点，他就可以绘出我们成人难以想象的美丽图景；儿童是天然的画家，随意涂鸦，他就可以创造出一个神奇的世界。

儿童也是通过绘本进入图书的世界的。绘本不仅帮助儿童建立了自己的图画世界与绘本的图画世界的联系，也帮助他们建立了与文字的联系，建立了与另外一个浩瀚的知识海洋的联系。儿童由读图进而读书，由绘画进而写作，一切是如此自然天成。

儿童还是通过图画、绘本建立起自己与外部世界的联系的。绘本给儿童一个无法直接触摸、感知的世界，一个充满神奇的人物、动物的世界，一个真善美战胜假丑恶的世界，在其幼小的心灵中播下了一颗颗善良的种子。这些种子，日后只要有阳光雨露，迟早会发芽、生根、开花、结果。

与成年人的图画世界不同，儿童的图画世界一开始就是有声音的。不同的声音，都是儿童图画的同期声，声音与画面的联系，帮助儿童建立了最初的认识世界的独特方式。所以，儿童可以借助声音，把文字作为图画来认知，来感受，可以在不认识文字的时候滔滔不绝甚至一字不差地传达图画书的内涵。

儿童的耳朵是世界上最敏感的耳朵。儿童来到这个世界的时候，两个耳朵和两只眼睛是相辅相成的，耳朵帮助眼睛，眼睛帮助耳朵。后来，加上两只手，一双脚，儿童可以更加细致入微地感受和理解这个世界。儿童能够用两只手自己翻开书页的时候，就是他成为一个独立的阅读者的时候。充分发展和鼓励儿童使用自己的感官，是教育的重要使命。阅读，是能够完成这个使命的。

同时，儿童通过图画、绘本建立起自己与父母的亲密关系。因为绘本是需要父母讲述的，讲述的过程，就是建立关系的过程。孩子依偎在父母的怀里，静静地聆听那些美丽的故事，是儿童一生最美丽的时刻。记得松居直讲过，儿童为什么不喜欢听电视里的人讲故事？因为电视里的人不会像妈妈一样把孩子搂在怀里。所以，好父母一定是懂得与孩子在一起的父母，一定是善于与孩子一起成长的父母。

在国际上，绘本的创作和推广愈来愈引人关注。诸如美国凯迪克大奖、国际安徒生大奖等一些鼓励绘本创作的大奖，让更多优秀绘本得以传播开来。

我们的新教育实验团队早在六七年前，就进行了儿童阶梯阅读的读写绘一体项目的研究和实践，有一大批小学低年级学生通过读写绘获得了非常好的发展。

总之，绘本无疑是幼儿阅读最主要的有效文本载体形式。进行幼儿阅读实践的人，首先要懂得绘本，才能够逐渐去接近孩子们。

（五）共读中心

这是基于阅读方式和阅读手段的考虑。

“共读、共写、共同生活”，是新教育实验的重要理念。我们认为，共读是一个班级、一个家庭、一所学校、一个社区、一个国家乃至整个人类通过阅读继承共同的文化遗产，拥有共同的语言与密码，从而能够共同生活的最重要的途径之一。

我们认为，通过亲子共读，通过幼儿教师和幼儿之间的共读，父母和幼儿教师才能够与孩子一起感受和体验那些最重要的语言与密码，才能够和孩子们心灵相通。父母与孩子也才能够真正成为一家人，而不是生活在同一个房间里的陌生人。教师和幼儿之间，也才能够产生亲切的精神依赖关系。

有些父母和幼儿教师会这样认为：让孩子先学会识字，等他们识了一定数量的文字后，就可以放手让孩子去进行自主阅读，这样大人就可以节省大量的教育时间和精力。事实上，了解识字规律的人都知道，靠机械记忆识字本身是很枯燥而低效的，只有将单个文字放到有意义的文本中，孩子的理解才会更有效。如杜威所说："如果试图仅以文字来给出意义，而没有与事物发生交往，就会使文字失去可以理解的含义。"

事实上，根据我们的教育经验，孩子通过与父母共读，在充满兴趣和意义的阅读中，识字是自然而然就能够习得的本领。在幼儿阶段，儿童是把文字作为图画整体性认识，自然而然地认识和记住的。

其实，一个家庭，一个幼儿园，如果能够让孩子生活在有丰富图书的环境中，生活在与大人共读的氛围中，孩子几乎所有的教育问题都可以得到最好的解决，岂止识字一个较小的方面？在这一点上，维果茨基就说过，家庭教育的经验告诉我们，置身于书本包围中的儿童不加任何训练常常便能掌握阅读。幼儿园试验也表明学前机关是教读书识字的地方。当然，父母、教师与幼儿阅读通过共读方式，还能让我们找到家庭教育的密码，找到学前教育的密码，从而实现孩子的精神和心灵的真正成长。

所以，我们要真诚地建议父母们——和孩子们一起读这些书吧，在共同的阅读讨论中，家庭也会发生奇迹，变得更和谐、更温暖。在现代社会，其实更需要夜晚灯下亲子共读的时光，需要通过童书沟通亲子之爱。有了无数个共读的夜晚，拥有幸福的将不仅仅是孩子。童书曾经改变过许多错过阅读关键期的成年人，借助童书，我们的童年被唤醒，并与孩子的童年发生共鸣。

三、幼儿基础阅读书目的研制

（一）新阅读研究所的书目研制

阅读本身作为一件很私人化的事情，充满了仁者见仁、智者见智的不确定性。因此，书目研制往往是一项吃力不讨好、很难不被批评的工作。所以，直到今天，仍然有许多好心的朋友和专家劝我们不要做这件难度大、见效慢、讨人骂的“傻事”。

我们认为，任何努力都有可能被质疑，特别是任何草创性的工作，都更容易被找到一些问题而遭到质疑。但是，只要孩子们需要、父母们需要，只要教育需要、未来需要，就值得我们去努力。有些事情，总需要有人去做，去探索，甚至去挨骂的。

多年前，美国出版了一本《文化素养——每个美国人都应该知道的东西》。一个国家、一个民族，是需要自己的共同价值、共同愿景、共同语言和共同密码的，因此，就需要有共同阅读、共同生活，书目也就有存在的必要，特别是对于社会上大部分人来说，阅读书目就像地图对于旅行者一样重要。为此，新阅读研究所作为公益性的阅读研究机构，组织专家和各界人士开展书目研制工作，不但得到了国家新闻出版总署的支持，更得到了各领域的专家、教师、学生、阅读推广人以及出版机构、学校、企业和基金会的广泛支持。2011 年 4 月正式发布的“中国小学生基础阅读书目”，罕见地受到社会各界的普遍肯定。2012 年 1 月，新阅读研究所在 2011 年中国书业年度评选上获得年度阅读推广机构大奖。这些成绩的取得，与各界朋友的支持和帮助是分不开的。

当然，因为毕竟是给中国孩子的书目，所以我们非常重视书目的中国元素和中国传统价值，因此，在中外图书比例上虽不刻意进行平衡，但会考虑中国原创作品的合适比例。譬如，小学生书目中中国原创作品的比例高达 50%，而幼儿书目中的比例也超过 30%。当然，中国原创童书特别是幼儿绘本，在质量上还有待提高。

自小学生书目后，幼儿书目、中学生书目、大学生书目、企业家书目、公务员书目的研制也纷纷启动，还有教师书目、父母书目的研制等陆续启动。我们希望在这些书目陆续研制成功后，最终再完成“中国人基础阅读书目”。书目研制完成后，还将积极进行推广和持续不断地修订，使之成为全民阅读的有效切入点和重要载体之一。

目前，与大家见面的这份“中国幼儿基础阅读书目”，就是我们的项目组在继“中国小学生基础阅读书目”之后，经过长达一年的努力推出的第二个书目。

（二）幼儿基础阅读书目的研制原则

幼儿书目研制组在研制幼儿书目的时候，确定了如下基本原则。

（1）凡由国家批准的出版机构出版的中文简体儿童文学作品均可进入推荐范围。

（2）推荐的年龄段为 0 ～ 7 岁的幼儿，为了让推荐更有针对性，可细分为 0 ～ 3 岁、3 ～ 4 岁、4 ～ 5 岁、5 ～ 7 岁四个年龄段进行推荐。基础阅读书目为 40 本，推荐书目为 60 本。

（3）推荐的图书不分类别，但应该关注幼儿的阅读兴趣和阅读种类的全面。

（4）基础阅读书目应有一定的经典性，一般需要时间和市场的双重检验。但是对于学界认可的新书，也充分给予关注。

（5）同一作家原则上只选择一本代表作品。

（6）套书或丛书只选一本列入基础书目中，但可以把系列列入推荐书目中。

（7）考虑译文质量。有多个译本的经典作品，选择译文质量较高的译本。

（8）关注本土原创作品，但仍以作品质量为衡量标准，不刻意平衡中外比例。

（三）幼儿基础阅读书目的研制过程

2011 年 7 月，新阅读研究所正式启动“中国幼儿基础阅读书目”项目，项目主持人为新阅读研究所所长、著名儿童阅读研究专家、阅读推广人王林博士，项目总主持人为朱永新教授。项目邀请了幼儿阅读专家、幼儿园园长和一线幼儿老师，以及对亲子阅读非常有研究的家长等，组成了书目研制组。并形成了 0 ～ 3 岁、3 ～ 4 岁、4 ～ 5 岁、5 ～ 7 岁四个年龄段的研制小组。不定期召开研制工作会议，每次会议都针对每一稿的书目进行细致讨论。而日常则通过电子信箱不断进行交流与沟通。

2012 年 3 月底，经过 19 稿的讨论和修改，我们终于拿出征求意见稿，一方面征求各地幼儿阅读方面的专家的意见；另一方面，通过腾讯网进行网络海选调查投票，获得了近两万个有效的调查数据，对书目研制起到了重要参考作用。

2012 年 4 月 23 日，在中央电视台“书香中国”全民阅读晚会上，项目的总主持人朱永新教授被国家新闻出版总署聘为全民阅读形象代言人，并被新闻出版总署署长柳斌杰先生誉为“最合格的全民阅读代言人”。

2012 年 4 月 23 日，《中国教育报》读书周刊头版对新阅读研究所的书目研制、“新教育萤火虫”亲子阅读项目等进行了报道。

2012 年 4 月底，中央电视台科教频道的《书香中国》读书栏目，与新阅读研究所合作，并邀请朱永新教授与嘉宾和主持人就“童书之美”的主题进行了 5 期节目录制，节目于 2012 年六一儿童节期间播出。

2012 年 5 月 5 日，项目研制组邀请项目顾问专家召开书目论证会，请知名专家对书目进行重要的把关。

2012 年 5 月 27 日，项目研制组在国家图书馆召开幼儿书目新闻发布会，正式将书目向新闻媒体和社会公布。

我们希望这个书目所选择的书，能够让中国幼儿在快乐而营养全面的图书阅读中，心智得到全面发展，并享受到快乐的阅读生活。而这个书目也是一个阅读的基础、一个小小的阶梯，希望在这个基础上，孩子们能够喜欢阅读更多的图书，看到更广阔的星空。

我们深信，一张张书页就是一双双翅膀，通过阅读，每个孩子都能成为飞翔的小天使！

附：中国幼儿基础阅读书目

（100种，2012年版）

1. 基础书目表（40本）

年龄段	书名	作者（译者）	国别	出版社
0~3岁，10本	中国童谣	金波（选编），江键文（图）	中	二十一世纪出版社
	大象杂技团（“乐悠悠图画书”系列）	金波（文），钱继伟、大青（图）	中	中国少年儿童出版社
	可爱动物操	方素珍（文），郝洛玟（图）	中	河北教育出版社
	米米爱模仿（“米米系列”）	周逸芬（文），陈致元（图）	中	河北教育出版社
	好饿的毛毛虫	艾瑞·卡尔（著），郑明进（译）	美	明天出版社
	鼠小弟的小背心［“可爱的鼠小弟”系列（平装）］	中江嘉男（文），上野纪子（图），赵静、文纪子（译）	日	南海出版公司
	小玻在哪里（“小玻翻翻书系列”）	艾力克·希尔（著），彭懿（译）	英	接力出版社
	米菲住院（“米菲绘本系列”）	迪克·布鲁纳（著），阿甲（审译）	荷兰	人民邮电出版社
	波波去购物（“小鼠波波”系列）	露西·卡曾斯（著），启鸣（译）	英	中国民族摄影艺术出版社
	我要拉屉屉（“噼里啪啦系列”）	佐佐木洋子（编绘），张慧荣（译）	日	二十一世纪出版社
3~4岁，10本	外婆桥（“小球听民乐”系列）	周逸芬（文），叶安德（图），陈中申（作曲）	中	河北少年儿童出版社
	一园青菜成了精	编自北方童谣，周翔（图）	中	明天出版社
	你一半，我一半（“儿童多元智能绘本”系列）	曹俊彦（著）	中	五洲传播出版社
	子儿，吐吐	李瑾伦（著）	中	明天出版社
	拔萝卜	阿·托尔斯泰（编写），内田莉莎子（译写），佐藤忠良（图），朱自强（译）	日	南海出版公司
	逃家小兔	玛格丽特·怀兹·布朗（文），克雷门·赫德（图），黄迺毓（译）	美	明天出版社
	数数看	安野光雅（著）	日	接力出版社
	大卫，不可以	大卫·香农（著），余治莹（译）	美	河北教育出版社
	我就是喜欢我（“青蛙弗洛格系列”）	马克思·维尔修思（著）	荷兰	湖南少年儿童出版社
	和甘伯伯去游河	约翰·伯宁罕（著），林良（译）	美	河北教育出版社
4~5岁，10本	乡下动物园（“中国绘”系列）	肖袤（文），梁培龙（图）	中	新世纪出版社
	武松打虎（“京剧猫”系列）	熊亮（文），熊亮、吴翟（图）	中	连环画出版社
	吃黑夜的大象（“中国原创图画书”系列）	白冰（文），李清月（图）	中	中国少年儿童出版社

续表

年龄段	书名	作者（译者）	国别	出版社
4~5岁，10本	妈妈，买绿豆！	曾阳晴（文），万华国（图）	中	明天出版社
	神笔马良	洪汛涛（文），钟洁（图）	中	二十一世纪出版社
	雪人	雷蒙·布力格（著）	英	明天出版社
	你看起来好像很好吃	宫西达也（著），杨文（译）	日	二十一世纪出版社
	巴巴爸爸的马戏团（“巴巴爸爸经典系列”）	安娜特·缇森、德鲁斯·泰勒（著），谢逢蓓 等（译）	法	接力出版社
	一本关于颜色的黑书	梅米娜·哥登（文），露莎娜·法利亚（图），朱晓卉（译）	委	接力出版社
	电视迷（“贝贝熊系列”丛书）	斯坦·博丹、简·博丹（著），张德启等（译）	美	新疆青少年出版社
5~7岁，10本	带不走的小蜗牛（“小蜗牛自然图画书系”）	凌拂（文），黄崑谋（图）	中	海燕出版社
	小巴掌童话	张秋生（著）	中	中国福利会出版社
	大头儿子和小头爸爸	郑春华（著）	中	湖北少年儿童出版社
	巨人和春天	郝广才（文），王家珠（图）	中	汕头大学出版社
	进城	林秀穗（文），廖健宏（图）	中	明天出版社
	野兽出没的地方	莫里斯·桑达克（著），阿甲（译）	美	明天出版社
	三只小猪的真实故事	乔恩·谢斯卡（文），莱恩·史密斯（图），方素珍（译）	美	河北教育出版社
	苏和的白马	大塚勇三（改编），赤羽末吉（图），猿渡静子（译）	日	南海出版公司
	田鼠阿佛	李欧·李奥尼（著），阿甲（译）	美	南海出版公司
	犟龟	米切尔·恩德（文），施吕特（图），何珊（译）	德	二十一世纪出版社

2. 推荐书目表（60本）

年龄段	书名	作者（译者）	国别	出版社
0~3岁，15本	谁咬了我的大饼	徐志江（著）	中	南京师范大学出版社
	我喜欢书	安东尼·布朗（著），余治莹（译）	英	河北教育出版社
	鳄鱼怕怕，牙医怕怕	五味太郎（著），上谊编辑部（译）	日	明天出版社
	让我荡一会儿吧（“小猫当当”系列）	清野幸子（著），猿渡静子（译）	日	南海出版公司
	我不怕孤独（“中国第一套儿童情绪管理图画书”）	特蕾西·莫洛尼（著），萧萍（译）	新西兰	广州出版社
	爱米丽（“爱米丽系列”）	多米提勒·德·普桑斯(著)，孙敏(译)	法	二十一世纪出版社
	做鬼脸（“聪明的小宝”系列）	阿万纪美子（文），上野纪子（图），蒲蒲兰（译）	日	连环画出版社

续表

年龄段	书名	作者（译者）	国别	出版社
0~3岁，15本	小圆圆 早上好（“小圆圆”系列）	汉娜·哈斯特鲁普（著），任溶溶（译）	丹麦	二十一世纪出版社
	小鞋子，走一走（“幼幼成长图画书”系列）	林明子（著），小林、小熊（译）	日	少年儿童出版社
	这是什么形状（“小酷和小玛”系列）	秦好史郎（著），杨文（译）	日	北京少年儿童出版社
	乔比洗澡（“乔比洗澡书”）	提埃里·顾旦（著），荣信文化（编译）	法	未来出版社
	藏猫猫（“婴儿游戏绘本”）	木村裕一（著），崔维燕（译）	日	接力出版社
	蹦	松冈达英（著），蒲蒲兰（译）	日	二十一世纪出版社
	什么地方不一样（“创意启蒙胶片书”系列）	帕特里克·乔治（著）	英	接力出版社
	打预防针，我不怕（“可爱的身体”系列）	小林雅子（文），冈边理香（图），猿渡静子（译）	日	南海出版公司
3~4岁，15本	我的第一本古诗小童话	金波 等（文）	中	中国少年儿童出版社
	一幅抽象画（“颜色国的秘密”系列）	黄毅民（著）	中	连环画出版社
	小猪奴尼（“中国原创图画书”系列）	鲁兵（文），费嘉（图）	中	中国少年儿童出版社
	古利和古拉	中川李枝子（文），山胁百合子（图），季颖（译）	日	南海出版公司
	谁的自行车	高畠纯（著），小鱼儿（译）	日	中国电力出版社
	菲菲生气了	莫莉·卞（著），李坤珊（译）	美	河北教育出版社
	小真的长头发	高楼方子（著），季颖（译）	日	南海出版公司
	阿立会穿裤子了	神泽利子（文），西卷茅子（图），米雅（译）	日	明天出版社
	我不要去幼儿园	丝特法妮·布莱克（著），武娟（译）	法	二十一世纪出版社
	动物绝对不应该穿衣服	茱蒂·巴瑞特（文），罗恩·巴瑞特（图），沙永玲（译）	美	上海人民美术出版社
	黄雨伞	柳在守（著）	韩	接力出版社
	蜗牛的家在哪里？（“科学宝宝图画书”系列）	金长成（文），崔玟吾（图），余凌燕（译）	韩	新疆青少年出版社
	你睡不着吗？	韦尔德（文），弗斯（图），潘人木（译）	爱尔兰	明天出版社
	咕噜牛	朱莉娅·唐纳森（文），阿克塞尔·舍夫勒（图），任溶溶（译）	英/德	外语教学与研究出版社
	家里的安全（“我的安全养成书”系列）	克莱尔·卢埃林（文），迈克·戈登（图），于水（译）	英	电子工业出版社
4~5岁，15本	老鼠娶新娘	张玲玲（文），刘宗慧（图）	中	二十一世纪出版社
	小丑鱼（“冰波系列童话绘本”）	冰波（文），谷米（图）	中	教育科学出版社
	九色鹿	保冬妮（文），刘巨德（图）	中	重庆出版社
	小马过河（“中国优秀童话书典藏”系列）	彭文席（原著），陈永镇（图）	中	贵州人民出版社

续表

年龄段	书名	作者（译者）	国别	出版社
4~5岁，15本	安的种子	王早早（文），黄丽（图）	中	海燕出版社
	100层的房子	岩井俊雄（著），于海洋（译）	日	北京科学技术出版社
	阿文的小毯子	凯文·亨克斯（著），方素珍（译）	美	河北教育出版社
	14只老鼠赏月（“14只老鼠”系列）	岩村和朗（著），彭懿（译）	日	接力出版社
	大象能玩撑竿跳（“我们爱运动”系列）	维多利亚·佩雷斯·埃斯克里瓦（文），克劳迪亚·拉努西（图），张晓燕（译）	西	湖南少年儿童出版社
	点	彼德·H. 雷诺兹（著），邢培健（译）	加拿大	南海出版公司
	图书馆狮子	米歇尔·努森（文），凯文·霍克斯（图），周逸芬（译）	美	河北少年儿童出版社
	这样的尾巴可以做什么？	史蒂夫·詹金斯（文），罗宾·佩奇（图），郭恩惠（译）	美	河北教育出版社
	我不知道我是谁	乔恩·布莱克（文），阿克塞尔·舍夫勒（图），邢培健（译）	英/德	南海出版公司
	是谁嗯嗯在我的头上	维尔纳·霍尔茨瓦特（文），沃尔夫·埃布鲁赫（图），方素珍（译）	德	河北教育出版社
	变焦	伊斯特万·巴尼亚伊（著）	匈牙利	河北教育出版社
5~7岁，15本	团圆	余丽琼（文），朱成梁（图）	中	明天出版社
	镜子里的小孩	向阳（文），几米（图）	中	海豚出版社
	春神跳舞的森林	严淑女（文），张又然（图）	中	河北教育出版社
	小小牛顿幼儿馆（第一辑）	台湾牛顿出版公司（编著）	中	贵州教育出版社
	俺们农村	江华、梵高奶奶（编绘）	中	广东教育出版社
	想当老师的猫（“王晓明心情童话绘本”）	王晓明（著）	中	二十一世纪出版社
	雷公糕（“波拉蔻心灵成长系列”）	派翠西亚·波拉蔻（著），王玲（译）	美	江西科学技术出版社
	极地特快	克里斯·范·奥尔斯伯格（著），杨玲玲、彭懿（译）	美	南海出版公司
	我的第一套职业体验书·我最熟悉的……	拉尔夫·布茨科（编绘），郭静（译）	德	北京科学技术出版社
	奇趣谜（“I SPY视觉大发现”系列）	吉恩·玛佐洛（文），沃尔特·维克（图），代冬梅（译），金波（审译）	美	接力出版社
	有色人种	杰侯姆·胡里埃（著），谢逢蓓（译）	法	接力出版社
	小威向前冲	尼古拉斯·艾伦（著），李小强（译）	英	贵州人民出版社
	梦游妖怪城（“数学游戏故事绘本”系列）	冈本一郎（文），濑边雅之（图），崔荔函（译）	日	新蕾出版社
	睡美人	费里克斯·霍夫曼（图），彭懿（译）	瑞士	连环画出版社
	玛蒂娜学做厨师（“玛蒂娜”系列）	吉贝尔·德莱雅、让－路易·马里耶（文），马塞尔·马里耶（图），袁筱一（译）	比利时	湖北美术出版社

把最美好的东西给最美丽的童年

——我们为什么要研制小学生基础阅读书目

童年是最美好的岁月，童书是最美丽的种子。

“真”“善”“美”是最被人们普遍认同的最简练、最基本的价值，小学生基础阅读书目的研制就遵循了这个核心价值。

为了推动全民阅读，2010年，我们在北京正式成立了新阅读研究所。在各项工作中，研究所最重要的中心任务之一就是研制包括小学生、中学生、大学生、教师、父母、公务员、企业家基础阅读书目在内的各种群体的阅读书目。其中，2011年的工作重点就是研制和推广中国小学生基础阅读书目。

一、小学生基础阅读书目研制的重要性

我认为，在各个人群的基础书目中，小学生的基础阅读书目最为重要。正如我曾经说过的：童年的秘密远远没有被发现，童书的价值远远没有被认识。

对于人的精神成长而言，学校教育就相当于母乳。学校把人类最重要的知识用比较科学的方式，整合成为适合儿童接受的形式和内容，在比较短的时间内让学生掌握。但是，学校的教育和学校的教科书、教辅书不可能替代儿童成长的精神食粮，就像母乳不可能伴随孩子终身。孩子需要自己的精神食粮，精神的成长依赖于不断阅读适合年龄发展的优秀作品。

儿童的阅读有许多关键期。在生活的每一个时期，儿童都会产生不同的精神饥饿感，需要阅读不同的作品，一旦错过了关键期，精神上的缺失

就比较难弥补。这就是《学记》所说的“时过然后学，则勤苦而难成”。小学阶段就是所有关键期中最为关键的时期。现代科学对此虽然还缺少精确的量化研究，但是心理学界一致认为，对孩子来说，阅读是一种全方位、多维度的智力体操，它能使孩子的头脑逐渐变得灵活敏捷，并进一步促进孩子心智的全面成长。在阅读图画书、讲故事、诵读童谣儿歌、用图画表达相结合的过程中，儿童的思维与语言能力得到自由的发展。

我们希望拥有这样的未来，那就是通过新教育人，以及所有和我们有相同志向的人的卓绝努力，让所有的孩子共同沐浴于美妙的诗歌里，共同陶醉于神奇的童话里，共同生活在伟大的历史与神奇的科学世界里，沿着彩色的阶梯健康成长。将来孩子们长大后，会因为在童年时读过相同的书籍而拥有共同的梦想，拥有共同的语言密码，可以无障碍地沟通，可以真正地生活在同一个社会、同一个时代、同一个世界，从而可以真正地拥有同一个梦想。

二、小学生基础阅读书目研制的理念

在小学生基础阅读书目研制的过程中，我们的团队经过反复讨论，形成了比较一致的研制工作必须遵守的基本理念。这些理念是我们在选择书目、审查内容、确定重点时必须首先考虑的问题。具体来说，我们的研制理念主要有以下几点。

第一，关注作品所体现的核心价值观。价值问题是我们研制书目的出发点之一。一般来说，“真”“善”“美”是最被人们普遍认同的最简练、最基本的价值。对“真”“善”“美”的认知和追求，是具有普遍性的人类基本价值，是每个民族在生活实践中的基本度量衡，也是每个人成长中具有基础性意义的“立人”之本。

科学、人文和文学作品，是表现“真”“善”“美”的有效文本形式。

科学是研究各种现象的本质和规律的知识体系，是反映事实真相的学说，其重在追求“真”，其最高追求是兼具“善”与“美”。

人文是文化生活中与人关系非常密切的先进部分和核心部分，主要体现在各种艺术样式以及先进的价值观及其规范，是重视、尊重、关心、爱护人的文化，其重在追求“善”，其最高追求是兼具“真”与“美”。

文学是描写社会生活和心理活动的语言文字的艺术，其重在追求“美”，其最高追求是兼具“真”与“善”。三者的关系可以用下图表示：

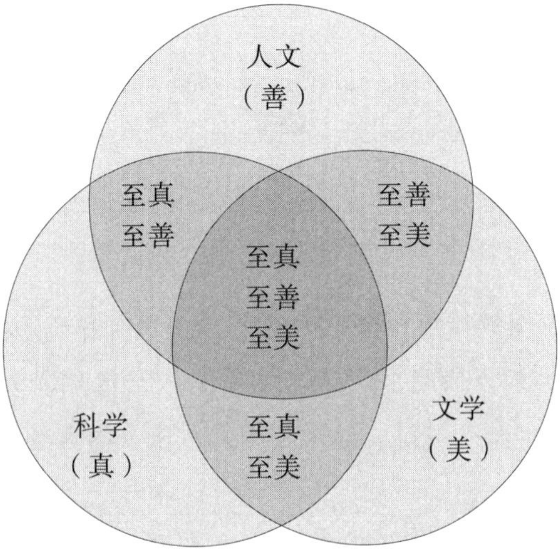

文学即使揭露“丑”，也是为了彰显何为“美”；科学即使揭穿“假”，也是为了诠释何为“真”；人文即使分析“恶”，也是为了突出何为“善”。所以，作为必要的推荐和有限而有效的普及，我们应该努力将那些臻于“至真、至善、至美”的文学、科学、人文作品和成果，尽最大可能遴选出来给那些适合的人去阅读、分享和欣赏。所以，最大限度地追求和展现“真”“善”“美”，是新阅读理念中的核心价值观，也是我们研制中国小学生基础阅读书目的核心理念。

真、善、美的核心价值，可以具体展开为横向与纵向两个维度。横向维度包括人与现实世界的关系和人与优秀文明成果两大方面。

从人与现实世界的关系维度来看，主要有八个价值领域，分别为：人与自我、人与家庭、人与社会、人与国家、人与自然、人与世界、人与历史、人与未来。这八大关系，分别体现了一个人的人生观、家庭观、群己观、国族观、自然观、国际观、历史观和宗教观。可以用下表来表示：

八个价值领域的关系分析

价值主客体关系	人与自我	人与家庭	人与社会	人与国家	人与自然	人与世界	人与历史	人与未来
价值观的类型	人生观	家庭观	群己观	国族观	自然观	国际观	历史观	宗教观
价值观的基础	自我价值	血缘关系与家庭伦理	人的社会性	人的民族与政治归属	人与环境及科学	人与多元文化	人与历史	人与终极目标（神）
核心概念	自主 自律 尊严	仁爱 责任 忠孝	平等 友谊 自治	认同 民主 法治	敬畏 共生 求真	多元 沟通 和同	反思 真相 进步	谦卑 宽容 执着
价值行为与活动举例	学习 自省	交流 工作	互动 交流 参与	协商 选举 表决	探索 发现 验证	合作 对话	以史为鉴	启示

这八大核心价值领域可以概括为两个方面的内容：一是人与自己及周围实体世界的关系，如人与自我、人与家庭、人与自然、人与社会、人与国家、人与世界等；二是人对过去的态度与人对未来的理想和憧憬，如人与历史、人与未来等。

从人与人类优秀文明成果的关系维度来看，主要有三个方面的表现，即人类的文学（艺术）成果、人类的科学成果、人类的人文成果。文学类成果和作品更多地凸显人们求“美”取悦的方面，科学类成果和作品更多地凸显人们求“真”知本的方面，人文类成果和作品更多地凸显人们求“善”得仁的方面。

纵向维度包括人应该追求的品质与美德，人应该具有的态度与作风，人应该遵循的准则与秩序，人应该了解的科学知识及应该具备的科学精神四个方面。

从人应该追求的品质与美德来看，应该包括诸如爱心、善良，乐观、积极，勤奋、勤劳，正直、公正，勇敢、坚强，自信、自立，负责、责任，宽容、宽恕，真诚、守信，俭朴、节约，自然、健康，信念、理想等核心概念与关键内容。

从人应该具有的态度与作风来看，应该包括诸如爱憎分明、懂得感恩，朴素、美丽，文明、淑雅，幽默、风趣，平易、谦虚，反思、自律，坦然、无畏，尊重、敬畏，合作、团结，惜时、守时，坚持、专注，认真、努力，谨慎、细致，博学、智慧，淡泊、豁达，忍让、谦让，礼貌、守纪，廉洁、务实，观察、体认，想象、创新等核心概念与关键内容。

从人应该遵循的准则与秩序来看，应该包括诸如爱国、爱人，忠义、坚贞，友谊、友好，和平相处，卫生、环保，悲悯、信仰，纪律、规则，平等、民主，独立、自由，美好、幸福等核心概念与关键内容。

从人应该了解的科学知识及应具备的科学精神来看，应该包括诸如科学认知、科学理解，科学意识、科学思维，科学兴趣、科学想象，科学分析、科学思考，科学态度、科学精神，科学质疑、科学验证，科学模仿、科学发明，科学发现、科学创造等核心概念与关键内容。

基于这个理念，我们把“小学生基础阅读书目”分为文学、科学、人文三大类别，而且仔细阅读作品，找出一部作品所体现的核心价值观，不只是阅读结构平衡，也希望书目尽可能包括体现真善美以及八大价值领域的主要概念与关键内容。我们希望那些书目能够编织出一张美丽的网，呵护孩子在漫长的旅途中保持纯真、快乐与勇气。

第二，既尊重孩子的兴趣，也强调书目的引导性。在选择书目的时候，我们坚持从小学生立场出发的原则，充分考虑到孩子们是否能够理解，是否能够喜欢。我们认为，只有充分尊重孩子的兴趣，才能让孩子自主阅读，才能让孩子被图书本身所吸引，才能引导孩子真正热爱图书。但如果完全以孩子的兴趣为转移，则可能导致读书的随意性，导致阅读的“偏食”，导致孩子鉴赏能力和阅读品位的降低，对那些单纯取悦和讨好他们的作品失去判断力。所以，我们一方面通过大量问卷调查了解孩子的阅读兴趣，通过学校试读发现孩子的阅读倾向；另一方面坚持从价值观出发，从图书内容的结构和覆盖面出发，从孩子最需要的“美好的东西”出发，引导孩子阅读那些真正有价值的好书。

第三，既尊重市场的选择，也强调作品的经典性。在研制小学生基础阅读书目的过程中，我们形成了“看市场但不唯市场”的共识。对于市场认可的一些畅销书，我们审慎地加以重视。如《猜猜我有多爱你》作为入选的图画书，有可能在品质上不亚于其他书，而且它多年雄踞儿童图画书榜首，受到父母和孩子们的广泛欢迎，我们于是尊重了市场的选择。但同时我们也清楚地认识到，如果把市场放到第一位，忽视了书目的经典性和文化含量，可能就会导致庸俗和市侩。的确有一些儿童读物是充满感官刺激、恐怖、暴力等内容的，不应该简单地用销量评价图书。同时，我们还把书目的研制过程看成一个挖掘和钩沉好书的过程，由于各种原因，曾经出版过的许多好书并没有很好的销量，我们也把它们推荐给孩子们阅读，如《书的故事》和《孔子的故事》等。

第四，既关注作品的趣味性，也关注作品中的形而上思考。我们在选择基础书目的时候，尽可能考虑那些描写当下儿童的现实生活、没有距离感的图书。但同时，我们也希望孩子们能够在有一些距离的地方眺望自己，不仅能够与书本上面的人物同悲共喜，而且能够在合上书本以后有一些形而上的思考。是的，真正伟大的童书，绝对不是简单地讲述一个让儿童感动的故事。在这些故事背后，往往会有着人类最重要的话题、最高尚的智慧和最朴素的美德。所以，我们特别期待孩子们能够通过这些故事，"走到更广大的世界去"。例如《城南旧事》和《草房子》，虽然离现在孩子的生活有一定距离，但作品中蕴含的思考却值得让每一个孩子咀嚼。

第五，凸显本民族的文化传统，但也强调孩子作为未来世界公民所应具有的现代观念。既然是中国小学生的基础阅读书目，凸显中华民族大家庭的文化传统，重视那些几千年来一直滋润着我们民族心灵的经典读物，强调本土作家的原创作品，也是研制组全体成员的共识。所以，尽管在一些年龄阶段和一些领域，我们本土作家的作品还显得不够经典，但我们仍然坚持"以我为主"的原则，选择了一些相对好的作品进入书目。但是，对一些世界儿童文学史中绕不开的经典作品，如《安徒生童话》《长袜子皮皮》等，我们也将其选入，因为我们相信，这些作品是世界儿童所共同拥有的精神财富。

第六，强调共读共写共同生活，但也尊重孩子的自由自主选择。我们希望推荐的书目能够成为小学生班级共读的图书，在共同的阅读中形成共同的语言和密码。同时，我们也希望这些书目成为小学生与教师和父母共同阅读的文本。我们研制的这些童书，能够帮助老师走进孩子们的心灵，和孩子们拥有共同的语言和共同的密码，生活在同一个世界里。如果老师们能够与孩子们充分讨论这些童书，那么教育将有可能因此焕发出新的光彩。如果父母与孩子们一起阅读和讨论这些书，家庭也会出现奇迹，变得更和谐、更温暖。有了无数个共读的夜晚，拥有幸福的将不仅是孩子。借助童书，我们的童年被唤醒，并且与孩子们的童年产生共鸣。

当然，书目只是提供孩子们阅读的基本依据，孩子们应该也能够借此驶向更广阔的阅读海洋。我们希望在共同阅读的基础之上，每一个孩子能够形成自己独特的阅读兴趣与阅读领域。我们希望用这些最好的童书，把孩子带到图书的世界，带到广阔的草原和大海面前，骑上骏马在草原上奔腾，驾起航船在大海上航行，一定是孩子们自己的事情。

第七，既关注小学阶段的年龄特点，也考虑与学前、初中阶段的阅读衔接。小学生基础书目的研制，首先关注的当然是小学阶段特有的一些问题。

童年是一段由浪漫到精确、由粉红到天蓝的彩色阶梯。在书目研制中我们充分吸取了儿童分级阅读和阶梯阅读的相关理论，按照小学低、中、高三个年龄段来推荐图书，给学生更切实的指导。至于更多的绘本，我们考虑主要放到学前儿童和亲子共读书目中去，因为有了《千家诗》《笠翁对韵》等，《唐诗三百首》我们则准备放到初中的书目中去。在某个小学生具体的阅读过程中，他既可以在学前的书目中寻找那些没有读过的书如《爱心树》《石头汤》《爷爷一定有办法》《犟龟》等小学生也可以读的书，也可以在初中生的基础阅读书目中发现《唐诗三百首》《水浒传》等。

三、小学生基础阅读书目的研制原则

研制组在推荐书目的时候确定了如下基本原则。

第一，凡由国家批准的正式出版机构出版的中文简体作品均可进行推荐。

第二，按小学低（1～2年级）、中（3～4年级）、高（5～6年级）三个学段推荐，每个学段推荐基础阅读书目10本，最后形成30本小学生基础阅读书目。另外，单独再研制出一份70种推荐阅读书目，供小学生选择阅读。

第三，推荐时对题材、体裁、国别、出版时间、出版社等均不做限制。但最终呈现的书目应当综合考虑图画书与文字书、中外、文学与科普、题材与体裁、经典与流行等要素。同时，对于3年内出版的原创图书一般暂不推荐，待经过时间考验以后再收录。

第四，推荐围绕“核心价值观”展开，最终的30本书目应基本囊括小学生核心价值的主要内容。所以，相同题材、主题的作品，一般选择具有代表性的一种。

第五，在30本书目中，同一作家一般只选择一本代表作品。在70种推荐书目中可以适当放开，考虑套书和丛书。套书或丛书列入基础书目的，只从其中选出一本。

第六，对于有多种译本的经典作品，选择译文质量较高的译本。

第七，对于同一个作品的不同版本，综合考虑图书价格、装帧质量、插图水平等因素，选择性价比最合理的图书。

第八，坚持研制的开放性，如果发现更好的作品或者更好的版本，及时更换，确保书目的先进性。

四、小学生基础阅读书目的研制过程

小学生基础阅读书目的研制经历了一个比较漫长的历程。大致可以分为三个基本阶段。

第一阶段：20世纪90年代中后期至2005年，以策划出版“新世纪教育文库”为主要成果。从1995年开始，我就组织了苏州大学的教授和全国的一些知名学者进行中小学生和教师阅读书目的研究与推广工作，在江苏教育出版社、苏州大学出版社等陆续出版了“新世纪教育文库”。该文库由于光远、李政道、张中行、钱仲联等国内著名院士、学者近40人担任顾问，该文库的编选分小学、中学、大学、教师四个系列，每个系列100种（其中重点推荐图书各20种）。这四个系列在全国各地的学校以及网络上仍然有较大影响，成为许多中小学开展书香校园建设的主要参考书目。

第二阶段：2006年至2009年，以研究制作“毛虫与蝴蝶”儿童文学书包为主要成果。2006年，我们的新教育实验研究团队研制了“毛虫与蝴蝶——新教育儿童阶梯阅读”的儿童文学书包。新教育实验的研究专家们在倡导师生、亲子之间进行“共读、共写、共同生活”的儿童阅读理念基础上，开发了新教育实验“毛虫与蝴蝶”儿童文学书包（每套分低、中、高段三个书包共计36种图书），受到了老师、家长，特别是孩子们的普遍欢迎。2007 年，由台湾慈济基金会资助 200 万元购买童书书包 5000 套，陆续发放到了甘肃、内蒙古、青海、山西、江苏、浙江等地，以及北京的打工子弟学校等几百所学校的班级中去，让孩子们读到了最好的文学经典图书。

第三阶段：2010 年 9 月至今，以研究制作“中国小学生基础阅读书目”为主要成果。2010 年 8 月，我们在北京成立了新阅读研究所并组成了“中国小学生基础阅读书目”研制项目组。工作组分文学、科学和人文三个小组，由各领域的专家学者组成，自 2010 年 9 月至 2011 年 4 月，每月至少召开一次工作会议，针对每一稿的书目进行讨论。日常通过电子邮箱等不断进行交流与沟通。

2010 年 12 月至 2011 年 2 月，在腾讯网、教育在线网站就书目进行网络海选调查投票，获得了 10 万份有效的调查数据，对书目研制起到了重要参考作用。

2011 年 1 月至 2 月寒假期间，项目组在北京、山东、河南等省市的 10 座城市和农村学校的 6000 名学生、老师和家长中进行了试读调查，项目组购买并赠送给每位学生（与家长共读）、老师一本按书目草稿选定的图书进行阅读。寒假后，收到了几千份试读学生、老师和家长的试读调查表，作为项目的重要参考数据。

2011 年 3 月 27 日，中央电视台《我建议》栏目播出了关于中国小学生基础阅读书目的专题节目——《小学生的一百本书》，节目播出后受到社会各界特别是学生家长和老师们的关注。

2011 年 3 月 30 日，项目组在国家图书馆举行了咨询专家座谈会，征求专家们对书目的意见和建议。新闻出版总署出版管理司副司长陈亚明、儿童文学作家金波、科普作家金涛、儿童文学作家梅子涵教授、台湾地区台东大学林文宝教授、中国科学院院士严加安先生、21 世纪教育研究院院长杨东平教授等知名专家学者对书目提出了宝贵的建议。

为了保证研制的权威性和科学性，新阅读研究所聘请众多专家学者担任新阅读研究所的咨询专家和学术顾问，书目初稿出来后向各位专家发出了咨询函，各位专家极为重视，或来电或来信，对该项目表示大力支持并提出了具体建议。研制工作组充分听取了孩子、教师、家长、学者、网友等多个群体的意见，并将这些意见消化、融合，最终形成了“30+70”的“中国小学生基础阅读书目”。

以后我们还将根据情况每隔一两年对这个书目进行适当的修订和调整。我们希望这个书目能够让孩子们通过阅读这些图书而获得健康成长，把这些人类最美好的东西献给最美丽的童年。

附：中国小学生基础阅读书目

（100 种，2011 年版）

1. 必读书目 30 种

小学低段（1 ～ 2 年级，10 本）

类别	书名	作者（译者）
文学	蝴蝶·豌豆花	金波 / 编，蔡皋等 / 画
	稻草人	叶圣陶 / 著
	没头脑和不高兴	任溶溶 / 著
	小猪唏哩呼噜	孙幼军 / 著，裘兆明 / 图
	猜猜我有多爱你	［爱尔兰］麦克布雷尼 / 著，［英国］婕朗 / 绘，梅子涵 / 译
	不一样的卡梅拉（我想去看海）	［法国］约里波瓦 / 著，［法国］艾利施 / 绘，郑迪蔚 / 译
科学	第一次发现（濒临危机的动物）	法国伽利玛少儿出版社 / 编，［法国］雨果 / 绘，王文静 / 译
	神奇校车（在人体中游览）	［美国］乔安娜·柯尔 / 著，［美国］布鲁斯·迪根 / 绘
人文	千字文、三字经、弟子规	周兴嗣、王应麟、李毓秀 / 著，罗容海、郝光明、王军丽 / 译注
	中国神话故事	聂作平 / 编著

小学中段（3 ～ 4 年级，10 本）

类别	书名	作者（译者）
文学	千家诗	谢枋得、王相 / 编选，李乃龙 / 译注
	三毛流浪记	张乐平 / 绘
	宝葫芦的秘密	张天翼 / 著，丁午 / 图
	安徒生童话	［丹麦］安徒生 / 著，叶君健 / 译
	长袜子皮皮	［瑞典］林格伦 / 著，李之义 / 译
	亲爱的汉修先生	［美国］贝芙莉·克莱瑞 / 著，柯倩华 / 译
科学	奇妙的数王国	李毓佩 / 著
	让孩子着迷的 77 × 2 个经典科学游戏	［日本］后藤道夫 / 著，施雯黛、王蕴洁 / 译
人文	林汉达历史故事集	林汉达 / 著
	书的故事	［苏联］伊林 / 著，胡愈之 / 译

小学高段（5～6年级，10本）

类别	书名	作者（译者）
文学	西游记	吴承恩 / 著
	城南旧事	林海音 / 著，关维兴 / 图
	草房子	曹文轩 / 著
	我的妈妈是精灵	陈丹燕 / 著
	夏洛的网	［美国］E.B. 怀特 / 著，任溶溶 / 译
科学	科学家故事 100 个	叶永烈 / 著
	昆虫记	［法国］法布尔 / 著，陈筱卿 / 译
	地心游记	［法国］凡尔纳 / 著，杨宪益、闻时清 / 译
人文	孔子的故事	李长之 / 著
	少年音乐和美术故事	丰子恺 / 著

2. 推荐书目 70 种

小学低段（1～2年级，15本）

类别	书名	作者（译者）
文学	百岁童谣	山蔓 / 编著
	寻找快活林	杨红樱 / 著，大青工作室 / 绘
	熊梦蝶蝶梦熊	郝广才 / 著，［俄］欧尼可夫 / 绘
	月光下的肚肚狼	冰波 / 著
	格林童话选	［德国］格林兄弟 / 著，魏以新 / 译
	让路给小鸭子	［美国］麦克洛斯基 / 著，柯倩华 / 译
	青蛙和蟾蜍	［美国］艾诺・洛贝尔 / 著，潘人木、党英台 / 译
	木偶奇遇记	［意大利］卡洛・科洛迪 / 著，徐调孚 / 译
	了不起的狐狸爸爸	［英国］罗尔德・达尔 / 著，代维 / 译
	我和小姐姐克拉拉	［德国］迪米特尔・茵可夫 / 著，陈俊 / 译
科学	一粒种子的旅行	［德国］安妮・默勒 / 著，王乾坤 / 译
	鼹鼠博士的地震探险	［日本］松冈达英 / 著，蒲蒲兰 / 译
	动物王国大探秘	［英国］茱莉亚・布鲁斯 / 文，兰・杰克逊 / 图，杨阳、王艳娟 / 译
人文	笠翁对韵	李渔 / 著
	人	［美国］彼得・史比尔 / 著，李威 / 译

小学中段（3～4年级，25本）

类别	书名	作者（译者）
文学	武松打虎	刘继卣 / 绘
	孙悟空在我们村子里	郭风 / 著
	让太阳长上翅膀	金波 / 著
	小英雄雨来	管桦 / 著
	戴小桥全传	梅子涵 / 著
	舒克贝塔航空公司	郑渊洁 / 著
	我是白痴	王淑芬 / 著
	雪花人	[美国] 马丁 / 文，[美国] 阿扎里安 / 图，柯倩华 / 译
	父与子	[德国] 卜劳恩 / 绘，洪佩奇 / 编
	丁丁历险记	[比利时] 埃尔热 / 编绘，王炳东 / 译
	爱丽丝漫游奇境记	[英国] 刘易斯·卡罗尔 / 著，王永年 / 译
	柳树间的风	[英国] 肯尼思·格雷厄姆 / 著，任溶溶 / 译
	彼得·潘	[英国] 巴里 / 著，杨静远 / 译
	时代广场的蟋蟀	[美国] 赛尔登 / 著，傅湘雯 / 译
	窗边的小豆豆	[日本] 黑柳彻子 / 著，[日本] 岩崎千弘 / 绘，赵玉皎 / 译
科学	生命的故事	[英国] 维吉尼亚·李·伯顿 / 著绘，刘宇清 / 译
	最美的科普·四季时钟系列	[德国] 雅各布 / 著，顾白 / 译
	有趣的科学	[英国] 温斯顿 / 著，刘建湘 / 译
	101 个神奇的实验	[德国] 安提亚·赛安，艾克·冯格 / 文，[德国] 夏洛特·瓦格勒 / 图，谢霜 / 译
	我的第一本科学漫画书	[韩国] 洪在彻等 / 著，林虹均 / 译
人文	成语故事	李新武 / 编
	图说中国节	大乔 / 编
	讲给孩子的中国地理	刘兴诗 / 著
	希腊神话故事	聂作平 / 编著
	儿童哲学智慧书（第一辑）	[法国] 奥斯卡·柏尼菲等 / 著，乐迈特等 / 绘，李玮 / 译

小学高段（5～6年级，30本）

类别	书名	作者（译者）
文学	绘本聊斋	蒲松龄 / 著，马兰、王育生等 / 改编，吴明山、叶毓中等 / 绘
	寄小读者	冰心 / 著
	有老鼠牌铅笔吗	张之路 / 著
	四弟的绿庄园	秦文君 / 著

续表

类别	书名	作者（译者）
文学	我要做好孩子	黄蓓佳 / 著
	狼王梦	沈石溪 / 著
	狼獾河	格日勒其木格·黑鹤 / 著
	铁丝网上的小花	[意大利] 克里斯托夫·格莱兹 / 著，[意大利] 罗伯特·英诺森提 / 绘，代维 / 译
	鲁滨孙漂流记	[英国] 笛福 / 著，徐霞村 / 译
	汤姆·索亚历险记	[美国] 马克·吐温 / 著，刁克利 / 译
	福尔摩斯探案全集	[英国] 柯南道尔 / 著，俞步凡 / 译
	小王子	[法国] 圣埃克絮佩里 / 著，周克希 / 译
	永远讲不完的故事	[德国] 米切尔·恩德 / 著，李士勋 / 译
	哈利·波特与魔法石	[英国] J.K. 罗琳 / 著，苏农 / 译
	不老泉	[美国] 纳塔莉·巴比特 / 著，肖慧 / 译
	牧羊少年奇幻之旅	[巴西] 保罗·柯艾略 / 著，丁文林 / 译
科学	飞向人马座	郑文光 / 著
	潘家铮院士科幻作品集	潘家铮 / 著
	安德的游戏	[美国] 奥森·斯科特·卡德 / 著，李毅 / 译
	森林报	[苏联] 维·比安基 / 著，王汶 / 译
	万物简史（少儿彩绘版）	[英国] 布莱森 / 著，严维明 / 译
	科学家工作大揭秘	[英国] 理查德·斯皮尔伯利、路易斯·斯皮尔伯利等 / 著，王庆等 / 译
人文	我们的母亲叫中国	苏叔阳 / 著
	老子说·庄子说	蔡志忠 / 编绘
	世纪三国	罗伯英潘 / 绘，钟孟舜 / 漫画，罗吉甫 / 撰文
	中国孩子的梦	谷应 / 著
	莎士比亚戏剧故事集	[英国] 查尔斯·兰姆、玛丽·兰姆 / 改写，萧乾 / 译
	希利尔讲艺术史	[美国] 希利尔 / 著，李爽、朱玲 / 译
	诺贝尔奖获得者与儿童的对话	[德国] 贝蒂娜·施蒂克尔 / 编，张荣昌 / 译
	居里夫人的故事	[英国] 杜尔利 / 著，二粟 / 译

今天我们应该读什么

——阅读书目研制的新突破

应该阅读什么比如何阅读更加重要，阅读的高度会影响精神的高度。

美国学者霍尔在1901年出版的《如何教阅读》一书中曾经说，阅读有两个根本性的问题：如何教孩子阅读，以及他们应该阅读什么。他认为，这是两个“最古老、最复杂和最重要的教育学难题”。我一直认为，在某种意义上可以说，内容比方法更加重要。也就是说，应该阅读什么比如何阅读更加重要，阅读的高度会影响精神的高度。阅读那些伟大的著作，人们就能够接受优良而伟大的传统文化的熏陶，就能够受那些英雄和榜样的影响，“过上无私奉献的生活并树立崇高的理想”。而阅读那些低级庸俗腐朽的书籍，也会导致人们在“心智上和道德上发生前所未有的堕落”。

一、以阅读经典对话大师

从阅读内容的角度来看，阅读经典无疑是最好的选择。把最美好的东西给最美丽的童年，尽早而适切地让学生阅读经典、对话大师，一直也是新教育实验的阅读主张。经典之所以是经典，往往在于它的原创性和独特性。经典是真正的光源。真正伟大的经典往往被称为“元典”，它们不仅仅早于其他经典，而且总是能够为其他经典提供思想的母题与源泉。真正的经典其实也是有生命的，能够繁衍后代。一部经典的特别之处，是它在文化传承与延续的过程之中始终有着自己的基因，我们总是能够在古代或者现代作品之中找到与它的“某种共鸣”。经典是时间这位批评家向我们提供的建议，是经过时间大浪淘沙般的检验选择出来的书籍。

在中小学阶段，阅读经典有着特别的意义。经典就像一粒埋藏在我们心里面的种子，总是要发芽开花的。童年时代读的书都是“预言书”。真正的经典，会有一种特殊效力，“它本身可能被忘记，却把种子留在我们身上”，会变成我们的个人或者集体的无意识藏在我们的记忆深处，在我们的思维方式和想象力中呈现出来。当然，经典不是绝对真理。在今天看来，经典有时候甚至会有一些明显的错误和硬伤。但是，往往那些经典的错误，也是引起人们思考的原点。经典是我们认识世界与人生时绕不开的东西。在绝大多数学科，有一些经典是永远绕不开的。所以，读经典，应该尽可能读原著，直接向大师学习，而不能抛开原著本末倒置地去读那些第二手、第三手的所谓心得、解读一类的书。在通常情况下，我们不要相信那些自称比文本自身知道得还多的“中间人”，不要满足于读导言、参考文献，还是要尽可能直接走进经典。

经典的阅读是生长型阅读，是需要付出艰辛努力的精神成长，是通往心智生命成熟的重要途径。当然，阅读经典，并不意味着绝对不能够读二手书，不意味着不能够进行时尚阅读、快餐阅读和休闲阅读，因为这样的“生活阅读”同样能给人以精神的愉悦。对于初学者来说，借助二手书、解读本等“中间人”作为桥梁走进经典，也是未尝不可的。经典阅读是奠基、植根，是播撒灵魂的种子，呵护精神的胚芽，在这个基础上我们也不排斥时尚阅读、快餐阅读和休闲阅读。我们应该鼓励充分利用碎片化时间，通过各种媒介进行快餐化的阅读，也鼓励师生根据自己的兴趣进行个性化的阅读，以及能够放松心灵、舒缓压力、消磨时间的休闲阅读。

二、从经典著作到核心知识

如果说一部部经典著作是一根根丝线，穿越了时光，将读者和作者紧密相连，那么一个个书目就是一张张大网。书目之网为读者打捞的，正是人类文明史上那些历久弥新、永放光芒的核心知识。核心知识内化就能形成一个人的核心素养，阅读正是这一内化过程的关键一步。许多新教育同人都知道，早在 1993 年我担任苏州大学教务处处长时，就在苏州大学建立了大学生必读书制度；1995 年，我邀请了若干专家学者，全面启动了书目研制工作，并于2005年发布了大中小学生和教师等系列书目，出版配套的“新世纪教育文库”。这是中国第一个系统的基础阅读书目，著名学者于光远先生当年评价说：一个书目的价值绝不亚于一条高速公路。1999年，新教育实验在江苏常州武进湖塘桥中心小学萌芽，我走进这所农村学校讲课、收徒，最重要的工作就是指导校长、教师、学生、父母进行阅读。2010年，新教育在北京创办了新阅读研究所，作为一个专业的公益机构，使命就是研究和推广阅读，研制共读书目，研发阅读课程。

无独有偶，也是在2010年，美国学者艾瑞克·唐纳德·赫希的《造就美国人：民主与我们的学校》出版了。他作为核心知识运动的主要创始人和代表性人物，在美国发起了一场颇有声势的核心知识运动。赫希教授分析了核心知识与文化素养的内在关系，认为阅读是拥有核心知识的关键所在，是文化素养形成的路径。只有共同的阅读，掌握共同的核心知识，才能拥有共同的语言和密码、共同的价值和愿景，形成共同的文化，并且对于推进教育公平同样具有不可或缺的价值。所以，赫希主张学校教育需要核心知识的教学，需要把各学科的核心知识具体化。他主编的《新文化素养词典》就明确列出了美国人应当掌握的知识和技能的基本要点。美国马萨诸塞大学教育领导系主任、新教育研究中心主任严文蕃教授对我说，新教育实验做的工作与赫希教授在美国做的工作非常相似，“你们是在做一项‘造就中国人’的工作”。

20多年来，新教育人一直在用心地探索阅读的内容问题。东方、西方在阅读研究上的这番不期而至的相遇，可以称为同一个时代赋予人们的共同使命。从2010年开始，到2019年，历时十年，新阅读研究所组建了多个专家项目组，完成了以幼儿、小学生、初中生、高中生、大学生、父母、中小学教师、企业家、公务员书目构成的“中国人基础阅读书目”。书目陆续发布以后受到媒体和专家广泛赞誉。曾荣获国际安徒生奖的曹文轩教授称之为“中国最好的儿童阅读书目”“虽然可能有遗珠之憾，绝对没有鱼目混珠”。这九个书目，面向着全社会的九大群体，是我们对全民阅读的研究与行动。对人类思想的进化和个人思想的发展而言，从信息到知识再到智慧，就像一个金字塔，它是精神与智力逐步升级发展的过程。唯有通过书籍阅读，我们每一个人的智慧才能一步步地通往精神的金字塔之巅。将每一个人的智慧汇总起来，才能体现我们这个时代的精神高度。可以说，我们所推进的书目研制工作，正是对信息时代背景下核心知识的一次梳理；我们推动的围绕书目开展的阅读工作，正是对信息时代背景下核心知识的努力传播。

三、从学科书目到项目研究书目

2016 年开始，新阅读研究所再一次组建团队，研究《中国中小学学科阅读书目》，这是涉及中小学所有学科的教师、学生的基础阅读书目。目前已经先后发布了中小学的数学、语文、艺术、历史、化学等学科阅读书目，截至 2021 年年底，学科书目的研制工作全部完成。通过学科阅读书目，我们希望能够改变当下仍然比较狭隘的阅读观。

尽管这些年来阅读越来越受到重视，但阅读很多时候依旧被狭隘地限制在语文领域。传统的阅读路径与阅读模式，让很多人将阅读概念的内涵与外延狭窄化，更多地偏向于文科，特别是文学的阅读。在校园里，学科的学习被细化、窄化，学生的阅读，是以一条条细弱的线与学科学习匹配。有些学科被关注得多一些，阅读状况好一些，线就粗一些；有的学科，学生阅读的只有教科书，线就几乎没有。这样的阅读零散且无目标，难以支撑学习的持续与深层发展。学科可以分设，知识可以分类，学习可以分期，但人的精神成长的需求却不能分割。中小学生的精神成长，特别需要精神养分搭配全面的、成体系的阅读，特别需要学科内在知识与精神的相互融合与共同滋养。目前中小学开设的任何一门课，甚至包括一些该开未开的课，都可以借助阅读实现学科与学科之间的彼此融合，借此触摸各门学科的文化与精神。所以，中小学学科阅读是学生阅读发展的大趋势，也是奠定未来发展的基础。

近年来，以解决问题为主的项目式学习已经成为国内外教学改革的重要方向。项目式学习是一种以学生为中心，以解决真实情境中的问题为目标的教学方法，它主张让学生像科学家研究、工程师制造那样去探究，在解决问题的过程中学会如何获取知识、加工知识和运用知识，如何计划项目以及控制项目的实施，如何加强小组沟通和合作等，全面培养学生的科学素养，包括合作能力、交流表达能力、领导能力、批判性思维、创造性思维等。为了适应项目式学习的需要，2019 年开始，新阅读研究所启动了《中国中小学项目研究阅读书目》编制工作，就中小学生进行项目学习提供阅读书目，包括航空航天、大气科学、电影、戏剧等 20 余个书目在内的项目已经基本完成。

项目式阅读有三种类型：一是学科知识融合型的项目阅读。我们可以根据知识融合的需要，围绕一定的知识主题，尤其是当代自然科学与技术、人文社会科学与哲学的发展主题，研发项目阅读课程，借助项目的主题阅读，帮助学生认识学科知识之间的联系，拓展知识的视野，实现学科知识之间的彼此融合，触摸学科之间共同的文化精神。

二是成长经验引领型的项目阅读。在重视知识本位的项目阅读的同时，我们也不能忽视项目阅读对于促进读者自身经验整合的巨大作用。项目阅读课程完全可以打破学科的壁垒，围绕学生的兴趣爱好和生活经验进行组织与建构，按照一生的成长谱系与主题（如出生、健康、游戏、学习、婚姻、职业、死亡等）来发掘和整合丰富多彩的阅读资源，并开展相应的主题阅读活动，这对于精神成长无疑具有比知识融合型的项目阅读更大的促进作用。

三是社会生活统整型的项目阅读。在 20 世纪 30 年代到 50 年代，又产生了不同于儿童本位而以社会为本位的综合课程，即核心课程（core curriculum）。核心课程是以人类基本生活实践为主题编制的课程。核心课程既不主张以学科为中心，也不主张以儿童为中心，而是围绕人类社会的基本生活的需要和领域来确定和融合课程学习的内容，其目的是为了既避免学科本位课程脱离现实生活，又避免儿童本位课程单凭儿童兴趣和动机来组织课程，旨在促进科学（Science）、技术（Technology）、社会（Society）融合的 STS 课程，促进科学（Science）、技术（Technology）、工程（Engineering）、数学（Mathematics）融合的 STEM 课程，后来在其中加入艺术（Arts），而扩展成为 STEAM 课程，乃至再加入阅读（Reading）或写作（Writing），变成内涵更广的 STREAM 课程，也许以后还会诞生更多、更新的社会统整课程。

所有这些课程综合化的努力，无非是为了学生通过这样的综合学习，更能适应瞬息万变的未来社会发展对于新型复合型人才的需求。但与之相应的项目阅读课程目前在很大程度上还是空白。我们正在研制的《中国中小学项目研究阅读书目》主要属于第三类，新教育倡导的大人文、大科学、大艺术课程主要属于第一类。不同学校开展的各种项目研究，都应该高度重视阅读问题，都可以研发相应的书目，为学生的各种项目学习奠定基础。新教育研发的三大系列书目，为全民阅读提供了地图，尤其是为中小学教育和儿童阅读从不同侧面、不同深度，搭建了坚实的阶梯。在三大系列书目之间，又形成了基础阅读、学科阅读、项目阅读这一系列由浅入深的阅读梯次，为儿童阅读的后续发展提供了有效的支持。此外，我还和中国相关领域的专家学者主持研发了中国第一套面向中国盲人的有声阅读材料和听读工具，为推进弱势人群的阅读发挥了作用。同时，我们还正在研发《中国特殊教育儿童基础阅读书目》。书目研制工作，从新教育实验一开始就在紧锣密鼓的进行之中。不仅新的书目正在研制，旧的书目也在不断修订。我们可以说，这是一个永无止境的探索；我们更必须说，这是一个必须承担的天命。因为，面对新时代信息大爆炸的挑战，我们没有任何退路。

童书是最美妙的种子

——《儿童阶梯阅读丛书导读手册》序言

对于人的精神成长而言，学校教育相当于母乳。但是，它不能代替儿童的精神成长。精神的成长依赖于阅读适合年龄发展的优秀作品，而童书则正是童年成长最美妙的种子。

在许多场合我一直强调，一个人的精神发育史就是一个人的阅读史，一个民族的精神境界在很大程度上取决于这个民族的阅读水平。我们发起的新教育实验首先要做的就是拯救阅读，特别是儿童的阅读。

因此，这套书首先是献给孩子们的。一个人离开母体来到这个世界以后，身体成长最初是靠母乳，后来靠食物。一个人如果没有合理的膳食结构，他就会患上各种各样的疾病，因此人的身体成长，除了锻炼、气候、环境等因素，最主要的是和他每天的饮食结构有很大关系。对于人的精神成长而言，学校教育就相当于母乳，它把人类的一些知识，通过科学的方式整合成适合儿童接受的形式和内容，但是，它不能代替儿童的精神成长。精神成长依赖于阅读适合年龄发展的优秀作品。儿童的阅读有许多关键期。在生活中的每一个时期，儿童都会自然而然地产生不同的精神饥饿感，需要阅读不同的作品；一旦错过了关键期，精神上的缺失就可能永远也补不回来。例如小学低段的绘本阅读，一旦错过，便无法弥补。因此，我们希望把孩子们从电视机前、电脑旁吸引回来，希望孩子们的目光越过形形色色的练习册，看到我们新教育实验“毛虫与蝴蝶”项目组从数千册童书中精心挑选出来的优秀作品，希望孩子们的童年能够伴随着这些阶梯书目浸润在爱、责任、友情、自我等人类文化的伟大母题中，从而在学校教育的母乳喂养之外，能够享受到另外一种结构合理的精神之乳。

这套书也是献给老师们的。没有老师对阅读的热爱，永远不会有儿童对阅读的热爱。这些童书能够帮助老师走进孩子们的心灵，和孩子们拥有共同的密码，拥有共同的语言，生活在同一个世界里。如果老师们能够和孩子们充分讨论这些童书，那么教育将有可能焕发出新的光彩，老师本人也有可能获得一种真正意义上的幸福完整的教育生活。

这套书还是献给父母们的。和孩子们一起读这些书吧，在共同的阅读讨论中，家庭也会发生奇迹，变得更和谐、更温暖。在现代社会，其实更需要夜晚灯下亲子共读的时光，需要通过童书沟通亲子之爱。有了无数个共读的夜晚，拥有幸福的将不仅仅是孩子。童书曾经改变过许多错过了阅读关键期的成年人，借助童书，我们的童年被唤醒，并与孩子的童年发生共鸣。

或许这套丛书的真正奥妙不在于浏览，而在于共读。有无数的秘密在书里沉睡，等待着师生、亲子在共读中唤醒它们，然后共同进入一个奇妙的世界。于是，这些书就成为童年最美妙的种子，我们的一生因而变得更为善良、自信与美好。

2006 年 12 月

附：新教育儿童阶梯阅读文学书目

（2006 年版）

1. 小学低年级（1～2 年级）书目

书　名	作　者	译　者	出版社
木偶奇遇记	［意］卡洛·科罗迪	徐调孚	天津教育出版社
丑小鸭：安徒生童话选	［丹麦］安徒生	叶君健	天津教育出版社
灰姑娘：格林童话选	［德］格林兄弟	溪　云	天津教育出版社
猜猜我有多爱你	［爱尔兰］山姆·麦克布雷尼	梅子涵	少年儿童出版社
爷爷一定有办法	［加］菲比·吉尔曼	宋　珮	少年儿童出版社
爱心树	［美］谢尔·希尔弗斯坦	傅惟慈	南海出版公司
石头汤	［美］马西娅·布朗	丁　浣	人民文学出版社
犟龟	［德］米切尔·恩德	何　珊	二十一世纪出版社
一只孤独的乌鸦	［奥］埃迪特·施爱伯－威克	三　禾	二十一世纪出版社
我和小姐姐克拉拉	［德］迪米特尔·茵可夫	陈　俊	二十一世纪出版社
跑猪噜噜	［德］乌韦·狄姆	陈　俊	二十一世纪出版社
小猪唏哩呼噜	孙幼军		春风文艺出版社

2. 小学中年级（3～4 年级）书目

书　名	作　者	译　者	出版社
彼得·潘	［英］詹姆斯·巴里	杨静远	天津教育出版社
波丽安娜	［美］埃莉诺·波特	丁　超 季剑青	天津教育出版社
绿野仙踪	［美］弗兰克·鲍姆	陈伯吹	天津教育出版社
青鸟	［比］莫里斯·梅特林克	李玉民	天津教育出版社
爱丽丝漫游奇境记	［英］刘易斯·卡罗尔	赵元任	天津教育出版社
柳林风声	［英］肯尼思·格雷厄姆	赵武平	天津教育出版社
中国神话传说	聂作平		天津教育出版社
苹果树上的外婆	［奥］米拉·洛贝	张桂贞	新蕾出版社
一百条裙子	［美］埃莉诺·埃斯特斯	袁　颖	新蕾出版社
特别的女生萨哈拉	［美］爱斯米·科德尔	海　绵	陕西师范大学出版社
时代广场的蟋蟀	［美］乔治·塞尔登	傅湘雯	新蕾出版社
木偶的森林	王一梅		新蕾出版社

3. 小学高年级（5～6年级）书目

书　名	作　者	译　者	出版社
爱的教育	［意］亚米契斯	夏丏尊	天津教育出版社
小王子	［法］圣埃克苏佩里	双　鱼	天津教育出版社
秘密花园	［美］弗朗西丝·霍奇森·伯内特	刘山小	天津教育出版社
汤姆·索亚历险记	［美］马克·吐温	张友松	天津教育出版社
圣经故事	［英］玛丽·巴切勒	文洁若	华夏出版社
希腊神话故事	聂作平		天津教育出版社
夏洛的网	［美］E.B. 怀特	任溶溶	上海译文出版社
永远讲不完的故事	［德］米切尔·恩德	李士勋	二十一世纪出版社
人鸦	［奥］埃迪特·施莱伯尔－维克	陈　俊	二十一世纪出版社
德国，一群老鼠的童话	［德］维里·费尔曼	陈　俊	二十一世纪出版社
草房子	曹文轩		江苏少年儿童出版社
女儿的故事	梅子涵		少年儿童出版社

为新世纪教师与学生营造精神家园

——写在“新世纪教育文库”出版之际

“为天地立心，为生民立命，为往圣继绝学，为万世开太平。”古代的哲人曾经这样寄语一代书生。我们应当为学生提供与书本拥抱、与大师对话的机会，从而点燃他们创造才华的火花。

我们站在一个新世纪的门槛上，我们面对的是一个科学技术日新月异、知识经济初见端倪、国力竞争日趋激烈的世界。严峻的现实告诉我们，要屹立于21世纪世界民族之林，就必须全面提高国民整体素质，激活我们民族的创新能力。我们越来越迫切地感觉到，如何提高受教育者的文化素养、拓展他们的知识视野、开发他们的智力潜能、陶冶他们的思想情操、培养他们的创新精神和实践能力，如何更新教育者的教育理念、提高他们的理论素养和教育能力、提升他们的精神境界，已经成为我国教育不可回避的紧要课题。

在全面推进素质教育的进程中，我们觉得，应当为学生提供与书本拥抱、与大师对话的机会，从而点燃他们创造才华的火花。我们编纂“新世纪教育文库”（以下简称“文库”），期待着它为素质教育的全面深入发展提供一个良好的契机和新的生长点。

作为百年之交、千年之交的一次文化积累、整理和总结，“文库”的编纂同时也是对文化更新、转换和创造的一种尝试。我们期盼着它在新的世纪结出丰硕的文化教育的成果。

基于以上的思考，我们在编纂“文库”时力求遵循以下原则。

经典性与广泛性的统一：“文库”注重所选作品的经典性和人文价值，同时也兼顾知识的广泛性与时代性，社会科学、自然科学等方面都要涉及，使经典著作的普及和现代科学知识的拓展相结合。

深刻性与可读性的统一：“文库”注重所选作品思想内容的深刻性，但深刻性并不意味着晦涩、枯燥、味同嚼蜡。我们编选作品时充分顾及可读性，使那些具有丰富人文内涵的佳作成为学生可亲可近的精神伙伴。

层次性与整体性的统一：“文库”既考虑大中小学师生不同阅读层次的需要，也兼顾“文库”自身的连续性、整体性和系统性。所以，“文库”一方面尽量避免各系列之间的重复、雷同；另一方面在各系列书目有必要的交叉时，考虑篇幅、文本有所区别。

“文库”的出版得到了教育界、学术界、出版界的广泛关注与热情支持，李政道、于光远、任继愈、许嘉璐、刘吉、张中行、张岱年、张岂之、陆文夫、余秋雨、路甬祥、顾明远等30余位著名学者欣然担任文库的顾问。于光远先生说：“编好这个文库，其意义不亚于造一条高速公路。”他还先后数次为我们推荐书目。张中行先生、钱仲联先生等年过九旬的前辈都亲自参加了“文库”的讨论。“文库”的书徽征集收到了数以百计精心设计的来稿。江苏省教委和有关出版单位把出好“文库”列为工作的重中之重。这些，都更增添了我们的责任感和使命感。

伴随着新世纪清晰可辨的脚步声，我们热切地倾听着莘莘学子的琅琅读书声。我们执着地认定，未来的时代是一个竞争与挑战的时代，是一个充满生机活力的时代，同时，它也应该是一个潜心读书的时代。

“为天地立心，为生民立命，为往圣继绝学，为万世开太平。”古代的哲人曾经这样寄语一代书生。今天我们将赋予这句话以新的内涵，以真正读书人的襟怀和气魄，昂首走进属于我们的新世纪！

以上文字，写于1999年10月“新世纪教育文库”出版之际。

从1995年至2005年，我组织苏州大学的教授和全国的知名学者进行中小学生和教师阅读书目的研究与推广工作，策划精选并在江苏教育出版社、苏州大学出版社等社陆续出版了“新世纪教育文库”。该文库由于光远、李政道、张中行、钱仲联等国内著名院士、学者近40人担任顾问，该文库的编选分为小学、中学、大学、教师四个系列，每个系列100种（其中重点推荐图书各20种）。这四个系列在全国各地的学校以及网络上有较大影响，成为许多中小学开展书香校园建设的主要参考书目。

2010年，为了更系统全面地推进阅读研究与推广工作，新教育实验在北京正式成立了新阅读研究所。该所汇聚全国数百位专家、学者，陆续成功研制了“中国小学生基础阅读书目”和“中国幼儿基础阅读书目”，受到广泛好评。其他诸如中学生、大学生、教师、企业家等书目，都在研制中。

阅读对生命的滋养，是一个集腋成裘的过程；阅读的研究与推广，也需要在岁月中积沙成塔。漫漫阅读路，以书目导航，听心灵召唤，这条路行走的过程，就是幸福。

附：

新世纪教育文库
小学生阅读推荐书目100种

（2004年版）

1. 郏笪钟：中国古代寓言故事，人民文学出版社，2003。

2. 田新利选编：中外神话传说，人民文学出版社，2003。

3. 陈静选编：圣经神话故事，中国少年儿童出版社，1999。

4. 张乐平：三毛流浪记，少年儿童出版社，2001。

5. 严文井：严文井童话选，四川少年儿童出版社，1983。

6. 叶圣陶：稻草人和其他童话，中国少年儿童出版社，1979。

7. 张天翼：宝葫芦的秘密，农村读物出版社，2002。

8. 徐光耀：小兵张嘎，中国少年儿童出版社，1990。

9. 冰心：三寄小读者，少年儿童出版社，1981。

10. 郑渊洁：皮皮鲁传，学苑出版社，1995。

11. 周锐：肚皮上的塞子，春风文艺出版社，2001。

12. 刘健屏：今年你七岁，中国少年儿童出版社，2000。

13. 严阵：荒漠奇踪，中国少年儿童出版社，1996。

14. 金波：乌丢丢的奇遇，江苏少年儿童出版社，2003。

15. 黄蓓佳：我要做好孩子，江苏少年儿童出版社，2008。

16. 曹文轩：草房子，江苏少年儿童出版社，2001。

17. 张之路：第三军团，中国少年儿童出版社，1997。

18. 班马：巫师的沉船，二十一世纪出版社，1998。

19. 管家琪：糊涂大头鬼，浙江少年儿童出版社，2001。

20. 杨红樱：漂亮老师和坏小子，作家出版社，2003。

21. 郭敬明：幻城，春风文艺出版社，2003。

22. [希腊] 伊索：伊索寓言，中国妇女出版社，1997。

23. [俄] 克雷洛夫著，裴家勤译：克雷洛夫寓言全集，译林出版社，2000。

24. [法] 拉封丹著，倪海曙译：拉封丹寓言诗，上海译文出版社，2001。

25. [德] 雅各布·格林、威廉·格林著，杨武能、杨悦译：格林童话全集，译林出版社，1994。

26. [丹麦] 安徒生著，叶君健译：安徒生童话选集，译林出版社，2001。

27. [俄] 普希金著，亢甫、正成译：普希金童话，浙江少年儿童出版社，2001。

28. [英] 王尔德著，唐灿辉译：王尔德童话，连环画出版社，2003。

29. [日] 宫泽贤治著，周龙梅译：宫泽贤治童话，少年儿童出版社，2003。

30. [法] 玛·阿希·季诺：列那狐的故事，北京教育出版社，2002。

31. 郅涛浩等译：天方夜谭，译林出版社，2000。

32. [英] 笛福著，王泉根译：鲁滨孙漂流记，北京少年儿童出版社，2001。

33. [芬] 杨松著，任溶溶译：魔法师的帽子，纺织工业出版社，2001。

34. [英] 史蒂文生著，单蓓蕾译：金银岛，北京出版社，2001。

35. [英] 吉卜林著，徐朴译：丛林传奇，少年儿童出版社，1996。

36. [德] 埃·拉斯伯著，刘浩译：吹牛大王奇游记，少年儿童出版社，1990。

37. [英] 刘易斯·卡洛尔著，陈伯吹译：爱丽丝漫游奇境记，上海科技教育出版社，1996。

38. [瑞典] 塞尔玛·拉格洛夫著，王泉根译：骑鹅旅行记，北京少年儿童出版社，2001。

39. [意] 卡洛·科洛迪著，杨建民译：木偶奇遇记，上海科技教育出版社，1996。

40. [美] 马克·吐温著，钟雷主编：汤姆·索亚历险记，哈尔滨出版社，2000。

41. [英] 乔纳森·斯威夫特著，杨昊成译：格列佛游记，人民教育出版社，2003。

42. [瑞典] 阿·林格伦著，高锋、时红译：淘气包艾米尔，中国少年儿童出版社，1984。

43. [意] 万巴著，思闵译：捣蛋鬼的日记，中国社会出版社，2003。

44. [法] 圣埃克苏佩里著，马振聘译：小王子，人民文学出版社，2000。

45. [俄] 高尔基著，高惠群译：童年，上海译文出版社，2006。

46. [英] 柯南道尔著，丁锦华译：福尔摩斯探案全集，远流出版公司，1988。

47. [英] J.K. 罗琳著，苏农译：哈利·波特与魔法石，人民文学出版社，2000。

48. [德] 威廉·布什：顽皮捣蛋鬼，湖北少年儿童出版社，2003。

49. 张继楼、彭斯远：中国当代儿童诗歌选，四川少年儿童出版社，1984。

50. 文成英、李融编选：外国儿童诗选，四川少年儿童出版社，1987。

51. 叶永烈：科学家故事 100 个，少年儿童出版社，1992。

52. 伊明选编：中外探险故事精选，中国少年儿童出版社，1999。

53. 伊明选编：中外动物故事精选，中国少年儿童出版社，1999。

54. 伍钚编：中外经典科普故事，中国少年儿童出版社，2001。

55. 伍钚编：中外网络故事，中国少年儿童出版社，1999。

56. 卢嘉锡主编：十万个为什么，少年儿童出版社，1999。

57. 王会等主编：科学王国里的故事，河北少年儿童出版社，1997。

58. 谈家桢：生命的密码，湖南少年儿童出版社，2000。

59. 王大珩：七彩的分光，湖南少年儿童出版社，2000。

60. 张香桐：灵性的王国，湖南少年儿童出版社，2000。

61. 贾兰坡：悠长的岁月，湖南少年儿童出版社，2000。

62. 苏步青：神奇的符号，湖南少年儿童出版社，2000。

63. 郑作新：与鸟儿一起飞翔，湖南少年儿童出版社，2000。

64. 王淦昌：无尽的追问，湖南少年儿童出版社，2000。

65. 路甬祥主编：科学改变人类生活的 100 个瞬间，浙江少年儿童出版社，2000。

66. 郭正谊等：科学的发现，中国少年儿童出版社，2000。

67. [德] 汉斯・普雷斯著，吴衡康编译：130 个科学游戏，中国少年儿童出版社，1981。

68. [法] 法布尔著，言小山译：昆虫记，人民教育出版社，2003。

69. [法] 蒂皮・德格雷著，黄天源译：我的野生动物朋友，云南教育出版社，2002。

70. 高士其：高士其科普童话，人民文学出版社，2000。

71. [苏联] 依・尼查叶夫著，滕砥平译：元素的故事，湖南教育出版社，1999。

72. 唐鲁峰等：诗词中的科学，江苏人民出版社，1983。

73. [苏联] 亚历山大・别利亚耶夫著，孟庆枢、善诚译：水陆两栖人，科学普及出版社，2001。

74. [法] 儒勒・凡尔纳：海底两万里，北京教育出版社，2002。

75. 杨鹏、刘道远：中国古代科幻故事集，中国少年儿童出版社，1997。

76. 郭平、陈泳超改编：东周列国志故事，江苏少年儿童出版社，1997。

77. 宣仁选编：中国民间故事，中国友谊出版公司，2000。

78. 帆女、阿雪等：成语故事 365，国际文化出版公司，1992。

79. 张鸿海等：中外战争的故事，中国少年儿童出版社，2001。

80. 江钥含编：中外艺术家的故事，中国少年儿童出版社，2001。

81. 梅子涵：汉字的故事，上海科学普及出版社，1999。

82. 赵世杰编译：阿凡提的故事，中国少年儿童出版社，1981。

83. 林汉达、曹余章：上下五千年，少年儿童出版社，1990。

84. 段万翰、顾汉松、陈必祥编著：世界五千年，少年儿童出版社，1991。

85. 卢勤：做人与做事，接力出版社，2000。

86. 董宏猷：一百个中国孩子的梦，二十一世纪出版社，1997。

87. 苏叔阳：我们的母亲叫中国，中国少年儿童出版社，1995。

88. 马燕、[法]韩石：马燕日记：一个感动世界的现代童话，华夏出版社，2003。

89. 徐含之选编：中华经典诵读本，苏州大学出版社，2000。

90. 来新夏主编：三字经、百家姓、千家诗，南开大学出版社，1995。

91. 郑平等：30天环游中国，中国少年儿童出版社，1989。

92. 中国少年儿童出版社编：国际知识问答，中国少年儿童出版社，1989。

93. [德]贝蒂娜·施蒂克尔编，张荣昌译：诺贝尔奖获得者与儿童对话，生活·读书·新知三联书店，2003。

94. [美]海伦·凯勒著，李汉昭译：假如给我三天光明，华文出版社，2002。

95. [意]亚米契斯著，马默译：爱的教育，浙江少年儿童出版社，2001。

96. 晓玲玎珰：写给小读者，新疆青少年出版社，1998。

97. [澳]安德鲁·马修斯著，邓碧霞译：做一个快乐的少年人，生活·读书·新知三联书店，2002。

98. [德]埃·奥·卜劳恩著，洪佩奇编：父与子，译林出版社，2001。

99. [美]巴纳比·康拉德、蒙特·舒尔茨：大作家史努比，中信出版社，2003。

100. [日]石黑谦吾撰文，秋元良平摄影、猿渡静子译：再见了，可鲁：一只狗的一生，南海出版公司，2003。

新世纪教育文库
中学生阅读推荐书目100种

（2004年版）

1. 马茂元选注：唐诗选，上海古籍出版社，1999。

2. 胡云翼选注：宋词选，上海古籍出版社，1997。

3. 黄天骥、康保成编选：元明清散曲精选，江苏古籍出版社，2002。

4. 俞为民校注：中国古代四大名剧，江苏古籍出版社，1998。

5. 罗贯中：三国演义，人民文学出版社，1998。

6. 吴承恩：西游记，人民文学出版社，2001。

7. 施耐庵：水浒传，人民文学出版社，2001。

8. 曹雪芹：红楼梦，人民文学出版社，2000。

9. 鲁迅：鲁迅作品精选，长江文艺出版社，2003。

10. 巴金：家，人民文学出版社，2001。

11. 老舍：茶馆，人民文学出版社，2003。

12. 钱钟书：围城，人民文学出版社，1991。

13. 冰心：繁星·春水，人民文学出版社，1998。

14. 刘登翰、陈圣生选编：余光中诗选，中国青年出版社，2000。

15. 阎月君等选编：朦胧诗选，春风文艺出版社，1985。

16. 张承志：北方的河，春风文艺出版社，2002。

17. 金庸：射雕英雄传，生活·读书·新知三联书店，1999。

18. 凌力：少年天子，北京出版社，1987。

19. 郁秀：花季·雨季，海天出版社，1996。

20. 丛培香等编：中华散文百年精华，人民文学出版社，1999。

21. [西班牙] 塞万提斯著，刘京胜译：唐吉诃德，北京燕山出版社，2001。

22. [英] 夏绿蒂·勃朗特著，吴钧燮译：简·爱，人民文学出版社，2002。

23. [法] 雨果著，陈敬荣译：巴黎圣母院，人民文学出版社，1982。

24. [俄] 托尔斯泰著，汝龙译：复活，人民文学出版社，1989。

25. [法] 巴尔扎克著，张冠尧译：欧也妮·葛朗台，人民文学出版社，2003。

26. [英] 狄更斯著，莫雅平译：匹克威克外传，人民文学出版社，2002。

27. [美] 海明威著，吴劳译：老人与海，上海译文出版社，2001。

28. 赵少侯译：莫泊桑短篇小说选，人民文学出版社，2002。

29. 汝龙译：契诃夫短篇小说选，人民文学出版社，2002。

30. 叶冬心译：马克·吐温中短篇小说选，人民文学出版社，2001。

31. 王永年译：欧·亨利短篇小说选，人民文学出版社，2003。

32. [苏联] 奥斯特洛夫斯基著，梅益译：钢铁是怎样炼成的，人民文学出版社，1995。

33. [美] 戴维·梭罗著，张知遥译：瓦尔登湖，哈尔滨出版社，2003。

34. [德] 君特·格拉斯著，胡其鼎译：铁皮鼓，漓江出版社，1998。

35. 人民文学出版社编辑部选编：外国短篇小说百年精华，人民文学出版社，2003。

36. 冰心等译：泰戈尔诗选，人民文学出版社，1994。

37. 卢永选编：普希金诗选，人民文学出版社，2003。

38. 杨熙龄译：雪莱抒情诗选，上海译文出版社，1981。

39. 卞之琳译：莎士比亚悲剧四种，人民文学出版社，1988。

40. 于文心编：外国名家散文经典，长江文艺出版社，2003。

41. 李泽厚：论语今读，安徽文艺出版社，1998。

42. 王寅生选译：庄子选译，人民教育出版社，2003。

43. 宗白华：美学散步，上海人民出版社，1981。

44. 王国维著，徐调孚校注：校注人间词话，中华书局，2003。

45. 倪祥保编：中外影视经典，已完成，即出。

46. 中央美术学院编：中外美术经典，已完成，即出。

47. 黄心川等编著：世界三大宗教，生活·读书·新知三联书店，1979。

48. [德] 斯威布著，楚图南译：希腊的神话和传说，人民文学出版社，1996。

49. [德] 保罗·贝克著，马立、张雪燕译：音乐的故事，江苏人民出版社，2000。

50. [美] 房龙著，常莉译：人类征服的故事，江苏人民出版社，1998。

51. [锡兰] L.A. 贝克著，傅永吉译：东方哲学的故事，江苏人民出版社，1998。

52. [美] H.G. 威尔士著，袁杜译：文明的溪流，江苏人民出版社，2000。

53. [日] 德田虎雄著，李玉莲、李基泰译：产生奇迹的行动哲学，上海人民出版社，1986。

54. 余日昌注：孙子兵法，江苏古籍出版社，2002。

55.《中华传统美德格言》编写委员会编著：中华传统美德格言，人民教育出版社，2003。

56. [美] 威廉·贝内特编著，何吉贤等译：美德书，中央编译出版社，2001。

57. [英] 培根著，何新译：培根人生论，陕西师范大学出版社，2002。

58. 傅雷：傅雷家书，辽宁教育出版社，2003。

59. 黄仁宇：中国大历史，生活·读书·新知三联书店，1997。

60. 夏国梁、夏冰：新编世界五千年，南京大学出版社，2003。

61. 刘县书、潘燕：知识改变命运，生活·读书·新知三联书店，2000。

62. [美] 肖恩·柯维著，陈允明等译：杰出青少年的七个习惯——美国杰出少年训练计划，中国青年出版社，2002。

63. [美] 阿尔伯特·哈伯德著，赵立光、艾柯译：致加西亚的信，哈尔滨出版社，2002。

64. [美] 约翰·麦·赞恩著，刘昕、胡凝译：法律的故事，江苏人民出版社，1998。

65. 顾佩娅、苏晓军编译：英文名篇诵读本，苏州大学出版社，2000。

66. 丁东等编：中学人文读本，四川教育出版社，2003。

67. [美] 史蒂文·兰兹伯格著，王楠岽、徐化译：一个经济学家给女儿的忠告，中信出版社，2003。

68. [美] 拿破仑·希尔著，张书帆、王明华译：成功之路，海南出版社，1999。

69. [美] 珍妮特·沃斯、[新西兰] 戈登·德莱顿著，顾瑞荣、陈标、许静译：学习的革命——通向 21 世纪的个人护照，上海三联书店，1998。

70. 燕国材等著：非智力因素与学习，苏州大学出版社，2000。

71. [德] 艾米尔·路德维希著，梅沱等译：拿破仑传，花城出版社，1999。

72. [美] 戴尔·卡耐基著，叶维明译：林肯传，哈尔滨出版社，2002。

73. [印度] 莫·卡·甘地著，鲁良斌译：甘地，国际文化出版公司，2001。

74. 金冲及主编，中共中央文献研究室编：毛泽东传 1893—1949，中央文献出版社，1996。

75. [美] 欧文·斯通著，常涛译：梵高传，北京出版社，1995。

76. [法] 罗曼·罗兰著，傅雷译：名人传，译林出版社，2000。

77. [美] 伊沙朵拉·邓肯著，张敏译：邓肯自传，花城出版社，2003。

78. 王晓明：无法直面的人生·鲁迅传，上海文艺出版社，2001。

79. [法] 艾芙·居里著，左明彻译：居里夫人传，商务印书馆，1984。

80. [美] 丹尼尔·伊克比亚、苏珊·纳珀著，吴士嘉译：微软的崛起，新华出版社，1996。

81. 姚昆仑：走近袁隆平，上海科学技术出版社，2002。

82. 赵贤明：经营之神——王永庆，中华工商联合出版社，1999。

83. 肖春飞：姚明之路，上海财经大学出版社，1999。

84. [日] 乙武洋匡著，郅颙译：五体不满足，山东文艺出版社，2000。

85. 李然主编：影响世界文明进程的名人演讲，中国国际广播出版社，2003。

86. 饶忠华主编：中国科普佳作百年选，上海科技教育出版社，2001。

87. 王梓坤：科学发现纵横谈，中华书局，1998。

88. ［美］蕾切尔·卡逊著，吕瑞兰、李长生译：寂静的春天，吉林人民出版社，1997。

89. ［美］迈克尔·波伦著，王毅译：植物的欲望，上海人民出版社，2003。

90. ［美］罗伯特·坦普尔著，陈养正等译：中国：发明与发现的国度，二十一世纪出版社，1995。

91. ［美］约翰·布罗克曼著，袁丽琴译：过去2000年最伟大的发明，上海科学技术出版社，2000。

92. ［英］马特·里德利著，刘菁译：基因组：人种自传23章，北京理工大学出版社，2003。

93. ［德］维托斯·德吕舍尔著，吴永初等译：六大洲动物考察记，二十一世纪出版社，1999。

94. ［美］艾萨克·阿西莫夫著，暴永宁等译：你知道吗？——现代科学中的100个问题，科学普及出版社，1980。

95. ［美］卡尔·萨根著，叶式辉、黄一勤译：暗淡蓝点——展望人类的太空家园，上海科技教育出版社，2000。

96. 宋晗、林峰等：神舟载人航天的故事，科学普及出版社，2003。

97. 梁衡：数理化通俗演义，北京师范大学出版社，1997。

98. 龚镇雄、宋丹：发明启示录，上海辞书出版社，2000。

99. 楼庆西：中国古建筑二十讲，生活·读书·新知三联书店，2001。

100. 金焕荣主编：科技英语阅读，苏州大学出版社，2002。

新世纪教育文库
大学生阅读推荐书目100种
（2004年版）

1. 陈子展撰述：诗经直解，复旦大学出版社，1983。

2. 王利器主编：史记注译，三秦出版社，1988。

3. 夏承焘、盛弢青选注：唐宋词选，中国青年出版社，1959。

4. ［清］吴楚材、吴调侯选编，安平秋点校：古文观止，中华书局，1987。

5. [清] 吴敬梓著，张慧剑校注：儒林外史，人民文学出版社，1958。

6. 曹禺：雷雨，人民文学出版社，1994。

7. 沈从文：边城，沈从文文集第六卷，花城出版社，1984。

8. 路遥：平凡的世界，华夏出版社，1998。

9. 阿来：尘埃落定，人民文学出版社，2000。

10. 余秋雨：余秋雨简要读本，文汇出版社，2003。

11. [古希腊] 荷马著，王焕生译：奥德赛，人民文学出版社，1997。

12. [意] 但丁著，王维克译：神曲，人民文学出版社，1997。

13. [英] 简·奥斯汀著，王科一译：傲慢与偏见，上海译文出版社，1996。

14. [法] 雨果著，李丹、方于译：悲惨世界，人民文学出版社，1992。

15. [法] 福楼拜著，许渊冲译：包法利夫人，译林出版社，1992。

16. [法] 罗曼·罗兰著，傅雷译：约翰·克利斯朵夫，人民文学出版社，1957。

17. [法] 马塞尔·普鲁斯特著，李恒基、徐继曾译：追忆逝水年华，译林出版社，1995。

18. [古罗马] 奥斯丁著，周士良译：忏悔录，商务印书馆，1963。

19. [法] 蒙田著，黄建华、黄迅译：蒙田散文集，浙江文艺出版社，2000。

20. [英] 托马斯·哈代著，张谷若译：德伯家的苔丝，人民文学出版社，1984。

21. [美] 惠特曼著，楚图南译：草叶集，人民文学出版社，1987。

22. [美] 麦尔维尔著，曹庸译：白鲸，上海译文出版社，1990。

23. [美] 玛格丽特·米切尔著，戴侃译：飘，外国文学出版社，1990。

24. [美] 福克纳著，李文俊译：喧哗与骚动，上海译文出版社，1984。

25. [美] 约瑟夫·海勒著，杨恝等译：第二十二条军规，译林出版社，1997。

26. [日] 川端康成著，叶渭渠、唐月梅译：雪国，译林出版社，2001。

27. [俄] 列夫·托尔斯泰著，高惠群、石国生译：安娜·卡列尼娜，上海译文出版社，1998。

28. [俄] 陀思妥耶夫斯基著，岳麟译：罪与罚，上海译文出版社，1996。

29. [哥伦比亚] 加西亚·马尔克斯著，高长荣译：百年孤独，中国文联出版公司，1994。

30. [捷克] 米兰·昆德拉著，许钧译：不能承受的生命之轻，上海译文出版社，2003。

31. 冯友兰：中国哲学简史，北京大学出版社，2010。

32. 周振甫译注：周易译注，中华书局，1991。

33. 任继愈译注：老子新译（修订本），上海古籍出版社，1985。

34. 陈鼓应注译：庄子今注今译，中华书局，1983。

35. 杨伯峻译注：孟子选译，人民文学出版社，1988。

36. 荀况著，方孝博选注：荀子选，人民文学出版社，1958。

37. 沈玉成、郭咏志选译：韩非子选译，上海古籍出版社，1991。

38. [美] 罗伯特 · E. 勒纳等著，王觉非等译：西方文明史，商务印书馆，1986。

39. [古希腊] 柏拉图著，郭斌和、张竹明译：理想国，商务印书馆，1985。

40. [古希腊] 亚里士多德著，吴寿彭译：形而上学，商务印书馆，1997。

41. [英] 亚当 · 斯密著，郭大力、王亚南译：国富论，商务印书馆，1972。

42. [德] 康德著，蓝公武译：实践理性批判，商务印书馆，1960。

43. [德] 海德格尔著，陈嘉映、王庆节合译：存在与时间，生活 · 读书 · 新知三联书店，1999。

44. [德] 尼采著，周国平译：查拉斯图拉如是说，青海人民出版社，1995。

45. [法] 让—保尔 · 萨特著，陈宣良等译：存在与虚无，生活 · 读书 · 新知三联书店，1987。

46. [奥] 弗洛伊德著，高觉敷译：精神分析引论，商务印书馆，1984。

47. [德] 黑格尔著，贺麟译：小逻辑，商务印书馆，2003。

48. [荷] 斯宾诺莎著，贺麟译：伦理学，商务印书馆，1983。

49. [英] 休谟著，关文运译：人性论，商务印书馆，1980。

50. [法] 卢梭著，何兆武译：社会契约论，商务印书馆，1980。

51. [德] 克劳塞维茨著，中国人民解放军军事科学院小组译：战争论，商务印书馆，1982。

52. [保] 瓦西列夫著，赵永穆等译：情爱论，当代世界出版社，2002。

53. [美] 曼昆著，梁小民译：经济学原理，生活 · 读书 · 新知三联书店，1999。

54. [美] 斯金纳著，谭力海等译：科学与人类行为，华夏出版社，1989。

55. [美] 丹尼尔 · 贝尔著，高铦、王宏周、魏章玲译：后工业社会的来临，新华出版社，1997。

56. 汪丁丁：在市场里交谈，上海人民出版社，2003。

57. 盖山林、盖志毅：文明消失的现代启悟，内蒙古大学出版社，2003。

58. [法] 西蒙娜·德·波伏娃著，陶铁柱译：第二性，中国书籍出版社，1998。

59. [德] 马克斯·韦伯著，彭强、黄晓京译：新教伦理与资本主义精神，陕西师范大学出版社，2002。

60. [法] 孟德斯鸠著，张雁深等译：论法的精神，商务印书馆，1978。

61. [英] 汤因比著，刘北成、郭小凌译：历史研究，上海人民出版社，2000。

62. [法] 莫罗阿著，傅雷译：人生五大问题，生活·读书·新知三联书店，1986。

63. [美] 卡耐基：人性的弱点，中国文联出版公司，1987。

64. 朱光潜：西方美学史，人民文学出版社，2002。

65. 李泽厚：美的历程，天津社会科学院出版社，2001。

66. [美] 阿尔温·托夫勒著，刘红等译：权力的转移，中共中央党校出版社，1991。

67. [美] 亨廷顿著，周琪等译：文明的冲突与世界秩序的重建，新华出版社，2002。

68. [德] 马克思、恩格斯著：马克思主义经典著作选读，人民出版社，1999。

69. 毛泽东：毛泽东选集，人民出版社，1991。

70. 邓小平：邓小平文选（第三卷），人民出版社，1993。

71. 周国平：守望的距离，北岳文艺出版社，2003。

72. [美] 唐纳德·H. 维伊斯著，陈永辉译：完全成长手册，上海人民出版社，2001。

73. 费孝通：乡土中国，生活·读书·新知三联书店，1985。

74. 林语堂：中国人，学林出版社，2001。

75. 曾国藩：曾国藩家书，岳麓书社，1986。

76. 钱理群：与鲁迅相遇，生活·读书·新知三联书店，2003。

77. [奥] 斯蒂芬·茨威格著，黄明嘉译：六大师，漓江出版社，1998。

78. [美] 比尔·盖茨著，辜正坤译：未来之路，北京大学出版社，1996。

79. 夏中义主编：大学人文读本（3 卷），广西师范大学出版社，2002。

80. 朱永新等编：大学生与现代社会，高等教育出版社，2003。

81. 李曙明等编：春华秋实（上册），文化艺术出版社，1988。

82.［英］丹皮尔著，李衍译：科学史及其与哲学和宗教的关系，商务印书馆，1989。

83.［美］詹姆斯·E.麦克莱伦第三、哈罗德·多恩著，王鸣阳译：世界史上的科学技术，上海科技教育出版社，2003。

84. 21世纪100个科学难题编写组编：21世纪100个科学难题，吉林人民出版社，1998。

85.［美］乔治·巴萨拉著，周光发译：技术发展简史，复旦大学出版社，2000。

86.［美］库恩著，李宝恒、纪树立译：科学革命的结构，上海科学技术出版社，1980。

87.［英］J.D.贝尔纳著，陈体芳译：科学的社会功能，商务印书馆，1982。

88. 卢嘉锡等主编：院士思维，安徽教育出版社，2001。

89.［美］托马斯·A.巴斯著，李尧、张志峰译：再创未来——世界杰出科学家访谈录，生活·读书·新知三联书店，1997。

90. 沈致远：科学是美丽的，上海科技教育出版社，2002。

91.［英］贝弗里奇著，陈捷译：科学研究的艺术，科学出版社，1979。

92. 宋健主编：现代科学技术基础知识，科学出版社，1994。

93.［美］约翰·奈斯比特等著，尹萍译：高科技·高思维，科学出版社，1979。

94. 阎康年：卡文迪什实验室：现代科学革命的圣地，河北大学出版社，1999。

95.［比］克里斯蒂安·德迪夫著，王玉山等译：生机勃勃的尘埃——地球生命的起源和进化，上海科技教育出版社，1999。

96.［英］约翰·苏尔斯顿、乔治娜·费里著，杨焕明等译：生命的线索，中信出版社，2004。

97. 刘仲林：中国创造学概论，天津人民出版社，2001。

98.［美］刘易斯·沃尔珀特、［英］艾利森·理查兹著，柯欣瑞译：激情澎湃——科学家的内心世界，上海科技教育出版社，2000。

99.［英］戈登·弗雷著，江向东等译：反物质：世界的终极镜像，上海科技教育出版社，2002。

100.［美］纳塔莉·安吉尔著，李斯、胡冬霞译：野兽之美，时事出版社，1997。

新世纪教育文库教师阅读推荐书目100种

（2004年版）

基础篇（30部）：

1. 杨伯峻译注：论语译注，中华书局，1980。

2. 高时良编著：学记评注，人民教育出版社，1983。

3. 陶行知：陶行知教育文集，江苏教育出版社，2001。

4. [法] 卢梭著，李平沤译：爱弥儿，人民教育出版社，2001。

5. [捷克] 夸美纽斯著，傅任敢译：大教学论，人民教育出版社，1999。

6. [德] 赫尔巴特著，李其龙译：普通教育学：教育学讲授纲要，浙江教育出版社，2002。

7. [英] 约翰·洛克著，徐诚、杨汉麟译：教育漫话，河北人民出版社，1998。

8. [美] 杜威著，王承绪译：民主主义与教学，人民教育出版社，2001。

9. [苏联] 瓦·阿·苏霍姆林斯基著，杜殿坤译：给教师的建议，教育科学出版社，1999。

10. [苏联] 赞科夫著，杜殿坤译：和教师的谈话，教育科学出版社，1999。

11. 袁振国主编：当代教育学，教育科学出版社，2000。

12. 孙培青主编：中国教育史（修订本），华东师范大学出版社，2000。

13. 吴式颖主编：外国教育史教程，人民教育出版社，1997。

14. 皮连生主编：学与教的心理学，华东师范大学出版社，1997。

15. [美] 劳拉·E. 贝克著，吴颖等译：儿童发展，江苏教育出版社，2002。

16. 吴康宁著：教育社会学，人民教育出版社，1998。

17. 鲁洁、王逢贤主编：德育新论，江苏教育出版社，2000。

18. [美] 艾伦·C. 奥恩斯坦、费朗西斯·P. 汉金斯著，柯森主译，钟启泉审校：课程：基础、原理和问题，江苏教育出版社，2003。

19. [美] 加里·D. 鲍里奇著，易东平译：有效教学方法，江苏教育出版社，2002。

20. [美] 梅雷迪斯·D. 高尔等著，许庆豫等译：教育研究方法导论，江苏教育出版社，2002。

21.［美］坎贝尔等著，王成全译：多元智能教与学的策略，中国轻工业出版社，2001。

22.［法］保尔·朗格朗著，周南照、陈树清译：终身教育引论，中国对外翻译出版社，1985。

23. 联合国教科文组织总部中文科译：教育——财富蕴藏其中，教育科学出版社，1996。

24. 联合国教科文组织国际教育发展委员会著，华东师大比较教育研究所译：学会生存——世界教育的今天和明天，教育科学出版社，1996。

25.［美］内尔·诺丁斯著，于天龙译：学会关心——教育的另一种模式，教育科学出版社，2003。

26. 顾明远、孟繁华主编：国际教育新理念，海南出版社，2001。

27. 教育部基础教育司编：素质教育学习纲要，生活·读书·新知三联书店，2002。

28. 教育部师范教育司编：教师专业化的理论与实践，人民教育出版社，2003。

29. 朱慕菊主编：走进新课程：与课程实施者对话，北京师范大学出版社，2002。

30. 朱永新：新教育之梦，人民教育出版社，2002。

拓展篇（50 部）：

31. 华东师范大学、浙江大学教育系主编：中国古代教育论著选，人民教育出版社，2000。

32. 华东师范大学、浙江大学教育系主编：西方古代教育论著选，人民教育出版社，2001。

33. 任仲印主编：西方近代教育论著选，人民教育出版社，2001。

34. 王承绪、赵祥麟编译：西方现代教育论著选，人民教育出版社，2001。

35. 陈学恂主编：中国近代教育文选（修订版），人民教育出版社，2001。

36. 人民教育出版社教育室：马克思恩格斯列宁论教育，人民教育出版社，2000。

37. 人民教育出版社教育室：毛泽东周恩来刘少奇邓小平论教育，人民教育出版社，2000。

38. 沈灌群、毛礼锐主编：中国教育家评传（精选本），上海教育出版社，2000。

39. 赵祥麟主编：外国教育家评传（精选本），上海教育出版社，2000。

40. 周毅、向明：爱满天下——陶行知文学传记，江苏教育出版社，1997。

41. [俄] 塔尔塔科夫斯基著，唐其慈等译：苏霍姆林斯基的一生，教育科学出版社，1986。

42. [美] 英格尔斯著，殷陆君译：人的现代化，四川人民出版社，1985。

43. [美] 马斯洛著，许金声、刘锋等编译：自我实现的人，生活·读书·新知三联书店，1987。

44. [美] 房龙著，迮卫、靳翠微译：宽容，生活·读书·新知三联书店，1985。

45. 孟繁华主编：赏识你的学生，海南出版社，2003。

46. 彭歌、陈敬：伟大的笨蛋——中外名人的差生生涯，花城出版社，2003。

47. 张中行：顺生论，苏州大学出版社，2000。

48. 张民生、于漪总主编：教师人文读本，上海辞书出版社，2003。

49. 黄济：教育哲学通论，山西教育出版社，2001。

50. 韦政通：中国的智慧，岳麓书社，2003。

51. [英] 伯兰特·罗素著，马家驹、贺霖译：西方的智慧，世界知识出版社，1992。

52. 朱永新主编：教育的奇迹，上海教育出版社，2004。

53. 王东华：发现母亲，四川人民出版社，1999。

54. [日] 黑柳彻子著，[日] 岩崎千弘绘，赵玉皎译：窗边的小豆豆，南海出版公司，2003。

55. 李洪涛：精神的雕像——西南联大纪实，云南人民出版社，2001。

56. 刘军宁主编：北大传统与近代中国自由主义的先声，中国人事出版社，1998。

57. 温世仁：教育的未来，生活·读书·新知三联书店，2000。

58. [美] 约瑟夫·M. 朱兰等主编，焦叔斌等译：朱兰质量手册，中国人民大学出版社，2003。

59. [美] 拉里·博西迪、拉姆·查兰、查尔斯·伯克著，刘祥亚等译：执行：如何完成任务的学问，机械工业出版社，2003。

60. [美] 奥格·曼狄诺著，安辽译：世界上最伟大的推销员，世界知识出版社，2002。

61. 教育部基础教育司编：更新教育观念报告集，中国人民大学出版社，2003。

62. 叶澜：教师角色与教师发展新探，教育科学出版社，2001。

63. 朱小蔓：教育的问题与挑战——思想的回应，南京师范大学出版社，2000。

64. 肖川：教育的理想与信念，岳麓书社，2002。

65.《教师博览》编辑部编：教师的情感与智慧，江西教育出版社，2003。

66. 徐光兴主编：西方心理咨询经典案例集，上海教育出版社，2003。

67. [瑞士] 皮亚杰著，傅统先译：教育科学与儿童心理学，文化教育出版社，1981。

68. [日] 木村久一著，王传璧译：早期教育和天才，河北人民出版社，1991。

69. [美] 布鲁纳著，邵瑞珍译：教育过程，文化教育出版社，1982。

70. [美] 舒尔茨著，曹延亭译：教育的经济价值，吉林人民出版社，1982。

71. [德] 福禄培尔著，孙祖复译：人的教育，人民教育出版社，2001。

72. [英] 约翰 · 怀特著，李永宏等译：再论教育目的，教育科学出版社，1992。

73. [瑞士] 裴斯泰洛齐著，夏之莲等译：裴斯泰洛齐教育论著选，人民教育出版社，2001。

74. [苏联] 阿莫纳什维利著，朱佩荣译：学校无分数三部曲，教育科学出版社，2001。

75. [美] 戴尔·H. 申克著，韦小满等译：学习理论：教育的视角，江苏教育出版社，2003。

76. [美] 彼得·诺思豪斯著，吴荣先等译：领导学：理论与实践，江苏教育出版社，2002。

77. 周川选编：科学家论教育，江苏教育出版社，2003。

78. [美] R.J. 斯腾伯格著，吴国宏、钱文译：成功智力，华东师范大学出版社，1999。

79. [加] 大卫 · 杰弗里 · 史密斯著，郭洋生译：全球化与后现代教育学，教育科学出版社，2003。

80. [美] 彼得 · 圣吉著，郭进隆译：第五项修炼，上海三联书店，2002。

实践篇（20 部）：

81. 朱永新选编：中国著名校长办学思想录，江苏教育出版社，2000。

82. 朱永新选编：中国著名班主任德育思想录，江苏教育出版社，2000。

83. 朱永新选编：中国著名特级教师教学思想录，江苏教育出版社，2000。

84. [苏联] 苏霍姆林斯基著，赵玮等译：帕夫雷什中学，教育科学出版社，1999。

85. 魏书生：班主任工作漫谈，漓江出版社，1995。

86. 李镇西：爱心与教育，四川少年儿童出版社，1998。

87. 孙云晓主编：向孩子学习，晨光出版社，1998。

88. 屠美如：向瑞吉欧学习什么，教育科学出版社，2002。

89. 毛蓓蕾：小学生心理辅导札记，上海教育出版社，2000。

90. [苏联] 马卡连柯著，磊然译：教育诗，海天出版社，1998。

91. [苏联] 巴班斯基著，吴文侃译：教学教育过程最优化，教育科学出版社，2001。

92. [美] 罗森塔尔、雅各布森著，唐晓杰、崔允漷译：课堂中的皮格马利翁——教师期望与学生智力的发展，人民教育出版社，1998。

93. 中国对外翻译出版公司、联合国教科文组织出版办公室编，左雅译：教科文组织理科教师手册，中国对外翻译出版公司，1981。

94. [加] 马克斯·范梅南著，李树英译：教学机智——教育智慧的意蕴，教育科学出版社，2001。

95. [美] 布鲁克菲尔德、普瑞斯基尔著，罗静、褚保堂译：讨论式教学法——实现民主课堂的方法与技巧，中国轻工业出版社，2002。

96. 郑金洲编著：案例教学指南，华东师范大学出版社，2000。

97. 李吉林：李吉林小学语文情境教学——情境教育，山东教育出版社，2000。

98. 陈向明：教师如何作质的研究，教育科学出版社，2001。

99. 顾泠沅等：青浦实验启示录，上海教育出版社，2001。

100. 钟启泉等主编：为了中华民族的复兴　为了每位学生的发展，华东师范大学出版社，2001。

童年的秘密与童书的价值远未被发现

人的一生是围绕童年展开的，而童年的秘密与童书的价值远远没有被发现。新教育实验将阅读作为一个重要课题进行研究，就是为了真正地让我们的孩子得到更好的发展。

当我们长大成人后，往往会回忆起自己的童年，随着时间不断向前奔跑，愈加感到童年的美丽。童年时能否产生对阅读的热爱，对将来的人生至关重要。

人类最美好的东西往往在童书里面，最美丽的童书蕴含着最美丽的人类精神。如果儿童的阅读兴趣没在小学 1 ～ 3 年级形成，以后他就很难对阅读产生热爱。

关于儿童阅读，我想谈三个问题。

第一个问题是：童年的秘密远远没有被发现。

随着对童书关注的深入，随着阅读活动在我们越来越多的学校深入开展，我们越来越深切地感受到，童年的意义远远没有被我们所认识，没有被我们所发现。我曾讲过一句话："现在想来，人的一生是围绕童年展开的。"这不是我的发明，实际上格林在《消失的童年与其他散文》里说过，人在 14 岁以前所经历的东西将会影响到人的一生。无论是精神分析学家、人本主义心理学家还是西方的深层心理学家，都把童年作为人一生的源头。例如，精神分析学家认为，如果一个人有精神问题，做精神分析的时候，一定要追溯到他的童年。为什么？在童年的初期，他所看到的东西会对他的思想、价值观，对他的人生产生最根本的影响。

西方的很多心理学流派都很关注关键期的问题，认为人的心理发展、能力发展在人的早期有很多关键的时期。如学语言的最关键时期大概是 12

岁，因为在那个时候人脑的两个半球还没有高度分化，两个半球都有学习语言的能力。但过了那个时期，学习语言的能力就会退化。我们经常看到，十来岁的孩子到了国外，一年时间就可以基本上适应新的语言环境，无论是口语还是书面语都会变得非常流畅，而我们成年人甚至学了一辈子外语都不如孩子们学得快、学得流畅。

我们新教育实验正在做的儿童读写绘的课程，收到了很好的教育教学效果。我在苏州的工业园区娄葑二小看到一个孩子画的画，那种色彩，那种想象力，让我很吃惊。可以说，很多孩子画的画，成年人根本画不出来。也就是说，我们的绘画能力，我们对色彩、对很多问题的想象力实际上是在退化。如果在孩子那个最敏感的时期，我们及时地把潜在能力开发了，使能力显现了，把能力拓展了，也许会影响一个孩子的终身发展。事实上，很多人本来会成为另外一个人，但是，在那个关键阶段我们没有刺激他的敏感区，没有发现他的潜在能力，他就可能一辈子走不上本该属于他的那条道路。所以说，童年的秘密远远没有被发现。

第二个问题是：童书的价值远远没有被发现。

为什么这么说？我们是不是充分认识到了阅读的价值呢？我看也未必。

我去过北欧，北欧是童话的王国，挪威、丹麦这些国家是自然景观、人文景观都非常美丽的国家，更重要的是，它们是拥有美好心灵的国家。在挪威，卖农副产品，可以把农副产品放在一个筐子里，搁在马路边上，没有人管，顾客每拿走一棵菜都会自觉地付钱。我想如果在我们这里，马路上放一个筐，虽不一定被偷光，至少也很少有人会放钱进去的。后来，我发现这些国家都是童话非常发达的国家，像挪威、丹麦，都是拥有很多童话作家的国度。童话和其他一些作品是不同的，人类最伟大的精神往往都包含在童话里面。

最近，我也看了一些童话，我发现成年人去阅读这些作品同样有价值。实际上，我和许多老师一样，是在弥补儿童时代的阅读缺陷。现在，一大批新教育人正在回过头来阅读童话，而且读得有滋有味。

在苏州的工业园区娄葑二小，有个叫阳阳的孩子，因为刚刚失去父亲，变得孤僻、易怒，甚至对自己的母亲都非常冷漠。就是《猜猜我有多爱你》这样一本书，改变了这个孩子。师生共读这本书后，他主动对母亲说出“我永远永远爱你”，从此逐渐变得开朗温和。所以说，童书的力量、童书的价值远远没有被发现。

我经常说，童书和其他的书不一样。那些伟大的经典童书，的确是蕴含了人类最质朴的价值观。在童书里面，真、善、美这些伟大的价值正是其基本的主题。最美丽的童书蕴含着最美丽的人类精神，童书对人格的发展、对智慧的发掘、对人类文明价值的传承具有非常重要的作用。

事实上，儿童世界对价值的认识，不是通过我们的道德说教来完成的。你跟他讲要爱别人，要帮助别人，要有同情心，这些东西我认为只靠概念的灌输永远不可能真正打动孩子，只靠说教永远不可能真正扎根在孩子的心灵里。真正进入孩子心灵的是一个个生动的人物、具体的形象，只有这些形象所传达的信息、所反映的理念，才能真正在孩子的身上生下根来。

第三个问题是：新教育实验的魅力远远没有被发现。

如今，新教育实验已经进入一个比较成熟的行动期。最初 5 年，我们更多的是靠理念的感召，而现在我们已经扎扎实实地进行行动的操作。

新教育这几年正在努力使实验项目课程化，开发了一些自己的东西，如“毛虫与蝴蝶”项目，这个项目的主要内容是关于儿童阶梯阅读的研究。

在推进阅读的过程中，大家更多地讲阅读多么重要，阅读怎么帮助我们成长，我们怎样创造阅读的环境。但是，很少有人深入地对阅读什么和怎么阅读去进行研究。事实上，并不是所有的书都适合所有年龄的儿童，在儿童不同的成长时期需要不同种类的读物，我们已经越来越深刻地意识到这个问题。

记得十多年前，我们曾给小学生开过一个书单，笼统推荐了 100 本书。这个书单现在看来还很粗糙，因为在不同的年龄阶段需要不同的读物，如在 1 ～ 3 年级时可能更多的是以绘本为主，要实践读、写、绘一体化，绘本的作用就非常大。

教师也是如此，并不是所有的书都适合所有的老师。在新教育小学，每天早晨孩子们的第一件事就是晨诵，我们老师会为孩子们精选一首诗歌，用这首美丽的诗开始一天的教育生活。每个孩子过生日，教师都会给他献上一首诗，嵌着他名字的一首诗。我相信，孩子们会一辈子记住这首诗。

用诗歌来充盈人生，成为新教育一道亮丽的风景。晨诵、午读、暮省，也渐渐成为新教育儿童的生活方式。

在师生共读和亲子共读方面，做得最好的是山东淄博金茵小学的常丽华老师。在山西运城举行的新教育年会上，当她介绍经验时，山西省教育厅的副厅长当场落泪。这位厅长说，如果中国的教育都这么办，不仅中国的教育变了，而且中国的社会都会变。常老师的这个班有 36 个孩子，他们每天和父母一起读书。常老师每天会给孩子的父母写一封信，父母读了书以后会给老师反馈，然后常老师会把精彩的东西再呈现给其他学生的父母。5 年下来，孩子们读了 500 多本书，各方面表现都非常优秀，也让家长们非常感动。

新教育实验仅靠几个专家来做是远远不够的，我们希望有更多的有志者，能够把阅读作为一个课题深入地研究和探讨，真正地让我们的孩子得到更好的发展。教师的阅读也是非常值得关注的问题，因为没有教师对阅读的热爱，永远不可能有孩子对阅读的热爱。

儿童阅读决定人类未来

童年的长度决定了国家的高度。阅读的广度决定了文明的高度。儿童阅读的程度决定了人类精神的高度。

童年转瞬即逝，儿童瞬间成人。

人类文明的王冠之上，最为娇嫩也是最为美丽的那颗珍珠，就是儿童的精神世界。

童年的长度决定了国家的高度。阅读的广度决定了文明的高度。儿童阅读的程度决定了人类精神的高度。在这个意义上说，儿童阅读决定着人类未来。所以，我们必须重新回到童年，认识儿童，关注儿童阅读。

早期阅读对一个人有着刻骨铭心的影响，塑造着一个人的精神趣味与人格倾向。所以，所有的童书，都是预言书，或多或少地预测着未来。儿童阅读让儿童的精神世界变得更为美丽，要用儿童阅读去塑造儿童美好的人格，更要用儿童阅读去创造这个世界的美丽未来。

对于儿童而言，广义的阅读无处不在。阅读亲朋好友，阅读河流山川，儿童的心灵每时每刻都在汲取养分。

对于儿童而言，狭义的阅读不可或缺。帮助儿童认识世界，形成对人生、对社会的基本态度和价值观，阅读是最主要的路径。

所以，作为成人，我们呼吁在阅读之中，要给予儿童更多的光芒。这种外在的光芒将与儿童内心的光芒交相辉映。它产生一种蓬勃的希望，一种源源不绝的力量，将成为改变世界的火炬，引领我们不断向前。因此，选择儿童图书，重要的是从这个积极的角度进行遴选。引导儿童阅读，也要从这个积极的方向进行引领。

我们吃过的食物和我们读过的书一样，既塑造了口味，也塑造了自己。这是一个互为依赖、相互作用的过程。怎样的书，会培养出怎样的读者。要让孩子真正热爱阅读，我们就要创造出真正能够打动儿童心灵，既有意义又有意思的书籍。这些童年之书，将成为儿童的精神宝藏，也是新世界的萌芽。

没有谁是一座孤岛。书籍是岛屿和岛屿之间的桥梁。正是图书，正是那些伟大的书籍，把个人和他人，把书里书外，把事件与人物，紧密联系起来。

每本书都是一个世界。一本又一本书，记录着不同的世界。我们在物质与精神的世界中穿梭，书把我们心中的美好唤醒，又赋予我们去创造更美好的世界的能力。

儿童的阅读，纯粹，没有功利色彩，他沉醉后，甚至可以通宵达旦。这种对于阅读的挚爱，基于儿童时期对阅读兴趣、阅读习惯与阅读能力的培养。因此，无论是童书的创作者，还是出版部门的编辑，或者是发行部门的销售，心里都应该装着孩子，肩头应该担着使命。

我们期待，中国的作家、插画家能够为孩子们创作出更多的优秀童书，中国的出版社能够为孩子们出版更多的儿童读物，中国的阅读推广人能够以更专业更亲切的方式帮助孩子们读好书，中国的父母和教师能够用更多的时间与孩子们一起读书。

我们相信，儿童的心灵，正是对人类命运共同体的最好写照。儿童阅读将为世界各国人民的沟通了解，奠定最牢固的根基。在全球化的时代里，我们的孩子将让我们真正心连心，共同创造美好未来。

把最美好的东西给最美丽的童年，儿童就有最美好的生活，长大后也一定能够建设更美好的中国和更美好的世界!

超越年龄的幸福阅读

阅读为幸福人生奠基。尤其童年时期的阅读，其重要性无可比拟。正如松居直所说:“图画书中蕴藏着多种可能，它所带给我们的真正快乐是超越了年龄的。”这位被誉为“日本图画书之父”的老人85岁高龄仍然远渡重洋来到北京做讲座，吸引了大批图画书爱好者。200多人的会堂座无虚席，不少是图画书的发烧友，据说有些听众是从外地专程赶来的，因为场地有限，现场还有几十人无法进入会堂听讲而搓手顿足。

什么是好的图画书?松居直说，仅仅图画色彩鲜艳或者文字优美是不够的。好的图画书不仅文字动听，而且画面的每个角落都是“语言”。从文字来说，关键是要看朗读的效果。一本图画书的好坏，不是用默读来评价的，而是要依靠听来感觉。要说出来，让耳朵来辨别。从图画来说，线条、形状、构图比色彩重要。尤其是线条，这是东方绘画的传统和优势。

松居直认为，图画书不是孩子自己读的书，而是大人读给孩子听的书。即使孩子认识字，也要尽可能念给孩子听。松居直在大学教书时曾经念图画书给大学生们听，大学生照样非常喜欢。而一个年幼的孩子也许不会记住图画书的作者，但是一定会记住念书给他听的人，甚至是记住这个人的声音与表情。

松居直说，他出版图画书不是为了“教育”孩子，图画书不是教材，而是为了让孩子的心灵自由成长。图画书的内容不是为了让孩子记在脑里，而是记在心上。

松居直非常重视“听”的价值。在讲演前我们的交流中，他就向我详细了解新教育实验读写绘项目如何关注孩子的“听”。我告诉他，孩子的绘，是建立在听的基础上的。没有孩子对于老师或者父母讲的内容的理解，也就是说，没有“听”的功夫，就不可能有“绘”的成功。听是读写绘的前提。而且读写绘之后还有孩子向父母“说”自己绘的故事。这里的“说”其实也是另一种听，一方面听自己的讲述，注意措辞；一方面听父母的疑问，随时调整、补充内容。

孩子们对于好的图画书是“百听不厌”的。松居直认为，孩子在上学前用耳朵听过多少语言非常重要。儿童不是读语言，而是“吃”语言。儿童把图画书里的语言“吃”进去，然后从他们自己的嘴里说出来。孩子们在说图画书的时候，尽管不一定认识字，但是往往能够一字不差地讲出来。这一点我深有感触，我的儿子幼年时给我复述三国故事时，正是如此。

与新教育的理念相同，松居直也不主张让孩子过度地接触电视、游戏、电脑。他说：“电视机的声音不是人的声音，那是机器的声音。人对人讲话，才是真正的声音。”他不是讨厌电视，只是强调电视不可能在很深的地方培养孩子的心灵。

松居直主张，图画书应该告诉孩子真实的东西，他认为故事其实本身就是把不存在的东西变成一个存在的东西。松居直在兄妹六人中排名老五，兄妹之间年龄正好相隔 3 岁。爸爸妈妈工作忙，关心的也是哥哥姐姐和最小的，让他经常有失落的感觉。但有一段时间，他最小的哥哥上了小学，他的弟弟还不懂事，所以妈妈晚上只给他一个人讲故事。他说，虽然明知妈妈给他讲故事是为了让他早点睡觉，可那依然是他童年最幸福的时光，因为每天只有那时，妈妈是完全属于他一个人的，他听故事听得来劲，以至妈妈讲故事会讲到她自己睡着。

非常有意思的是，新教育里面有许多父母给孩子讲故事的故事。常丽华老师曾经告诉我，他们班上有一个孩子的父亲是大老板，以前每天晚上都要应酬到很晚才醉醺醺地回家，参加新教育实验以后，因为要求孩子在父母讲故事的声音里睡着，所以这位父亲每天晚上 8 点就乖乖赶回家给孩子讲故事。其实，有时候爸爸妈妈讲着故事就睡着了，孩子看着爸爸妈妈的睡姿也会觉得很有趣。

应新阅读研究所所长王林博士的邀请，我在松居直讲演会上做了一个发言，讲了一些自己对于绘本的理解。现场翻译是《活了一百万次的猫》等著名图画书的译者唐亚明先生，讲演会结束后，他和一些朋友纷纷表示比较认同我的发言。我说，我的发言是学习松居直先生著作的感言，也是这几年来跟在新教育人后面，看绘本、学图画书的几点体会。

我带了一套新教育的资料送给松居直先生，并且告诉他，新教育实验的读写绘项目，是中国推动图画书最有效的一支力量。松居直先生全神贯注地阅读了一阵《新教育》，邀请我到日本去做讲座，讲讲新教育。

其实我也是松居直先生的粉丝。作为一位 85 岁的老人，现在拿起图画书仍然那么有新鲜感，那么关注中国的原创图画书，的确让人非常感动。松居直先生却真诚而谦逊地对大家说："其实我不懂图画书，我是外行，几十年来，我是一边向大家、向读者学习，一边编书、卖书。"我回答道："做出来的知识是原创的，是最真实、最深刻的。"他摇摇头，又说："我只是个工匠。"我由衷地说："技术可以复制，工匠却是不可复制的！"

这样一位为推广阅读屡次奔赴中国、这般高龄却接连讲演两个小时仍然谈笑风生、毫无倦意的老人，的确难以复制。但他倾其一生、不计酬报地推广阅读的精神与行动，无疑是我们新教育人的榜样，值得我们致敬与效仿。

一起去听讲演的新教育义工、儿童文学作家童喜喜对我说："朱老师啊，如果您 85 岁时也能够像松居直先生一样出国讲学，该多帅啊！"我回答说："不知道能不能活到那个时候呢！"我对童喜喜说："一个人一辈子做好一件事，就很了不起，像松居直，一辈子就做图画书，很精彩。我一辈子能把新教育做好，就很不容易了。"

当然，我相信，阅读让人的心灵永远年轻。我更愿阅读让我们这个多灾多难的伟大民族永远不老，愿阅读让人类这地球的孩子拥有共同的语言密码，让世界永远和平。

拯救教师的阅读

教师作为最应该阅读的职业群体，却也有许多人放弃了阅读，不少教师只靠几本教参在课堂上打拼。教师不阅读，从某种意义上来说是整个社会缺乏阅读的缩影。拯救阅读，请从拯救教师阅读开始。

一、教师是最应该阅读的职业群体

阅读是最重要的精神生活内容之一。我们有过崇尚阅读的时代，但是进入 20 世纪 90 年代，国民阅读量持续下降，阅读的品质也不断走低。更可怕的是，越来越多的人并不因缺乏阅读而羞愧；相反，专注于阅读倒仿佛是一种病态。这种价值观念的颠倒是非常可怕的。

尤其令人担忧的是，阅读正远离校园，阅读与学习无关。这听起来是很荒谬的事情，却是长久以来存在于校园里的事实。我们将那些人类文明的精华称为课外书，“课外书”本身就是一个意味深长的称谓。在为了应试而读书的功利主义的读书观背后，弥漫的是一种持续多年的“读书无用论”。更为可怕的是，教师作为最应该阅读的职业群体，却也有许多人放弃了阅读，不少教师只靠几本教参在课堂上打拼。有些教师连流行杂志也读不了几本，更不用说教育学和心理学著作了。在宽广的人文领域中，能够阅读最基本著作以及文章的教师究竟有多少呢？这种精神的荒漠化，导致的是教育的贫瘠，日趋依靠规训、惩戒或者利诱来维持教学，这使大批的学生在离开校园的时候，精神世界相当贫瘠。由于就业压力急剧增大，竞争日趋激烈，旨在为精神奠基的阅读就在这种大环境中被忽略了。

爱因斯坦曾经说过一段值得深思的话：“我想反对另一种观念，即学校应该教那些今后生活中将直接用到的特定知识和技能。生活中的要求太多样化了，使得在学校里进行这种专门训练毫无可能。除此之外，我更认为应该反对把个人像无生命的工具一样对待。学校应该永远以此为目标：学生离开学校时是一个和谐的人，而不是一个专家。我认为在某种意义上，这对于那些培养将来从事较确定的职业的技术学校也适用。被放在首要位置的永远应该是独立思考和判断的总体能力的培养，而不是获取特定的知识。如果一个人掌握了学科的基本原理，并学会了如何独立地思考和工作，他肯定会找到属于他的道路。除此之外，与那些接受训练主要只包括获取详细知识的人相比，他更加能够使自己适应进步和变化。”这种培养和谐的人所需要的“独立思考和判断的总体能力”，最重要的获取途径是阅读。而一旦教师成为单向度的人，又怎么可能培养出真正和谐发展的学生呢？

二、教师为什么不愿意读书

今天，教师拒绝阅读已经是一种社会事实。有不少校长向我诉苦，为了教师的专业发展，他们想了许多办法，如要求写读书笔记、举办读书沙龙、进行读书奖励，但都很难奏效，教师们就是不愿意读书。

其实，没有人天生不喜欢阅读。我一直认为，阅读是人类的一种本能。大批教师从踏入学校开始，就越来越不喜欢阅读，这在很大程度上是他们自身在长期的求学过程中丧失了阅读能力和阅读兴趣的结果。这种丧失不仅已经对教师的整个职业生涯产生了负面影响，而且对教师的个体生命本身也构成了戕害。

即使如此，也不能说教师就真正丧失了阅读能力。在教师的职业生涯中，有多重因素恶化了教师的阅读状况。

首要的问题是教师缺乏闲暇。有一个西西弗斯的神话很适合现在的教师。西西弗斯每天辛辛苦苦地把石头推上山，推得筋疲力尽，第二天又重新开始，周而复始，永无停息。生活在应试背景下的教师也是如此，每天起早贪黑，工作时间早已经侵入闲暇甚至休息时间，许多教师疲于奔命，其结果是职业倦怠。一个处于辛苦或者倦怠状态下的教师，哪里还会产生读书的欲望？阅读首先需要的是闲暇，闲暇的意义不仅仅在于保证阅读时间，更重要的是保证阅读的状态。阅读需要从容的心态，需要较长时间地投入思考。见缝插针式的阅读往往是实用主义的，未必真正适合教师阅读。本来作为调节，教师除了周末，尚有长长的寒假和暑假可以进行休整，但目前的状况是补课不但侵占了周末，也大量地占用了寒假和暑假的时间。一旦自然休息的节律被打破，教师便会陷入身体疲劳与精神疲劳的双重境地，偶尔的假日，往往就成了一种极度放松的时间，这成了过于繁忙的日常工作的一种反弹。

假如教师有了闲暇，其实也未必用来读书，闲暇只是读书的前提条件。可能更多的教师处理闲暇的方式是玩游戏、打麻将或者进行生活交际等。这里有两点非常重要：一是他们缺乏阅读的需要，二是他们缺乏阅读的环境。所谓缺乏阅读的需要，主要是指他们的职业并不迫切需要大量的阅读。许多教师的工作非常简单，就是研究题目，应对考试。这种简单的技巧并不需要丰富的阅读做支撑，丰富的阅读有时候甚至可能是一种妨碍。在教育只为了应对考试的情况下，阅读远不如大量地做题来得更加有效，也更加节省时间。在一般学校里，那些几乎从不阅读、把大量时间花费在研究题目以应对考试的教师往往更受校长欢迎。新课程实施以后，许多教师开始被迫阅读，因为他们不阅读，就无法应对自己的教学。所谓缺乏阅读的环境，有多层含义，最重要的是缺乏积极阅读的校园文化。有没有倡导阅读的校园文化做支撑，对于阅读来说非常重要。这种支撑既包括硬件支撑，如图书馆的建设、藏书量以及借阅的方便程度等，也包括软件支撑，如学校里的读书氛围以及教师沙龙风气等。

三、教师如何进行专业阅读

假如我们来看一下喜欢阅读的教师，就会发现，在有阅读习惯的教师当中，真正走向专业阅读的教师的比例非常少。

回到西西弗斯的神话。假如西西弗斯从无休止的“推石运动”中发现节律、发现美、发现意义，那么或许这个简单的动作就不再是苦役，而是一项充满乐趣的运动。这个时候，石头就会停在山顶。同样，假如教师能够从日常教育教学中发现规律、发现意义，工作也就不再是“劳役”，不再是重复，而是充满新奇与创造，充满奥妙与神奇。事实上，由于教师面对的是活生生的人，每天的生活本来就是丰富多彩的，只是因为缺乏对教育规律的理解，缺乏对学生的理解，才让自己对工作失去兴趣。而要摆脱西西弗斯的命运，除了对学生的热爱，对教育事业的热爱，还需要专业化，只有专业化才能够让热爱更加持久。

专业阅读是走向专业化的重要途径之一。专业阅读也是新课程推行之后一些有见识的校长首先推行的一项工作。但是，专业阅读很难在教师个体摸索中来完成。许多时候，校长们推荐的书籍，教师们并不喜欢阅读，但结论不应该是教师们不喜欢阅读专业书籍，而是这些被推荐的书籍并不适合教师，或者教师阅读专业书籍和学生阅读一样，也有一个阶梯存在。不分青红皂白地拿来的书，或许是好书，但未必适合大部分教师此时此刻的阅读水平。例如，许多小学向教师推荐苏霍姆林斯基的《给教师的一百条建议》，但事实证明，大部分小学教师在专业化起步时期，并不适合读这样的书，或许先从读类似《孩子们，你们好》这样的书开始更好一些。因此，教师的专业阅读，不妨考虑以下因素。

一是专业引领。依靠不同领域的专家，如学科专业领域的，教育学、心理学领域的，根据具体情况为教师推荐不同的书籍来构成“营养套餐”。事实证明，教师专业化发展中，确实存在着一个理想模型，一个专业阅读框架。新教育实验一直在致力于开发教师专业阅读“地图”，就是基于这种考虑，力求为新教育实验学校的教师提供一个专业阅读参照。

二是同伴互助。“独学而无友，则孤陋而寡闻。”教师的阅读要想效果好，就要尽可能地置于“阅读共同体”中，在共读、共写、共同生活中获得发展是最优途径之一。专业阅读毕竟不同于消遣性阅读，它有理解上的难度，需要通过专业交流来不断地加深理解。因此，要珍视教师当中自发形成的读书沙龙并予以支持，必要时要创设这样的环境。在许多学校里，教师互不来往，这是不对的。要创造教师们共同生活的环境，只有共同生活才能够形成共同的语言，才能够在专业阅读时互相帮助。必要时，可对一些传统的教研活动或班主任会议进行改造。

三是倡导解决问题的阅读。教师的专业阅读一般不仅是教育学、心理学元理论的阅读，更多是以解决问题为导向的阅读。专业阅读必须与教育实践紧密结合在一起才有生命力，才能够有更为深刻的理解。专业阅读不是一个独立的项目，而是与学校的教育教学活动紧密结合在一起的，如案例讨论等。

总之，教师们拒绝读书有许多历史原因和现实原因，而教师不阅读，从某种意义上来说是整个社会缺乏阅读的缩影。拯救阅读，请从拯救教师的阅读开始！

让中小学图书馆成为开放的精神绿地

中小学图书馆应随时随地向孩子敞开，中小学图书馆应该让爱书懂书的人荐书管书，书香校园是学校图书馆发展的终极目标。

我曾经就理想的中小学图书馆提出过以下的基本想法。

第一，中小学图书馆应随时随地向孩子敞开。

在发达国家，图书馆最大的特点就是便利，我去过的美国、澳大利亚、日本等基本都是这样。例如在美国，你只要有一封当地人写给你的信，便可进图书馆借书了。还书也不用办什么手续，尤其是社区图书馆，门口都有一个还书的箱子，你往里边一扔就行了，有的人白天没时间还书，就在晚上散步的时候把书扔进还书箱里。便利使读书变得轻松愉快，不受外界因素的过多干扰，有利于读书习惯的养成。

因此，我认为，中小学辟出专门的教室作为图书馆、阅览室固然不错，但如果在一个开放的空间、放足够多的好书供学生随时阅读，而省却了借阅手续的烦琐、避免了开放时间的限制，这应该是学校图书馆的理想状态。现在我们的许多实验学校已经开始这样做了，效果非常好。

有人可能担心这样不太便于管理。“丢书怎么办？”这是我经常被问的问题。我的回答是：“我们应该相信孩子。退一步说，即使真的有孩子把书拿回家了，说明他喜欢那本书，孩子爱书不是好事情吗？也许，孩子长大了，会还学校100本书，甚至一个图书馆。”

在常州武进湖塘桥中心小学，教学楼的每一层都设立了以年级为单位的“图书广场”，孩子们放了学就可以看，有的孩子回家后写完作业忽然想看书了，也会跑回学校来找书看。我问过校长丢书的情况，据说基本上还没发现少什么书，倒是有不少学生把自己家里的书拿到学校来，使图书角的书更丰富了。

第二，中小学图书馆应该让爱书懂书的人荐书管书。

目前国家对中小学图书馆的督导仅有量的要求，却没有对图书配备结构和内容的要求；另外，从书的采购来看，图书市场有许多“猫腻”，其中有多少腐败不敢说，但这种导向至少不是配备好书的机制。

负责任的教育者应该把人类文化的精华提供给孩子，把对他们最有益的书放到他们最方便的地方。我们希望用责任和眼光为学校图书馆配备的图书，能够真正地满足教师、孩子们的需要，真正地给他们以心灵的滋养。

我国许多中小学图书馆的管理人员都不是专业出身，有些学校甚至让一些不适合教学工作的老师“拾遗补缺”，一些经济不发达地区的中小学更是连专职管理人员都没有。相比较而言，国外大学的图书馆馆长都是德高望重的学者，中小学的图书馆也是由专业的人员担任管理员，而公共图书馆更是由社会贤达人士负责管理。

所以，我坚决主张中小学图书馆的管理员应该是有学问的人，最懂书、爱书的人才会对书有感情，这样的人因为懂书才会购回好书，因为爱书才会推荐好书，孩子们品尝到真正好书的滋味，才会爱上阅读，如此才能形成一个良性循环，图书馆才能真正发挥功用。张家港高级中学等学校的图书馆之所以搞得非常有特色，很大程度上是因为他们的校长本身比较爱书、懂书。他们图书馆的馆藏量从10000本书发展到60000多本书，差不多每一本都经过他们校长的手。

第三，书香校园是学校图书馆发展的终极目标。

理想的学校图书馆最终形态应该是“书香校园”，那时，书的香气就像花香一样弥散在校园的各个角落，读书对老师、学生来说是最自然的事情，他们从书中汲取阳光和水。

对于学生来说，读课外书的作用不亚于学课内书，应该把读课外书作为学校工作的重要目标。现在学校让学生重复练习占用的时间太多，老师讲得太多。老师应该在精讲精练上下功夫，努力把教学任务在课堂内完成，给学生提供更多的自由阅读时间。从另一个角度看，正在广泛开展的研究性学习，使得学生在进行专题研究时必然要查阅大量书籍资料，因此，利用学校图书馆的学习实际上是课堂教学的延伸。

我们正在进行的“新教育实验”，其中最重要的活动就是“营造书香校园”，我们把它作为打好教师与学生精神底色的工作。可以说，整个新教育实验的切入口就是“读好书”，倡导学生、教师读书，并把读书看作为学与从教的基础。简单说，就是用读书带动教育改革，建立一个充满智慧和生机的校园。

第四，从目前中小学图书馆的现状来看，与我们营造书香校园的目标还有不少差距。我们希望教育部进一步明确对于中小学图书馆建设的目标、任务，保障中小学图书馆的图书经费，明确图书管理人员的基本要求。

我甚至还有一个设想，那就是我们的学校图书馆建立真正属于学校老师和学生的馆室。我们的老师、学生写读书随笔、日记，他们的这些作品就是最宝贵的成果，完全应该在学校设立专柜、专室来收藏、展示。一年年地积累下来，它们就成了学校图书馆最有特色、最有吸引力的精神资源了。

读书、活动、创作，这样由体验到思考再到创新，才是一个完整的精神活动，才能充分发挥人类文明经典教育人、熏陶人、激发人、发展人的全方位作用，学校图书馆才算完成了它应有的使命。

酷爱阅读的犹太人平均每 4500 人就拥有一座图书馆，中国的图书馆无论质量还是数量都远远不如。因此，对于我们来说，中小学图书馆的意义更为重大。如今各地都在进行“拆墙透绿”，将一座座公园的围墙拆除，变成全开放式公园，让人们更为便捷地享受到更为通透的美景。我们的中小学图书馆也需要“拆墙透绿”，让孩子们更为轻松地把阅读变成自己的习惯，变成自己的生活方式。公园是物质上的绿地，学校是精神上的绿地。如果每个中小学图书馆都是一片开放的花园，每所学校都弥漫着书香，我们这片大地也就春意盎然。

大学教育亟须一场阅读革命

大学是一个提供了最大的读书空间与时间的场所。阅读对于大学生专业素养的培育，对于大学生人文精神的形成以及创造能力的激发，都有着不可替代的作用，具有非常重要的意义。

在天津大学参加冯骥才文学艺术研究院组织的“人文精神与大学教育”的国际研讨会，聆听了王蒙、冯骥才先生以及俄罗斯科学院院士李福清等著名学者的高见，很受启发。在全球化的时代，在商品化的时代，精神的缺失已经成为许多社会问题的症结。而应该作为人文精神的“堡垒”的大学，也日益远离人类的崇高精神。所以，这次讨论中10个国家的几十位学者，几乎不约而同地呼吁，应该重塑大学的人文精神。大学的人文精神如何塑造？我认为阅读是最重要的路径之一。

大学是阅读的天堂。严格地说来，大学是一个提供了最大的读书空间与时间的场所。阅读对于大学生专业素养的培育，对于大学生人文精神的形成以及创造能力的激发，都有着不可替代的作用，具有非常重要的意义。

2010年，新闻出版部门发布了第七次全国国民阅读调查结果。调查结果表明，我国18～70周岁国民图书阅读率为50.1%，人均每天读书时长为14.70分钟，有58.1%的国民认为自己的阅读数量很少。而2007年的国民阅读调查结果则显示，在识字但每年连一本书都不读的人中，认为“没时间”读书的占49.4%，“不习惯”读书的比例为42.8%，这也是目前人们不读书的两个最主要的原因。而在“没时间”读书的人群中，20～29岁年龄段的年轻人占54.2%，在“不习惯”读书的人群中，18～19岁的在校学生占45.9%，排在首位。从年龄结构分析，大学生是这两个群体的主体。

阅读问题反映了大学人文教育的式微。复旦大学的《上海大学生发展报告》显示，经常阅读人文社会科学典籍和学术类著作期刊的大学生不足三成，大多数学生课外阅读只是为了休闲消遣。该报告指出，现代社会发达的传播条件使大学生的阅读面扩大，但非学术类阅读占的比例升高；相比之下，学术类阅读显得单薄，专业期刊与外文文献阅读更是稀少。调查显示，经常阅读本专业经典著作、人文社会科学典籍、专业学术期刊、外文学术文献的学生比例分别为15.2%、22.8%、9.3%、5.2%。而经常或偶尔阅读通俗文学读物、时尚报刊、外文报刊的比例则高达88.5%、86.4%、73.9%。许多学生根本不知道自己专业领域的重要学术期刊、学术会议。调查还表明，我国大学生在3个月内对于经典文本的阅读量都在3本以下。

2010年7月至8月，我有机会进入哈佛大学肯尼迪学院学习，该学院的课程主要分为案例研究和基础理论两类，其共同特点是要求学生进行课前阅读，每天的阅读量甚至多达上百页。所有的讨论与教学都是建立在阅读的基础上的，这是课堂对话的基础。没有阅读，就没有美国的大学教育，这是我在哈佛学习最大的感受。美国大学生每周的阅读量是500～800页。甚至美国的高中生，一个学期也需要阅读10本以上的经典小说。在这个方面，我们与国外大学教育仍然有较大差距。

同时，我国大学生阅读的快餐化问题也比较突出。广州市一所综合性大学曾经对学校图书馆借阅情况进行过调查统计，结果令人大跌眼镜：日本漫画《名侦探柯南》以绝对优势高居借阅量榜首。占据借阅量前20位的是漫画和武侠小说，基本都是所谓的文化快餐。而教育部等推荐的大学生读物如《论语》、四大名著等，无一上榜。在阅读文学名著方面，有57.4%的学生阅读原典，其余学生则选择了各种“替代方式”，包括改编的电影、电视剧、缩略文本、文学简介和短评等，像《于丹〈论语〉心得》《易中天品三国》之类的通俗化的图书在大学生中受到广泛欢迎。

大学生阅读的危机实际上反映了整个教育的危机。因为在他们成长关键时期的中小学学校教育中，应试教育甚嚣尘上，阅读在学校中没有任何地位，阅读的能力和阅读的兴趣没有得到开发。学生接触的是相对枯燥的教科书、教辅书，根本没有与那些伟大的、有趣的读物相遇。在应该形成阅读的饥饿感和阅读习惯的时期，没有得到相应的训练与滋润。所以，问题出在大学里，根子还在中小学。

虽然阅读的基础在中小学，但是大学对于学生阅读的兴趣、习惯的养成也不是无能为力的。时过然后学，勤苦而可成。所以，我们认为，应该改进大学的教学方法，加强阅读在大学教学中的地位与作用。

首先，要改变课堂教学的模式。现在的大学教育基本是“上课做笔记、考试背笔记、考后全忘记”的模式，阅读在学校教育中基本没有太大的价值。而西方著名大学基本都是采用阅读加讨论再加报告的模式，阅读是整个教学的基础环节。每周 500 页左右的阅读量，是大学生的基本功。

其次，要充分发挥图书馆的作用。图书馆应该是大学最美丽的风景，应该是大学最重要的设施，好书应该是大学最优秀的老师。一个学校的名师总是有限的，但是丰富的图书资源可以为学生提供无数名师。认真读一部文化名著，就是接受了一次文化的熏陶，其意义不亚于听一门系统的文化教育课程。所以，大学应该聘请优秀的专家做图书馆的馆长，应该把最主要的经费用在图书采购上，应该为教师与学生的阅读提供最便捷的条件。

最后，要加强阅读指导。由于现代大学生尤其是低年级学生并没有实现从中学学习方式向大学学习方式的转变，还缺乏自觉读书的意识与习惯。所以，向他们推荐阅读的书目，开设各种阅读的指导课和讲座，把他们带到图书的斑斓世界，就显得非常必要。这就要求教师有阅读的情趣与习惯，有广泛的阅读背景与经验。一些大学推出的必读书制度，已经取得了比较好的效果。

最好的教育是自我教育，现代社会也要求人们终身学习，我们无法想象，一个没有阅读习惯的大学生，在离开校园后将如何自我教育、如何持续学习。如果说中小学生的阅读习惯养成还任重道远，那么大学生的阅读能力提升，已是刻不容缓。在阅读式微的大学里，需要一场阅读的革命。

“读书无用”与“读无用书”

——“新读书无用论”的背后

知识之所以没有产生力量，不是因为“读书无用”，而是因为“读无用书”。

说“读书无用”，在任何背景下、任何社会中都是一种悲哀。

我认为，知识之所以没有产生力量，不是因为“读书无用”，而是因为“读无用书”。只有将“读无用书”变成“读有用书”，只有真正培养出有创造力的公民，我们的教育才会长久进步。

2008年全国两会期间，全国政协委员、辽宁省糖尿病治疗中心主任冯世良先生有一个提案，指出“新读书无用论”正在流行，建议防止新一轮“脑体倒挂”。

“新读书无用论”的流行有一定的背景。2006年初，劳动和社会保障部对25个省、自治区、直辖市的5300多名外出务工人员做了一项调查，发现他们对当年外出务工的平均月工资预期已达到1100多元。而据另外的调查，应届大学毕业生对月薪的预期连年下滑，2006年已经降至1000元左右。2007年高校毕业生就业调查显示，50%的毕业生起薪为1000～2000元。

“读书无用”，在经济腾飞的当下开始悄然流行，尤其悲哀。在教育成本日益高涨的今天，辍学成为越来越多贫困家庭的理性选择。这种选择所透露出来的意蕴是多方面的。例如，它是对教育布局的一个暗示，说明改变普通高中与职业学校的比例失调状况已经迫在眉睫，发展职业教育已成为全社会的必然需求，这种需求已经率先通过市场体现出来了。

更重要的是，“新读书无用论”提醒我们检讨：读书何以无用？客观地说，中国现在缺少的不是人，而是人才，而大量拥入就业市场的年轻人，恰恰离人才的标准甚远。知识之所以没有产生力量，不是因为“读书无用”，而是因为“读无用书”。关于这一点，包括冯世良委员在内的许多人都将目光聚焦于高校的专业设置上。而我以为，更深的根源或许仍然在基础教育这一方面。因为对于基础厚实的优秀年轻人来说，哪怕是跨专业就业，也往往能够很快适应。

以应试为中心的基础教育究竟是如何让一个个活蹦乱跳的儿童变为死气沉沉的不能适应现代社会的年轻人的呢？我概括为四句话：夺其天真，空其头脑，隔其交往，束其手脚。

何谓“夺其天真”？每一个儿童刚走入学校的时候都是天真可爱的，但我们的教育从小便把儿童投入“斗兽场”中。一句“不要让孩子输在起跑线上”贻害无穷。在许多地方，竞争甚至从幼儿园就开始了。许多在竞争中落败的儿童，年纪尚小就已经心灵扭曲。因为一切朝“分数”看，导致大部分教师并不真正具有专业化水平，很容易将儿童的心理问题、能力问题甚至生理问题统统归于道德问题并进行负强化，结果需要帮助的儿童因为被经常性地指责以及贴标签，而真的成了“问题儿童”。随着时间的推移，“问题儿童”的队伍在扩大。到大学毕业，许多年轻人已经形成了扭曲的人格，日益变得自私、冷漠、阴暗，缺乏公民意识和社会责任感。

何谓“空其头脑”？中小学已经日益变成了阅读的荒漠，虽然必须上学，但是不能“读书”，或者说只能读教科书，至今许多学校还要没收学生的课外书（据说甚至规定上自习课也不允许读课外书）。仅从“课外书”这个概念，就可见学校在某种意义上其实是最顽固地拒绝“读书”的场所。事实上，学生在特定的年龄阶段，往往需要阅读特定的书籍。儿童读童话，少年读诗歌，一旦错过了，很可能就永远错过了，即使后期恶补，精神发育也会受到影响。更重要的是，缺乏了阅读过程，儿童便缺乏了广阔的智力背景，会给以后真正意义上的学习造成困难。与此同时，机械记忆盛行，学生的理解力与创造力被抑制，学习兴趣乃至生活兴趣日渐丧失。

何谓“隔其交往”？在现代社会中，人际沟通的能力是第一位的。美国的教育就特别注重培养学生的人际交往能力。反观我们的教育，是常常让学生相互隔离，彼此对立。这不仅仅是指学生虽然同处一间教室，但彼此之间并没有真正的交流沟通，没有形成真正意义上的共同体；也不仅仅是指无论学校还是家庭都倾向于限制学生的人际交往，学生没有多少时间发展人际交往能力；更是指学校倾向于让学生相互竞争甚至相互倾轧，而不是相互关爱、相互合作。这样成长起来的孩子，自我是不完整的，更不用说具有社会责任感了。

何谓“束其手脚”？和整个社会拆除围墙相对应的是中小学在加高、加固有形的和无形的围墙。学生几乎没有多少课外活动时间，活动空间非常狭小，运动会形同虚设，体育锻炼的机会非常少。在许多小学，眼睛近视的儿童已经占学生总人数的三分之一还多，这是非常令人惊讶的。学生缺乏足够的锻炼，影响的不仅仅是身体，更重要的是精神气质。身体其实是创造力的基础、活力的源泉。许多学生高中毕业青春年少，就已经像一个身体孱弱、精神萎靡、反应迟钝、暮气沉沉的“老人”，这不能不引起我们的重视。

其实，这种教育的后果早就显现出来了。许多学生经过十年寒窗，反而变得既无“用处”，又丧失了进一步发展的可能性。而在现代社会，终身学习不但是一种理念，更已经成为生存的必需。特别是在全球化的今天，科技进步日新月异，知识更新速度加快，整个社会以创造力为导向，更加依赖富有活力的成员。而我们的教育培养出来的学生，往往在这种变化面前手足无措。因此，一方面企业缺乏优秀的员工，另一方面大学生无法找到工作。

如果说在“一篇文章定终生”的封建时代，残酷的应试教育的存在还有其合理性的话，那么在今天，当大批大学生面临“毕业即失业”的困境时，这种合理性已经渐渐丧失。可以肯定的是，头脑灵活的、善于思考的、有活力的、擅长沟通的、体魄强健的大学生将更受到社会的青睐。在目前的背景下，虽然市场导向已经渐渐发生了变化，但是传统的偏见仍然有着强大的惯性，我们的教育仍然在沿着惯性向前走，直到付出越来越惨重的代价。

当越来越多的人觉得“读书无用”的时候，学校便应全面思考、积极变革，响应时代的召唤，适应社会的发展。只有将“读无用书”变成“读有用书”，只有真正培养出有创造力的公民，“读书无用论”的论调才会彻底消失，我们的教育才会长久进步。

第四章　一个书香充盈的城市必然是一个美丽的城市

城市的美丽固然需要靠它的外表、建筑、规划，但是一座城市的真正的美丽，还是靠这座城市的人的品位和气质。人的品位和气质靠什么？最重要的就是阅读。我们认为，最优秀的城市就应该拥有最善于阅读的市民。

一个城市最美丽的风景就应该是阅读的风景，一个文明的城市应该是学习型的城市。学习型城市的美丽不在于外在的山水树木、街道建筑的感官之美，而在于内在的思想之美、文化之美。

我们应该继承中华民族的优良传统，以创建学习型城市、构建和谐社会为目标，通过广泛开展群众性阅读活动，倡导阅读理念，弘扬阅读文化，营造书香城市，让读书学习真正成为广大市民群众自发追求的一种生活方式、自我发展的一种内在需求，进而确立现代市民意识，培育现代生活方式，养成现代文明行为，进一步提高文明素质，为中华民族的伟大复兴提供强大的动力支持和良好的人文环境。

精彩视频　扫码可得

阅读，让城市更美丽

一个没有阅读的城市，是一个没有“人”的城市。最优秀的城市就应该拥有最善于阅读的市民。阅读的过程，是一个不断赋予城市生命活力的过程，也是城市找回其存在意义的过程。

一、教育发展引领国民阅读能力的提升

高尔基说:“书是人类进步的阶梯。”今天，人类已进入新的世纪，读书不仅成为一个人修养的标志之一，也成为人们完善自我、塑造自我、提升自我、获取智慧的不可取代的重要途径之一。

可以说，一个人如果从小就能养成良好的阅读习惯，一生都会受用无穷。一个民族具有热爱阅读的追求与渴望，这个民族就会充满智慧和希望。虽然今天阅读的含义更加广泛，已远远不限于阅读图书甚至纸质出版物，但仍然不可否认，在那浩瀚的书卷里，博大精深的中华文化得以汇聚，光辉的中华民族精神得以传承，灿烂的中华文明得以延续。

放眼 21 世纪的今天，国力的竞争已开始变为文化与科技的竞争，世界文明的步伐镌刻着知识的烙印前行，中华民族的腾飞也必将以知识凝聚力量。

中国 40 年改革开放的成功离不开阅读，离不开政府强力推行的九年制义务教育。如果没有 40 年来教育的发展，如果没有 40 年来中国国民阅读能力的发展，很难想象今天的中国能在全球化的知识经济时代取得一席之地，很难想象我国的改革开放能取得如此巨大的成就。

二、我们面临的阅读危机

中华民族是一个具有优良读书传统的民族，“积财千万，无过读书”是中国传统家庭千百年来恪守的信条，“修身、齐家、治国、平天下”成为许多读书人追求的人生理想，凿壁偷光、囊萤映雪、悬梁刺股等也成为历代传颂的苦读勤学的佳话。“读万卷书，行万里路”，中国人保持着良好的知行合一的读书传统。中华民族从来就是一个热爱学习、勤奋读书、勇于实践的民族，它是我们民族精神动力不竭的源泉。

从古至今，爱书、惜书、读书都为世人所推崇，人们通过阅读来获取知识、增长本领、提升品位，推动社会走向更高的文明。正是这种读书之风才使中华文明传承至今，并成为世界文明中从未中断、完整传承的文明。

然而，中国社会在文化心理上正面临一场阅读危机。从 1999 年到 2005 年，我国成人阅读率一直在下降，近几年在一大批学者的呼吁和推动下，才开始有了缓慢的回升。相比之下，尽管美国的成人阅读率也在下降，但 75% 左右的水平要高出中国很多。

可以说，中国人是有读书信仰的民族。“书中自有颜如玉”“书中自有黄金屋”“读书破万卷，下笔如有神”“熟读唐诗三百首，不会作诗也会吟”，这些是中国人读书信仰的浓缩，科举制度则是中国人读书信仰的政治表现。

可是，中国人的读书信仰在今天却面临着被破坏甚至是消失的危险。这表现在两个方面：一是对读书持怀疑态度，觉得读书无用；二是读书的人中，真正有阅读信仰、相信阅读价值、愿意读经典的人越来越少。阅读信仰的缺失必然导致精神信仰的缺失。

三、没有阅读的城市是一个没有“人”的城市

城市的出现在人类历史上是一件具有里程碑意义的大事。著名城市学家刘易斯·芒福德在他的《城市发展史：起源、演变和前景》中归纳了人类发展史上创造的两个工具：一个是文字，另一个就是城市。

人类正是通过这两大工具，一步步提高自己，创造出了无限丰富而美

丽的物质文化和精神文化，实现了人类社会的一次次飞跃。文字（阅读）和城市这两件人类史上极其重要的事，在很早以前就联系在了一起。

城市是人的城市，是人的群体活动创造的结果。从某种意义上说，一个没有阅读的城市，是一个没有“人”的城市。阅读的过程，是人的社会意识、价值观念、文化素质等不断提升和发展的过程，是一个不断赋予城市生命活力的过程，是城市发展的核心——人的发展过程，也是城市不断实现其本质、找回其存在意义的过程。

城市的美丽固然需要靠它的外表、建筑、规划，但是一座城市真正的美丽，还是靠这座城市的人的品位和气质。人的品位和气质靠什么？最重要的就是阅读。我们认为，最优秀的城市就应该拥有最善于阅读的市民。

四、阅读让城市更美丽

中共十六大提出要“形成全民学习、终身学习的学习型社会，促进人的全面发展”，开启了全国上下积极创建学习型社会的新局面。继承和发扬读书的优良传统，大兴勤奋学习之风，意义重大而深远。为此，中共中央宣传部、教育部、团中央、解放军总政治部等曾联合发出通知，倡导全民阅读。

学习型城市这一新型城市发展模式也登上了历史舞台。学习型城市是一种以学习促发展的城市，“学习”是途径，“发展”是目标。

“发展”在此的含义不是达到某种阶段性的标准，而是一种内在的、自强不息的发展动力，就像辜鸿铭先生所描述的中国人的精神里的那种永葆青春的动力。学习型城市应该具备不断超越、生生不息的内在动力。

这种生生不息的内在动力，只能从代表民族精神的伟大著作中去寻找，只有通过阅读才能实现。只有每一个中华儿女的血液中都流淌着自己的民族文化基因，才不会在全球化的多极世界中风雨飘摇。民族文化基因就像是狂风暴雨中屹立不倒的灯塔，照亮着我们的心。

根基牢靠，才能枝繁叶茂，才能花枝招展。经典著作是我们的根基，而阅读则是我们从经典著作中汲取营养的“吸管”。阅读让生命更充实，让教育更精彩，让城市更美丽，让民族更强大。

阅读造就学习型城市

学习型城市的美丽在于有着自我超越的市民、催人上进的组织、简单宁静的生活和自觉创新的文化。这是学习型城市的生命之美、灵动之美。

学习型城市也应该是一座美丽的城市。这种美丽不在于外在的山水树木、街道建筑的感官之美，而在于内在的思想之美、文化之美。学习型城市的美丽在于有着自我超越的市民、催人上进的组织、简单宁静的生活和自觉创新的文化。这是学习型城市的生命之美、灵动之美。

一、阅读造就自我超越的市民

在创建学习型城市的过程中，阅读的基本作用就在于培育学习型市民。市民是一个城市中最重要的元素，市民的素质决定了这个城市的竞争力，也决定了这个城市是否能成为学习型城市。那么，什么样的市民才能称为学习型市民呢？首先，学习型市民必须先成为学习型个人，然后才可能成为学习型市民。学习型个人是指能够通过学习而不断获得成长和进步，尤其是通过学习不断加深对自己、他人和社会的认识，并在学习、工作生活中不断超越自我的个体。“学习型个人”与“学习者”是两个不同的概念。通常，学习者是指学习过程的主体，这个概念是对现象的描述，而没能反映现象的原因和结果。学习型个人指由学习需要推动的、具有自我教育能力的、能通过学习获得成长进步的个人。学习型个人和学习者的差别就在于，前者有自我校正机制，而后者不一定有。其次，学习型市民是学习型个人在城市背景下的称谓。学习型市民是指能够通过学习不断成长，对自己有深刻的体察，对城市生活和城市文化有深入的了解，自己真正融入城市生活并不断超越自我的城市居民。用一句话概括就是，学习型市民是具有“自我校正能力”的市民。

在控制论的创立者维纳看来，人类是所有生物中自我校正能力最强的一种。是自我校正能力的不同导致了人和动物的不同。所以，自我校正能力是生物进化的标志之一。同样，在人类社会，自我校正能力也是社会进化的标志之一。学习型社会（或学习型城市）与前学习型社会（或前学习型城市）的重要差别之一，就是自我校正能力的不同。学习型城市是一个具有自我校正能力的城市。

阅读让人类能在发达的现代社会了解古代社会发生的事，让东方世界和西方世界的人们在万里之外也能互相交流，而这种交流也一定会在实践中经受许许多多的检验。当阅读中的世界与生活实践中的世界相去甚远时，自我校正机制就开始发生作用，让阅读中的世界和生活实践中的世界趋向于一致。这便是阅读的自我校正机制发生的原理。

阅读可以提高城市市民的自我校正能力。人类的生长是一个社会化的过程。在此过程中，人类个体不断与其所处的环境发生交互作用，从而逐渐生长为适应社会环境的人。这种适应有物理方面的，也有文化习俗方面的。通过文化习俗的不断熏陶，我们逐渐形成了符合文化习俗的习惯，并在以后的生活中长期遵循此习惯。但是，我们所处的环境会发生变化，我们居住的场所可能会发生很大的变动。这让我们面临着重新适应的任务。同时，我们自己也在发生变化，会选择新的工作，树立新的目标，结交新的朋友，等等。尤其在当下，这些变化可能发生得越来越频繁、越来越剧烈。所有这些我们面临的外在或内在的变化，都对我们的适应能力（自我校正能力）提出了新的挑战。阅读是应对这种挑战的重要举措。从乡村到城市生活，我们需要通过生活实践和阅读，才能了解城市的生活方式并适应它。从工业时代走向信息时代，我们需要阅读《第三次浪潮》和《世界是平的》等著作，才能让自己不被信息时代所抛弃。从中国到美国去上学或工作，我们需要通过阅读文化差异方面的书籍才能更好地适应美国的生活。一个人从大学走上工作岗位，变成一个要创造个人价值和社会价值的社会成员，也需要通过阅读以更好、更快地完成这个转变过程。一个人在爱情、婚姻或家庭生活中遇到困难后，也会求助于书本来重新认识彼此，去追求幸福的生活。

当今中国，城镇化是我们这个时代所面临的最大变化。市民不应满足于按照习惯去生活。市民需要通过阅读，真正了解自己居住城市的文化，甚至积极参与塑造自己居住城市的文化。

二、阅读催生不断超越的组织

彼得·圣吉在《第五项修炼》一书中开宗明义地说：“要打破这个世界是由个别、不相关的力量所创造的幻觉。奠基于此，才能建立不断创新、进步的‘学习型组织’；在其中，大家得以不断突破自己的能力上限，创造真心向往的结果，培养全新、前瞻而开阔的思考方式，全力实现共同的抱负，以及不断一起学习如何共同学习。”在书中，彼得·圣吉描述了创建学习型组织的五项修炼（discipline）：自我超越、改变心智模式、共同愿景、团体学习、系统思考。五项修炼的目标是建设学习型组织，使其中的人能不断超越自己，通过共同学习和共同愿景，实现共同的伟大抱负。

阅读与自我超越。“自我超越”是对一个人真正心之所向的“愿景”，不断重新聚焦、不断自我增强的过程。简单地说，就是朝着自己希望的方向不断成长的过程。从书籍中，我们可以找到自己的榜样并获得不断前进的动力。很多传记、小说、书信集等都能给我们很大的激励力量。《傅雷家书》《贝多芬传》《林肯传》《约翰·克利斯朵夫》《假如给我三天光明》等书就是其中的杰出代表。

阅读与改变心智模式。心智模式是人们对于周围世界如何运作的根深蒂固的看法。例如，有人相信人是可信的，而有人认为人是不可信的。很难简单地对心智模式下对错之判断。但心智模式却实实在在地影响了我们的行为。《列子》中有一个典型的故事，说有一个人遗失了一把斧头，他怀疑是邻居孩子偷的，便暗中观察他的行动，怎么看都觉得他的一举一动像是偷他斧头的人，绝对错不了。当后来在自己的家中找到了遗失的斧头时，他再碰到邻居的孩子，便怎么看也不像是会偷他斧头的人了。这就是心智模式对我们的影响。对于改善和提升我们的心智模式来说，没有什么比阅读更合适的了。很多民族都有很多能塑造民族心灵的书。《圣经》之于基督教徒、《古兰经》之于伊斯兰教徒、《易经》之于中华民族，都是塑造灵魂的传世之作。再如，在纷繁复杂的现代社会中生活，很多人感到压力重重、烦恼不断，这时梭罗的《瓦尔登湖》就可能成为我们心灵的清泉，带着我们走向简朴、平静与真实。

阅读与共同愿景。“共同愿景”（shared vision）是大家共同愿望的景象，它创造出众人是一体的感觉，并遍布到组织全面的活动中，而使各种不同的活动融汇起来。共同愿景的建立需要共同体的人有同甘共苦的经历，并共同分享、聆听和选择属于他们自己的未来。当团体规模较小时，口耳相传是共享愿景的主要途径。当这个团体大到千人万人甚至是国家民族时，只有靠文字传播和共同的阅读才能共享彼此的梦想并产生共同的理想。《义勇军进行曲》团结了中国人，《共产党宣言》使全世界的无产阶级团结起来与资本主义斗争，而《我有一个梦想》则激励了所有的黑人。

阅读与团体学习。团体学习是发展团体成员整体搭配与实现共同目标能力的过程。它以“自我超越”“共同愿景”两项修炼作为基础。就如同卓越的爵士乐团需要一流演奏家且大家都愿意成为伟大乐团的一分子，但是只有这些音乐家知道怎样一起演奏，他们才能真正成为卓越的乐团。团体学习不仅指对书本知识的学习，更指团队成员相互学习，让彼此的经验和智慧搭配的效果最大化。团体学习本身就是一项需要学习的技能，它不仅仅是一群人在一起学习这么简单。团体成员要彼此信任，开诚布公地分享自己的理论及背后的假设，反思自己的观点和优缺点，了解他人的观点和优缺点，寻求种种协作融合的可能性。这需要阅读《第五项修炼》《高效能人士的七个习惯》等书，还需要阅读了解心理治疗技术中的理性情绪疗法，并不断演练才能掌握团体学习技能。

阅读与系统思考。系统思考是一种整体的思维。彼得·圣吉用暴风雨做类比，说“唯有对整体而不是对任何单独部分深入地加以思考，你才能够了解暴风雨的系统”。中国流传已久的“盲人摸象”的寓言描绘了“只见树木，不见森林”的现象，阐述了“系统大于部分之和”的道理。对于纷繁复杂的个人生活和组织生活，我们何尝不是“盲人”，我们看到的、听到的、接触到的也仅是“象腿”或“象鼻子”，如此而已。阅读对我们而言，就像是一副可以开启我们心灵智慧的“眼镜”，戴上它我们就可以更清晰透彻地观察我们周围的“大象”。如果我们喜欢，还可以戴上不同的“眼镜”，从不同的角度观看“大象”，这样我们就可以看得更清楚一些。彼得·圣吉在《第五项修炼》中描述了很多“系统基模”，帮助我们更好地看清组织管理中的种种现象，以获得对管理经营活动更全面的认识。

基于阅读的书香文化让组织成为员工的精神家园。我们一生中很大一部分时间在我们的工作单位中度过。我们的职业生命直接决定了我们的生命质量。但是，我们的职业生命正面临着很大的挑战和威胁。压力、疏离、缺乏使命感和价值感已成为现代人的职业杀手，让很多人变得厌倦工作、与人疏远，职业退化为谋生的手段，同事异化为完成工作的工具，价值和奉献成为可遇不可求的奢侈品乃至被用来嘲笑某些人的“迂腐”。现代社会中，工作与生活的严重冲突给组织的效率和员工的发展造成了极坏的影响。拿企业来说，企业高层管理者总是感叹：很难招聘到合适的人才，员工的忠诚度很低，但薪酬要求却很高，没有奉献精神，没有合作精神，等等。而企业员工也有自己的抱怨，觉得自己得到的支持太少，工资很低，还经常被要求加班，同事关系冷淡，看不到发展前景，等等。在这样的相互抱怨中，都是输家，没有赢家。那么，怎么办？这就需要塑造一种积极向上的以人为本的企业文化，通过企业文化缓冲企业与员工间的既有冲突，让员工有能力管理自己、管理压力、管理时间、协调工作家庭冲突。营造尊重员工、关心员工的以人为本的文化氛围，让员工热爱生活、热爱工作，对企业有归属感，对事业有忠诚感。这种积极向上的以人为本的文化需要通过培训、座谈、交流、分享、阅读等形式逐步形成。很多组织会给员工推荐阅读书目，如《高效能人士的七个习惯》《致加西亚的信》《谁动了我的奶酪》《追求卓越》《基业长青》《一分钟经理人》等书。这些书里所提倡的积极主动、自我规划、要事第一、信守承诺、坚持不懈等观念，会给员工很大的触动。员工在阅读这些书后，一起参加相关主题的培训、交流和分享，会碰撞出新的思想观念，也会逐渐达成一些共识。这些共同的经历和共享的观念，会拉近员工彼此间的距离，给员工提供一种精神支持。

三、阅读创造简单宁静的生活

我们把学习型城市的生活理解为：市民通过学习不断提升自己，过着一种以反思、平衡、宁静、坚韧为特征的生活。反思的生活指自我觉知、自我反省的生活，也就是儒家提倡的“吾日三省吾身”的生活。懂得反思的人对自己的生活方式认识清晰，知道自己为什么成为当下生活中的我，也知道如何选择未来的生活道路。平衡的生活指能兼顾生活角色中的各个方面，如在父母、子女、太太、先生、兄弟姐妹、朋友、同事等各个角色之间取得一种平衡。现代人扮演着众多的角色，往往很难在各个角色之间取得合适的平衡，因此，掌握平衡的艺术就成为生活的基本能力之一。宁静的生活指市民在生活中感到充实、宁静。宁静的艺术涉及我们对自己的使命和价值的认识，涉及如何正确处理人与人之间、人与社会之间的关系。坚韧指面对生活中的压力和挫折，能迎难而上、永不放弃，能用平常心对待生活中的一切酸甜苦辣、是是非非。生活是一门学问，更是一门艺术。要掌握这门学问和艺术，需要做大量的知识上的积累和准备，更需要融入生活、体验生活，磨炼自己对生活的感悟，提升自己的生活智慧。

阅读是提升生活智慧的最高效手段。阅读对于帮助我们反思，获得平衡、宁静、坚韧的生活有着极大的促进作用。这几年兴起的“国学热”和“读史热”就是阅读促进反思的一种表现。中国正处于社会急剧转型的时期，有时思想意识处于混乱甚至是迷茫的状态。有人用“迷茫的一代”来形容 80 后的青年一代，也说明了我们正处于一个亟待启蒙的状态之中。读史的目的在于不再犯同样的错误，同时吸取历史经验增长我们的生活智慧。很多人通过阅读《论语》或《圣经》之类的经典著作，对自己的生活状态有了更深刻的理解和认识，找到了自己的生活坐标。阅读可以帮助我们获得平衡的生活。例如，当代美国杰出的管理顾问、家庭顾问斯蒂芬 · 柯维博士所著的《高效能人士的七个习惯》和《幸福家庭的七个习惯》，就是可以帮助我们获得平衡生活的杰出作品。柯维博士在其著作中向我们讲述了如何在生活的各个角色之间取得平衡，如何调整自己的心态、管理自己的时间、经营人际关系、与人合作以及如何保持身体、情感、智力、心灵的平衡和持续发展。宁静的生活同样可以通过阅读获得。首先，阅读本身就是一种宁静的生活；其次，有些作品可以帮助我们加深对宁静生活的认识，从而知道如何实现宁静的生活。内心的宁静来自生活的充实感和价值感。维克多 · 弗兰克尔博士在其经典作品《追寻生命的意义》一书中，用自己的亲身经历向广大读者描述了一个如何在极其艰难的条件下实现生命意义和价值的故事，发人深省。坚韧品质需要在生活的不断磨炼中才能形成。很多人在面对生活的艰辛和生命磨难时，从《老人与海》和《约翰·克利斯朵夫》等伟大的文学作品中获得了坚持的力量。伟大的生活智慧早就存在于伟大的作品之中，我们要做的就是阅读并实践伟大智慧，让其为我所用。

阅读不但是增长生活智慧的有效方式，其本身也是一种重要的生活方式。在知识经济时代，衣食住行的生活方式被大大颠覆，以阅读等方式为代表的文化休闲方式必将成为未来生活的主旋律。[①]阅读的本质在于不断吸收精神食粮。人们通过阅读书报杂志，学习科学文化知识，陶冶思想情操，再转化为自己的工作能力和综合素质，作用于工作中，从而获得人生和事业的成功。阅读的数量越多，质量越高，学到的就越多，素质相应就会越高，工作成就相应就越大。当阅读之火点燃全体国民的灵魂的时候，没有理由不相信祖国的未来会更美好。

读书，是一种生活需要。在信息时代，在知识经济时代，图书将成为生活必需品，也是日用品，一日不可或缺。图书是人类文化，图书是人类知识，图书是人类宝藏，坐拥书城的感觉让人精神愉悦，甚至比日进斗金的感觉更让人充实。读书，是一场旅行。读者之于书籍，就如同鱼之于大海，可以在海洋中随意遨游，就如同小鸟之于天空，可以在白云中自由穿梭。人们在满足基本的生存需求之后，更加注重追求生活的质量和品位。人们不仅仅需要满足生存的生活消费品，更需要丰富的文化消费品，以提高生活质量和生活品位。例如，看电影、欣赏高雅音乐、游览名胜古迹、体验野外生存，甚至是遨游太空等，这些都是物质富裕之后而产生的文化消费。

四、阅读形成自觉创新的文化

我们把学习型城市文化理解为：有极强的自我创新能力，能帮助市民

---

① 许今燕:《让阅读从生存需求向基本生活方式转变》,《新西部》(学术版)2006年第12期。

自我认识，指导市民生活，促进经济社会发展，从文化自觉状态走向文化创新状态的城市文化。文化自觉和文化创新是学习型城市文化的两个关键特征。学习型城市文化的文化自觉有两个方面的含义：一是指城市文化有助于市民更好地了解自我、认识自我，从而更好地适应城市生活；二是指市民对文化有足够的觉知能力，能理解其所处城市文化的来龙去脉以及对自身的影响，并能很好地生活于其中。学习型城市文化的文化创新是指，市民在对城市文化有足够觉知和理解的基础上形成了高品位的文化消费需求，进而推动着文化产品和文化服务不断向前发展，并最终实现文化创新。

文化自觉是学习型城市文化的基础，也是市民适应新城市生活的钥匙。在城市化、全球化、信息化的大背景下，市民在生活方式、价值观念、人居环境、经济状况等方面都面临着挑战甚至是冲突。而适应这个挑战的合适途径就是要先理解为什么出现这些挑战。当今中国正在经历一个伟大的城市化运动。大量的农民朋友离开自己的家乡，进入城市，参与祖国的经济文化建设。例如，我曾生活过多年的苏州市就有 180 万外来人口。很多优秀的农民朋友在城里扎根、买房、结婚生子，成为“新城市人”。在“新城市人”和“旧城市人”之间，同样面临着文化冲击和融合的问题。这些“新城市人”生活在城市中，从生活习惯到价值观念，从工作交流到人际交往，都面临着重新适应的问题。这些“新城市人”只有在对这个城市的城市文化有足够的觉知和理解之后，才能很好地适应城市生活，融入城市生活。而“旧城市人”同样面临着文化再适应的问题。一方面，农村人口不断进入城市，给城市带来了很多新的文化元素；另一方面，城市在参与全球化的过程中，吸引和接纳了很多外来文化。这些新文化元素的加入，给城市文化本身注入了新鲜血液，带来了新的活力。新元素不断加入城市文化中，市民需要以一种开放的心态去接纳甚至拥抱新文化元素，才能更好地适应环境迅速变化下的城市生活。

文化创新是学习型城市文化的核心。中国是一个有着 5000 多年历史的文明古国，自古就以学习之邦而闻名于世，曾给世界文明贡献了《易经》《论语》《道德经》等不朽著作，出现过先秦时期百家争鸣的璀璨时期。但中国近 200 年的历史却可以说充满了磨难，在科技和文化方面都全面落后于西方世界。究其原因，还是因为我们因循守旧，故步自封，进步太慢。当西方世界大踏步前进的时候，我们还在洋洋得意于祖先曾经创造的文明，而忘了“快鱼吃慢鱼”的道理。学习如逆水行舟，不进则退；文化也如逆水行舟，不进则退。学习型社会的提出肩负着一个使命，那就是如何让中华民族重新站在时代舞台上，独领风骚，引领潮流。重新让中华民族傲立于世界舞台，是政治、经济的过程，更是文化的过程。城市文化作为城市的“软件”，其“自动更新”能力决定着这个城市的功能能够真正发挥多少，决定着这个城市的市民是否能够跟上时代潮流甚至引领时代潮流。

创新是民族前进的灵魂，也是市民生活的要求。传统的中国社会，依靠儒家思想调节人与人之间的关系，依靠道家思想调节自己与自己的关系。而在更复杂的现代社会，我们周围的环境发生了很大的变化，人与人之间的关系也发生了很大的变化。如在古代社会，没有网络上虚拟的人际关系。而当今社会，网络上虚拟的人际关系已经成为我们生活中一个比较重要的部分。那么，在虚拟的网络人际关系中，我们应该怎么交往？我们应该遵循怎样的行为规范？这就需要在传统道德观念的基础上有所创新。新时代需要新的价值观念指导我们的生活，也需要更多元的文化产品丰富我们的生活。

我们身处一个经济全球化的社会和时代，知识经济和信息传播已经成为这个时代的主旋律。文化的交流、碰撞和冲突就时刻发生在我们的周围。在西方文化汹涌而入的时代里，中华儿女如何既保持自己的文化传统，又能很好地理解和吸纳西方的文化精华为我所用，这是我们这一代人要面临的伟大课题。费孝通先生在 90 高龄依然十分关注中国社会和中国文化的发展问题，提出要通过文化自觉实现中西文化交融，并深刻发扬中国传统文化的光辉，让中国再一次挺立于世界民族之林。学习型城市文化应该是生活自觉的文化和创新的文化。市民要对自己的民族文化、城市文化有足够的觉知和理解，同时要在参与文化休闲、文化事务的过程中努力促进文化创新。

和谐城市需要阅读节的盛典

在阅读节里，阅读成了一种特殊的交往方式，即通过阅读，特别是共同阅读，能提供交往的平台，实现人们彼此的交流与对话，沟通心灵，消除隔阂，相互认同，形成共同的文化价值观，拥有共同的精神家园，促进社会和谐。

我曾经忧虑地说过："与所有快速崛起的时代一样，当今社会也面临着共同价值濒临崩溃的危险。而一座城市若能以平日阅读为基础，以开展阅读节为庆典，则会有着润物细无声之效。"

在阅读节里，阅读成了一种特殊的交往方式，即通过阅读，特别是共同阅读，提供了精神交往的平台，实现人们彼此交流与对话，沟通心灵，消除隔阂，相互认同，形成共同的文化价值观，拥有共同的精神家园，促进社会和谐。在全国各族人民团结奋斗并建设共同思想基础的今天，作为一种特殊的交往方式，阅读的现代价值值得全社会高度重视。

阅读需要从个体走向共读与分享。共读，可以在学校、家庭、组织机构中，也可以在城市、国家乃至整个人类之间。通过共读，人们对传统文明以及人类文明不断反思与继承，在保持差异性的同时不断地消除隔阂，逐渐形成新的共同价值观；通过阅读分享与交流，人们更能冲破个人主义屏障，打破人与人之间相互隔离的状态，将彼此的生命编织在一起，将学校、家庭、城市、国家乃至世界重新凝聚起来，并逐渐拥有共同的愿景与未来，不断地创造新的更加美好的未来，实现社会与世界的整体和谐。

在书香校园里，学生之间、师生之间通过共读共写共同生活，在共同的精神成长中体会和度过一种幸福完整的教育生活；在书香家庭，亲子共读是家长走进孩子内心世界的最佳途径，夫妻共读更能加强彼此交流、增进感情，实现家庭和谐；在书香机构，领导干部与广大组织成员通过共同读书，在部门中实现有效沟通与进步，更有利于统一思想、凝聚人心，推动学习型政府的构建。在书香企业，阅读让员工更加团结一致；在书香社区，阅读让社区更加健康与文明；在农家书屋，阅读让农村与城市不再遥远……

各种类型的读书组织，读书协会、博客群、读书俱乐部、阅读基金会等层出不穷，更多的人通过阅读分享快乐、广交良友；各种类型的阅读节日，从阅读年到阅读月，从阅读周到阅读日，更多的人在节日的仪式中彼此感应；各种类型的阅读活动，图书漂流、流动图书大篷车、名家大讲堂、经典诵读大赛、读书征文、爱心捐书……让更多互不相识的人以读书的名义欢聚在一起，爱心通过阅读传递，拉近了彼此间陌生的心灵。

苏州是一座比较重视阅读的城市，从2006年开始，每年都举办阅读节，是全国首创阅读节的城市。尽管苏州每年要举办数量繁多的各种文化节庆活动，但阅读节却是苏州唯一由市委、市政府联合发起的群众性文化活动，并每年都被作为市重点工作写入政府工作报告。在历届苏州阅读节中，除了面向广大市民的“享受读书之乐，争当文明市民”的大型活动，更针对不同人群举办了丰富多彩、独具特色的主题活动，如“读儒家经典，品人生真谛”在押罪犯读书活动、“和谐之声”盲人读者文艺演出、“我与读书故事”外来务工人员征文、爱心捐书等，让社会各群体共同感受知识阳光，共同品味阅读幸福，推动着社会和谐进步。这样的庆典，是每位市民的精神洗礼。让市民借此心灵相依，城市也因此温暖美丽。

阅读与市民素质

——在2006首届苏州阅读节开幕式上的讲话

开展广泛的群众性阅读活动，是提高市民文明素质的重要途径，是建设文化强市的重要内容。最优秀的城市就应该拥有最善于阅读的市民。

同志们、朋友们:

一年美景最秋色，金风送爽菊花黄。今天是中国文化奠基人之一，著名的思想家、哲学家、教育家孔子的诞辰，在这个值得纪念的日子里，在丹桂飘香苏城的美好时节，我们将拉开2006首届苏州阅读节的序幕。在此，我谨代表苏州市人民政府表示热烈的祝贺！向关心、支持和参与阅读节活动的社会各界和广大市民朋友们表示衷心的感谢！

开展广泛的群众性阅读活动，是提高市民文明素质的重要途径，是建设文化强市的重要内容。书，是人类最宝贵的精神财富。一个人的精神发育史就是他的阅读史。随着时代的进步，人类的这种精神财富累积得越来越多，书的形式也由纸质向多媒体发展。所以，我们只有通过更多的阅读，才能使自己更加富有智慧，并让我们的精神生活更加丰富多彩。任何人不读书学习，就会落伍，就会被时代淘汰。任何国家、任何社会没有读书尚学之风，就会失去理想和信念，失去发展动力和竞争依托。最优秀的城市就应该拥有最善于阅读的市民。市委、市政府决定举办苏州阅读节，就是要继承中华民族的优良传统，以创建学习型城市、构建和谐社会为目标，通过广泛开展群众性阅读活动，倡导阅读理念，弘扬阅读文化，营造书香城市，让读书学习真正成为广大市民群众自发追求的一种生活方式、自我发展的一种内在需求，进而确立现代市民意识，培育现代生活方式，养成现代文明行为，进一步提高文明素质，为苏州率先基本实现现代化提供强大的动力支持和良好的人文环境。

本届阅读节的活动丰富多彩，有18项之多。其中“感动接力——图书漂流”活动，是开展群众性阅读的创新，它将通过开放式的自取自读、读后再漂的天然图书流动模式，使书香漂流到社会的各个角落，让参与者分享到阅读的动人感悟。而“流动图书大篷车”活动，将利用现代信息技术把公共图书馆搬到学校，搬到社区，为开展群众性阅读活动提供更为广泛的服务。我相信，上述两项活动将成为本届苏州阅读节上亮丽的风景线，将会受到广大市民群众的欢迎和喜爱。

同志们、朋友们，开卷有益，欢迎大家踊跃参加阅读节的各项活动。首届苏州阅读节选择在今天开幕，就是要传承孔子倡导的“学而不厌”的精神，在全市营造读书求知、好学向上的良好氛围。让我们携手共进，共同努力，一起播撒书香，一起创造文明，把为期一个月的阅读节打造成为美丽苏州的新亮点和重要的文化品牌。

最后，祝首届苏州阅读节取得圆满成功！

谢谢大家！

2006 年 9 月 28 日

“地铁阅读”应成为城市风景

地铁不仅仅是一个交通的工具，也是传播文明与文化的载体。地铁的安全自然需要考虑，但并非不可以兼得。许多国家也都充分利用地铁推广全民阅读。

2010 年初，北京地铁禁售报刊一事，引起媒体和公众的高度关注，也引发了一场争议。我一直在关注，也努力站在安全的角度换位思考，但还是有一些疑惑与想法。总的来说，我不赞成这个做法。

从阅读推广的角度，地铁是最重要的场所之一。一个城市，尤其是北京这样的城市，在地铁等公共交通工具上读书看报，应该是城市最美的人文风景。记得温家宝就曾说，他“愿意看到人们在坐地铁的时候能够手里拿上一本书。因为我一直认为，知识不仅给人力量，还给人安全，给人幸福”。其实，许多国家也都充分利用地铁推广全民阅读，我在日本就看到过地铁站里的图书漂流架，人们可以在地铁站的一角自由借阅交流。

从国际惯例来看，地铁一直是各国尤其是发达国家图书和报刊销售的主要场所，一些重要的畅销书和有影响力的报刊，都不会放弃地铁这样重要的传播渠道。作为国家的首都和国际大都市，北京应该尽可能与国际接轨。因为，地铁不仅仅是一个交通的工具，也是传播文明与文化的载体。草率地决定全面停止销售，不仅让那些已经习惯在地铁买报读报的人非常失落，也让北京作为国际都市的城市形象大打折扣。

从安全的角度看，地铁的安全自然需要考虑，但并非不可以兼得。在恐怖主义日益猖獗的今天，堵住一切安全隐患，不仅是公安部门的责任，也是全体百姓的心愿。但是，即使按照刚刚修订的《北京市城市轨道交通安全运营管理办法》，“城市轨道交通车站站厅、站台、车厢、疏散通道内禁止堆放物品、卖艺、擅自摆摊设点以及其他影响通行和救援疏散的行为”，也没有完全禁止在地铁销售报刊。其实，完全可以通过在地铁站内设置固定的售报亭等方法解决这个问题。在许多国家，地铁站里不仅可以销售报刊，而且可以销售食品和小商品，以方便乘客。

当然，我也不赞成在地铁站只准发送《北京娱乐信报》的做法，这样做对其他媒体极不公平。我们知道，现在报纸的主要收入是广告，大部分报纸的印刷成本已远远超出销售价格。只允许一家出售，明显属于不正当竞争。这是任何明眼人都可以发现的问题。说得严重一些，我们要防止有些部门利用手中的权力，为少数利益团体服务；说得温和一些，我们要防止一些利益团体忽悠我们的有些部门。

总之，希望对这种涉及民生的大问题，我们的决策慎而又慎。不妨先广泛听取意见，甚至举行公开听证，再做决策。一个城市的美丽，一个城市的魅力，不是取决于它的高楼大厦，而是取决于它的市民的气质与品位。而阅读最能彰显市民的儒雅、宁静、从容的气质。希望总理“在地铁阅读”的愿望，能在现实中成为北京最美丽的一道风景。

阅读与学习型企业

提倡员工阅读，帮助员工成长，不但是教育手段，还是管理手段和领导手段。企业应该鼓励和引导员工读书学习，努力形成“人人读书，人人思考，人人进步”的氛围。“共读、共写、共同工作”是建成学习型企业的一个有效方法。

企业是靠生产生存的，创造产值和利润是它的生命所在。但是，企业是由员工组成的，企业的发展是由员工的劳动、智慧所决定的。因此，企业的发展离不开人的发展，企业的壮大离不开经营管理，而这些都与科技、文化息息相关。建设学习型企业越来越引起人们的重视，而阅读无疑是构建学习型企业的必由之路。

一、阅读让员工不断成长

阅读使人全面发展，阅读使人精神成长，阅读使人改变命运，阅读使人融入社会，阅读使人自我实现。对个人来说，阅读的过程是自我成长的过程；从企业的角度来说，阅读的过程就是员工成长的过程。员工的成长，不仅对员工本人有着重要意义，对于企业同样有着重要意义。一般企业常常认为，工资才是吸引优秀员工的主要办法，事实上并非如此。《员工第一》一书中曾介绍："美世咨询曾经对上海40家跨国公司的最新薪酬做了调查，调查表明，吸引和留住优秀员工已日益成为企业所关注的焦点。这个调查显示，吸引员工最为主要的三项因素分别是：员工发展计划（78%）、对员工的奖励和肯定（60%）、薪酬福利（56%），其次是培训计划（40%）、工作环境（28%）和工作内容（25%）。Waston Wyatt在全球范围内的调查也显示，员工承诺度高的公司，业绩可以比员工承诺度低的公司高出20%。"因此，提倡员工阅读，帮助员工成长，不但是教育手段，还是管理手段和领导手段。

学习型企业要有较强的创新能力，而较强的创新能力来源于学习和思考。员工的文化素质与知识结构直接决定着企业的创新能力和发展。广大员工的创新能力是学习型企业保持创新能力的根本所在，读书自学是提高员工创新能力的有效途径。创新需要有效丰富的知识储备和技能储备。广泛开展读书自学，组织员工参加读书自学活动，可以使员工不断增加知识储备。我们知道，在知识经济时代，一切都是以知识为基础的。高素质的企业员工，不仅是企业创新的宝贵财富，而且是企业发展的重要支柱。企业通过鼓励员工读书，促进企业和员工共同成长。

很多优秀的企业，都有给员工推荐书目的传统。麦当劳的每一位新入职员工都会领到一本《麦当劳员工手册》。通过《麦当劳员工手册》，新员工会了解到麦当劳的历史、宗旨、在地方经济发展中扮演的角色，麦当劳的作风、企业结构，公司的政策、沟通、规章制度、工资及表现、福利、保险、档案、纪律、训练、发展奖励等方方面面的信息。40多年来，麦当劳的这本运营训练手册不断修改，已经成为麦当劳的“运转圣经”。这样做，一方面可以把该公司几十年经营管理的经验总结下来，另一方面也可以让新员工很快了解和融入麦当劳。发放员工手册只是企业培训新员工时最常用的一种手段。在员工发展过程中，优秀的企业还会不断给员工推荐好的书目，或者鼓励员工购书并报销一定的费用。

为了让广大员工多读书、读好书，营造一种良好的企业文化氛围，增强企业文化底蕴，提高职工综合素质和人文素养，2007年4月，江苏洋河酒厂团委组织了“首届读书节”活动。从启动仪式起，在为期两周的读书节中，洋河酒厂团委先后组织开展了签名赠书、好书推介、知识竞赛、专题讲座、朗诵、演讲比赛等一系列活动，深受职工喜爱和好评。在好书推介活动中，每周特邀各部门爱好读书的职工做客公司电视台，对一些励志丛书、成功经典、文学名著等好书进行介绍、传播，引导员工读书，同时也给他们提供了展示自我的平台。读书节活动期间，广大员工热情参与，各项活动有序深入开展，浓浓的书香吸引了众多渴求知识的员工，他们纷纷捧起书本，尽情地欣赏、阅读，“以学习为荣，以学习为美”在企业内蔚然成风。读书节活动结束后，到公司团委、公司阅览室借书的人不断增多，3个月中就累计借出图书近5000册。伴随着“首届读书节”的成功举办，一个开放、互动型的知识平台随之建立，一种倡导全员学习、全程学习的氛围也随之形成，为企业发展不断注入新的活力。

广东省江门市供电局是广东电网公司直属基层单位，是国有大型一类供电企业。该局党委致力于建设学习型企业，构筑企业文化建设平台，打造企业团队精神，体现自我价值和确保安全供电，对开展读书学习活动十分重视。为掀起员工读书学习热潮，该局从“读书学习，是时代的呼唤，是开拓创新的基础，是提高素质的前提，是科学兴电的必然之路，是实现自我价值的基础，是确保竞岗中取胜和保住饭碗的本钱”[①]等方面，向全体员工发出倡议，提高员工“今日不学习，明天要落伍；今天工作不努力，明天要努力找工作。为保住饭碗就得学习——再学习”的危机意识，提倡“多读书，少打麻将”，做到“管理人员每月读一本书，生产人员每两个月读一本书”，并要求联系实际写出心得体会，定期召开“读书心得交流会”；制定员工学习教育计划和奖惩条例，鼓励员工参加业余学习和继续教育，邀请国内部分高校在该局开办研究生班、本科班和大专班。

为了搭建企业文化建设平台，江门市供电局建设了图书阅览室、荣誉室、安全教育展厅和党员学习活动室。现有图书阅览室2个，面积为186平方米，藏书量约1万册。该局以人为本，建立现代员工培训基地，为员工提供学习读物，购买了《高效能人士的七个习惯》《杰出班组长》《与公司一起成长》等书，自编了《员工手册》《电力安全文化丛书》等书，并及时发到各局、各单位（部门）、班组和全体员工手里，征订了《人民日报》《南方日报》《江门日报》和《求是》《家庭医生》等报纸杂志发到各单位（部门）、班组和各小区的退休员工家中。

让员工多阅读，其实就是企业在为自己的未来发展储蓄，企业的动力都储存在每个员工的头脑银行里，有潜力的企业才是明日之星。

二、阅读实现企业科学管理

随着社会的飞速发展，社会分工越来越细，中国职业兴替的周期正在不断加速。如何在快速发展的当今社会立于不败之地？如何在同行业中保持核心竞争力？这些都是各行各业的经营决策者必须面对的客观事实。各行业要获得生存和发展的空间，获得新信息、新技术，单靠行业中的个人行为很难做到。因此决策者必须有效掌握各种动态信息，并能及时地反馈给员工，引导他们掌握先进的科学文化知识，这样才能不断地推动行业的发展，在当今市场化的社会中立于不败之地。

作为企业管理者，可以有意识地组织开展一些读书活动。例如，挑选

---

① 载《江门日报》，T8版“书香进基层”，2007年11月3日。

一些与企业发展目的相契合，员工又相对感兴趣和能读懂的书，推荐给员工看。然后员工可结合自己工作岗位的情况，就大家共同阅读的书展开讨论。分享和讨论的过程可以帮助员工归纳读本的核心思想，总结自己的心得体会，并结合现实进一步思考和探索，便于最快地把所思所得运用到工作中去。

在企业中，有主题的阅读比自由阅读更好。因为，自由阅读虽然满足了员工“文化消费”的个性化需求，但缺乏共同成长性。毕竟个人成长不代表团队成长。在团队中，共同阅读、共同工作，会使团队成员之间有更多的共同话语。另外，阅读主题的变化，也可以让团队成员之间的话题在工作、生活和社会间不断变化。这样的变化，对调剂团队成员的工作压力，增强成员之间的个人感情，有较好的促进作用。因此，阅读在现代企业中，就成了团队管理乃至经营管理的一项有效手段。

2007 年，中铁十六局集团二公司的每个员工都收到了公司发放的免费读物——《可以平凡，不能平庸》。在要求员工写出读后心得的同时，公司还准备在适当的时候开展学习讨论，对于认识深刻、写出优秀体会文章的员工，予以一定的经济奖励。近年来，该公司以“读书—探讨—奖励”① 的学习激励模式，不断加强企业文化的建设和创新，收到了显著的成效。

现在很多的建筑企业都在经历着前所未有的“人才大流动”，有些大学生在企业里稍微有了一点“资历”，就急着到社会上去找其他收入高的地方，乃至天天“身在曹营心在汉”，而企业对此往往无可奈何。针对这一问题，中铁十六局集团二公司并未“顺其自然”，而是着眼于员工的思想教育工作，从引导员工读书开始，为员工每人购买了一本《致加西亚的信》，不但免费送给员工，还组织大家撰写读后感。对于态度积极的员工，公司还予以每篇 200 元的奖励。通过读书，公司员工认识到了在企业培育忠诚的重要、可贵和可敬。尽管忠诚往往只是一种感觉，但在实际工作中，还是对员工行为产生了一定的影响。形成读书的“长效机制”有利于统一员工的思维习惯，培育员工的共同价值观。培训员工需要投入，如此“读书”的投入

① 《“读书”助推企业发展——中铁十六局集团二公司以“读书”模式创新企业文化建设小记》，《中国建设报》2007 年 6 月 5 日。

虽然不高，但效果明显。过去，公司往往只注重培训员工的技能，很少考虑到培训员工的工作态度，而两年的实践足以说明，员工的工作态度比技能更重要。

随着社会的发展，每个人的思维也时刻在发生变化。掌握了读书的引导方法，根据企业发展需要、所处环境和承担任务的不同，不断选择新的读本，不断培育新文化，不失为企业文化建设的一剂良方。

三、阅读让企业充满活力

对于企业领导来说，每天最主要的工作之一，就是要保证企业充满活力，加强员工的向心力和凝聚力。否则，企业就是一盘散沙，无论有怎样英明的战略决策，多么优秀的技术和完美的产品，没有广大员工的共同努力，也没有办法创造出应有的价值。员工是企业最大的财富。同时，企业有自己的愿景和使命，也承担着一定的社会责任，要对社会有所贡献。要引导员工将民族、国家荣誉感，转化为企业荣誉感。这种信息除了成为企业的一种文化导向，还要不断地通过各种各样的阅读活动传达给员工，让员工深深地了解并践行企业文化。

现代企业培训大多采用集体培训的方式进行。除了集体培训的高效便捷，给员工提供一个交流共同话语的平台也是出发点之一。集体培训的实质是企业决策者给员工提供一个群体型阅读平台，使员工由盲目性地获取知识信息转变为有明确目标的集体阅读行为。[①]据日立公司培训机构小研英二社长介绍，日立公司的培训是长期的，并且是有明确计划的。一般情况下，从管理层到普通员工，平均每人每月都会有机会参加一次培训，形式也是多种多样的。其中，35%左右是接受企业文化、团队合作培训。有些培训还有严格的参加标准和结业标准，这些标准直接与升迁和薪资挂钩。“培训是日立公司在国际市场竞争中立足的根本。”小研英二先生总结道，“日立企业的成长，正是符合了‘起于培训，止于培训’的思想。”可见，群体型阅读习惯对企业的生存和发展起着至关重要的作用。

---

① 刘莉:《浅谈群体型阅读习惯》,《中国科技信息》2005年第17期。

早在1999年，劲牌有限公司就确立了“办学习型企业，育知识型员工”的目标。公司颁布了《读书管理制度》，把鼓励读书学习作为一项福利性规定——员工每年可享受200元购书费。同时规定：享受购书费待遇的员工，每月至少要提交一篇符合要求的读书心得，并进行评比、奖励。公司还通过“走出去、请进来”的方式，邀请教授、专家授课，同时派骨干员工到高校免费读研究生。公司每年用于员工学习培训的费用逾300万元。2002年，国家税务总局和中华全国工商联合会授予该公司为“诚信纳税企业”；2003年，国家工商行政管理总局评定该公司为“全国守合同重信用企业”；2003年12月，“劲牌”商标被认定为中国驰名商标；2005年公司又被全国文明委评为“全国文明单位”。劲牌有限公司董事长有一句话说得很实在，也很深刻：“读书不仅是一个人、一个企业的事情，也是全民族的事业。”

我们认为，企业获得的这些荣誉与企业鼓励员工读书、促进企业和员工共同成长、构建学习型企业是分不开的。期盼中国更多的企业家拥有类似的认识和远大目光，有更多的企业像劲牌公司这样，结合各自实际，立足现在、着眼未来，拿出实实在在的举措，鼓励和引导员工读书学习，努力形成“人人读书，人人思考，人人进步”的氛围。若能这样，不仅是员工和企业的幸事，也是国家和民族的幸事。

四、基于共读的学习型企业

“修炼”一词很容易让人认为五项修炼就是建设学习型企业的五条途径或方法，但如果你深入研读《第五项修炼——学习型企业的艺术与实务》一书，就会发现五项修炼更像是学习型企业的特征或分解目标。要做到这五项修炼，还需要借助其他的方法和技术。通过对阅读的本质和学习型企业的特征的分析研究，我们认为，“共读、共写、共同工作”是建成学习型企业的一个有效方法。

“共读”是指企业成员阅读同样的读物或者同样主题的读物。可以是分开阅读，也可以是集体阅读。“共写”的本意是共同写作，在“共读、共写、共同工作”的背景中，是指跟别人分享自己的工作心得和阅读心得，并记录下来。“共写”的形式有报告、沙龙、辩论、讨论、对话、写作等，能达到交流和分享这一目的的手段都可以使用。“共同工作”指企业成员怀着同样的愿望在同一个企业里工作，相互之间能够很好地交流分享、相互帮助、相互提高，企业成员对企业愿景和其他企业成员有着很深的认同感。

“共读、共写、共同工作”可以促进企业成员的成长和发展。个人成长和发展离不开企业的支持，“共读、共写、共同工作”就是要让企业成员在企业和团队共同学习、相互交流的氛围中获得成长与发展。良好的学习氛围能激发个人的学习欲望，培养个人的学习习惯，促进个人去更好地阅读，以便能更好地分享。很难想象，当一个人处于人人学习的环境中时，他不被感染，不去学习和分享。因为，在大多数情况下，集体的影响总是大于个人的影响，学习的企业氛围总能带动企业成员去学习和分享。一旦企业成员参与到学习和分享中，那么企业成员的个人成长就成了自然而然的结果。同时，当企业成员在不断写作以便跟其他企业成员分享和交流时，他自己就能持续地成长和提高。因为写作的过程就是不断厘清自己心中模糊的想法，进而用清晰的语言表达出来的过程。

“共读、共写、共同工作”可以促进企业成员对企业战略和企业目标的认同，进而发展出共同愿景。“共读、共写、共同工作”是一项有意识的系统行为，而不是自发的随机行为。企业管理者可以根据企业战略和企业目标，选取一些主题相关且企业成员又感兴趣的书籍或音像制品让他们阅读、分享和讨论。这样的分享和讨论将会激发企业成员去思考企业战略和企业目标与个人的关系，会激发他们思考如何在满足企业工作要求的同时实现个人发展目标，促进他们在个人发展目标和企业发展目标之间取得平衡甚至达到一致。同时，在不断分享的过程中，成员对企业战略、企业目标和个人目标的分析与讨论，将使企业成员对企业战略和企业目标的认识趋向一致。当企业成员都认同了企业目标在实践过程中具体化的时候，企业成员间的共同愿景就形成了。

“共读、共写、共同工作”可以促进企业成员进行团队学习，从而实现企业成员与企业的共同改变和共同成长。有益于企业和个人的发展的“知识共享”观念根植于企业成员心中，因此公开交流、分享经验、共享知识的氛围充溢着整个组织。企业成员能够积极地参与业务学习，常常通过非正式方式交流成功的经验、探讨业务技能和创新，互相帮助学习所需的新技能。这样，在企业内部形成了动态的知识流，不断产生新的知识，实现了知识创新。

有人说："朋友就是一面镜子，可以照出自己的缺点和不足。"其实，工作伙伴也是一面"镜子"，同样可以照出自己的缺点与不足。关键是企业成员相互之间愿不愿意成为别人的"镜子"以帮助他人，同时愿不愿意做别人的"镜中之物"，去主动发现自己的缺点和不足从而自我成长。对于企业或者企业管理者也是一样的，是否愿意指出企业成员的缺点和不足进而帮助他们去改进，同时是否愿意让企业成员反映企业的缺点和不足以便企业自我完善。

"知人者智，自知者明"，这样的名言，用在企业或个人身上都是适用的。只要保持开放的心态，做到知己知彼，知优点和不足，就能做到持续改变和提高。

疏通文化传播的"毛细血管"

基层图书馆作为文化传播的"毛细血管"，已经被堵塞了。基层图书馆往往还固守着"等、靠、要"的阵地式经营理念，缺少拉动人气的办法。对于基层图书馆来说，其阅读功能本应远大于收藏功能，然而现实情况却往往不尽如人意。

图书馆是丰富广大群众精神生活、提升全民阅读能力和提高人们文化水平的重要文化场所。近些年来，我国的公共图书馆在增加购置图书投入、扩大图书馆接待读者空间和开拓数字阅读及网络阅读功能等方面，取得了很大的成绩。

但是，我们应该清醒地看到，尽管部分城市大型公共图书馆发展较快，但基层中小图书馆却面临着越来越萎缩甚至败落的现实。有人曾这样形容基层图书馆的现实窘境："破（馆舍破）、旧（藏书旧）、少（读者少）、缺（设备缺）、多（员工多）、差（效益差）。”基层图书馆作为文化传播的“毛细血管”已经被堵塞了，令人感到痛心。

一、基层图书馆数量少，且分布不合理

城市里一些原来处于中心位置的图书馆，如今很多都已让位给商业性高楼大厦，而新建的图书馆往往躲到了城市一隅，位置偏僻而不显眼，令读者难以找到。辐射范围很小、交通不便利导致许多读者往返困难，因而少来问津。

县乡一级情况更加不容乐观。虽然以县级图书馆为代表的农村公共图书馆依次在阅览座席、外借册次、流通人次和发放借书证等项指标上，超过全国图书馆总数量 50% 的比重，但从县级图书馆的现状来看，2004 年的数据是，全国仍有 620 个县（含县级市）没有图书馆。根据文化部的最新统计，到 2009 年，全国共有公共图书馆 2850 个，其中县级公共图书馆 2491 个。按照全国行政区划，县级公共图书馆覆盖率为 85.1%，这意味着仍有很大缺口。而且，这 2000 多个县级图书馆中未达到国家最低标准的也有很多，2002 年的数据显示，未达到国家最低标准的竟高达 55% 以上。就乡镇一级而言，根据文化部的调研统计，我国有 27000 个左右的乡镇没有综合文化设施（2007 年 10 月通报的数据），自然也就缺少直接面向农民的图书馆（虽然近年开展的农家书屋对此有所改善，但效果有待评估），即使少数拥有综合文化设施的乡镇，也不一定都设立了图书馆。

从国际标准来看，国际图书馆协会联合会 20 世纪 70 年代颁布的《公共图书馆标准》规定，每 5 万人拥有一座图书馆，一座图书馆服务辐射半径通常标准为 4 公里。2009 年，我国平均每 46.8 万人、每 3368 平方公里（服务辐射半径大致为 32.8 公里）才拥有一座公共图书馆，与国际标准有明显差距。虽然有些省、地公共图书馆在市辖区外建立了基层分馆或服务点，但大多属于示范性的，数量十分有限。

我国公共图书馆特别是基层图书馆数量少、分布不合理，对提高城乡居民的文化水平、提高民族和国家的文化软实力是极大的障碍。

二、地方政府不重视，图书馆缺乏资金，硬件建设落后

我国公共图书馆特别是基层图书馆设施状况仍然比较落后，不符合现代公共图书馆的功能要求，存在面积不足、建设年代久远的问题。

根据文化部的数据，就连地市级图书馆的面积按照《公共图书馆建设标准》，达标率也仅为25%，而县级图书馆情况则更糟糕。有41.1%的县级图书馆建于1990年以前，建筑陈旧，安全隐患大，对图书保存极为不利。

此外，图书馆的区域建设发展极不平衡。根据文化部的最新数据，以2009年地市级公共图书馆为例，东部地区平均每馆面积为11189平方米，西部地区仅为4951平方米；东部地区平均每馆藏量为75.3万件，西部地区仅为25.4万件。

三、基层图书馆藏书又旧又少，更新速度慢，致使图书馆对于读者丧失了吸引力

我国公共图书馆的藏书量低，按照人均标准则更低。根据国际图书馆协会联合会、联合国教科文组织发布的《公共图书馆服务发展指南》规定，公共图书馆人均藏书量应达到1.5～2.5册。而我国2009年公共图书馆人均藏书量仅为0.44册，县级以下图书馆人均只有0.1册，远远低于国际图书馆协会联合会的标准。

今天的知识更新几乎以几何级速度增长，每年仅国内新出版的中文图书就达30万种。而基层图书馆往往囊中羞涩，每年的购书经费很少。很多基层图书馆往往是每年象征性地购进少量图书，甚至与私人藏书家相比都大为逊色。

公共图书馆属于公益性单位，收入来源主要依靠财政支持，2000年至2009年，全国公共图书馆财政拨款占收入总计的比重保持在82%～90%。财政投入大部分用在了工作人员薪酬支出上，用于图书购置和开展活动的经费十分有限，严重制约了公共图书馆的活动开展。以县级公共图书馆为例，2009年，全国2491个县级公共图书馆中，1030个图书馆的人员支出

超过了财政拨款的80%，而675个县级图书馆全年无购书经费，占县级图书馆总数的27.1%。全国图书馆人均年购书费仅有0.7元，甚至有些省份图书馆人均购书费只有0.1元。很多县级图书馆的书，多还是三四十年前购买的。

新购图书少，自然就很难吸引读者前来阅读了，这是导致基层图书馆人气不旺的一个重要原因。

四、基层图书馆缺少服务意识，服务质量差，功能定位不准，图书管理人员素质偏低

基层图书馆往往还固守着“等、靠、要”的阵地式经营理念，缺少拉动人气的办法。对于基层图书馆来说，其阅读功能本应远大于收藏功能。然而现实情况是，在基层图书馆本已狭小窘迫的建筑空间中，大量陈旧、少人问津的图书堆积其间，占据了宝贵的有效空间。真正能够引起读者兴趣的新书占有的空间极少，读者座位也往往很少，影响了图书馆的使用效果。此外，电子书和网络阅读的兴起，以及众多书店实行开放式服务，吸引走了大批读者。在如今这个生活节奏加快、电子阅读盛行的时代，去图书馆读书已经成为一种“奢侈的高雅”。更多的读书人宁愿待在家里，也不愿去条件极差、服务极差的图书馆。

不少图书馆缺少真正符合条件的管理人员。因为图书馆属于全额拨款的公益性事业单位，有的竟成为安排闲杂人员的地方。这造成人员队伍素质劣化，服务不能满足群众的文化需求，加剧了图书馆的冷清。据一份抽样调查显示，京、沪两地100家专业图书馆人员中，大专以上学历者共占59.6%，本科以上学历者不足30%；80%以上的专业人员需要进修图书馆学、情报学专业知识。由此可见，我国图书馆特别是基层图书馆的工作人员总体素质偏低，图书馆现代化所需的专业人才匮乏。

公共图书馆特别是基层图书馆的发展，确实遇到了前所未有的困境。在《人民日报》与人民网共同推出的“图书馆的认知和使用情况”读者问卷调查中，在被问及“是否知道当地有正常运营的图书馆”时，两成（20.1%）的人表示当地没有图书馆，4.6%的人表示不清楚。在这两类人群中，超过九成（92%）的人表示当地需要建设图书馆。当被问及“不去图书馆最主要

的原因”时，“馆藏不够丰富”成为最大阻碍，近七成（66.9%）的读者选了此项。其次，“路程太远”（60.3%）、“有其他途径（如上网）可以代替”（57.1%）和“馆藏更新速度慢”（50.7%）也成为疏远图书馆的主要原因。此外，图书馆“服务水平低下”（38.4%）、“环境不够舒适”（27.9%）及“没有去图书馆的习惯”（11.5%）都是不利因素。从中可以看出，图书馆已经越来越远离人们的生活，特别是基层图书馆的发展严重滞后。

为了能够使基层图书馆得到快速发展，使之成为城乡居民身边的阅读中心，我提出以下建议。

（1）必须加紧制定图书馆法，通过立法保障图书馆事业的发展。

早在1850年，英国议会就通过《公共图书馆法》，规定每1万人的地区设一座图书馆，地方政府应对本地区的成人和儿童提供图书馆服务，经费从房地产税中提取。这是世界第一部全国性公共图书馆法。至今，世界上已有80多个国家和地区先后颁布了250多部图书馆法规。而我国仅在清末、北洋政府和民国时期，曾以政府及教育部的名义出台过关于图书馆的规程。中华人民共和国成立后，我们尚未出台过图书馆法之类的法律。随着我国人民群众精神文化需求的日益增长和公共图书馆事业的发展，社会各界对推进图书馆立法已形成共识。通过立法，对于公共图书馆特别是基层图书馆在经费、办馆方针及科学管理等方面，将提供重要保障和支持，对于推动公共图书馆事业发展，解决当前我国图书馆事业发展面临的突出问题，进一步促进事业发展，具有重要意义。

（2）增加购书经费投入，提升县级图书馆的办馆水平，加大辐射范围，在城市街道和农村乡镇成立分馆，便于读者阅读和借阅。

各级政府应该加大对基层图书馆的经费投入，严格按照《公共图书馆建设标准》对基层图书馆进行改造或新建，保证所有图书馆在建筑面积及规格等方面达标；对于各级图书馆的购书经费占文化事业经费的比例应该有明确的规定。

为扩大辐射范围，可以借鉴苏州市图书馆在各区县建分馆的经验，进一步让县级图书馆在城市街道和各乡镇农村开设分馆（对于城市已有的部分社区图书馆要理顺管理结构，纳入县级图书馆统一管理，而已经开设的农村书屋可以纳入乡镇分馆进行统一管理）。这样做有助于统一管理，形成统一采购、统一编目的图书配送体系，最大限度地实现资源共享，特别是适应未来提高数字图书馆统一建设的发展。街道和乡镇农村的基层图书馆在县级馆的带动和辐射下，未来将呈现出广阔的发展空间。

基于乡镇财政收于县财政统一管理的现实，各县级财政应该给县级图书馆加大投入，用于建设分馆和维持日常开支。建议在“十二五”期间，国家和省市政府安排专项经费扶持县级图书馆的分馆建设。在继续推进农家书屋建设的基础上，争取在“十二五”末期实现全国所有乡镇街道有图书馆、所有村拥有图书室的文化发展新局面。

（3）积极提高基层图书馆的服务水平，提升其公共服务的功能。

图书馆要加强对图书管理人员的培训和考核，严禁图书馆成为安置闲散人员的部门，引进图书馆专业的大学毕业生，提高新媒体阅读在图书馆阅读中的比例。

基层图书馆的服务要有所延伸，体现其公共服务的属性。例如在免费办证、免费借阅的基础上，面对所有人平等开放，包括对残障人士等，甚至像杭州图书馆那样即使对乞丐、拾荒者也给予接纳，允许其进门阅览。在日本，图书馆的亲民性也体现在对于流浪人士的包容上，允许他们常在图书馆消遣，怡然自得地读书而不会受到侧目或者打扰。我们应该让图书馆工作人员懂得，在阅读面前，人人皆平等且理应受到尊重。

建议基层图书馆配备免费的饮用水和空调设施，便于居民在酷暑或严寒季节到这里休闲。在基层图书馆还要开设休闲阅览室，更多地提供给孩子和老人使用。很多幼儿和小学生放学时间早，可以直接到这里来阅读或完成作业；而很多老人也可以在这里把大量闲暇时间用于阅读或社交活动。譬如在美国，每个镇里都有小巧而方便的图书馆，不仅担负着居民借书还书的功能，还成为人们的社交场所和文化娱乐场所。再如，日本人的钱包内往往都有一张常去图书馆的日历小卡片，图书馆还为盲人免费配送图书，甚至有的还支持就近在便利店还书，等等。因此，提高基层图书馆的服务水平，要在一些服务读者的细节上做足功夫，使人们愿意来图书馆，并使之成为重要的生活习惯。

（4）积极鼓励和扶持民营图书馆、公益图书馆等。

在城市，应该给予民营图书馆发展的政策和空间。鼓励公立图书馆与民营企业合作，建设基层图书馆。在这方面，温州市图书馆的经验值得借鉴。温州市图书馆与某民营企业合作，在全市图书配置标准未达到国家学校图书馆标准的学校中，每年建 10 所以上的基层图书馆，最终实现建成 100 所基层图书馆的目标。其实，在很多城市，已经有一些民营机构创办了图书馆，甚至一些民营书店兼具民营图书馆的功能。但是，发展一直受到政策限制，需要国家给予其宽松的空间。而在农村特别是西部农村地区，有些公益基金会以及民间公益组织在那里建立了公益性图书馆（室），往往具有灵活性和专门特色，受到了当地学生和农民的欢迎。对于民营图书馆和公益图书馆，国家应该在政策和资金补助方面给予扶持，以使其为繁荣人民群众的文化生活做出更大贡献。

此外，还应鼓励城市商场和农村市场等在本场所内建设便捷而有特色的儿童图书馆，便于父母将跟随前来的孩子“寄存”在图书馆中，使孩子们能拥有休息玩耍并进行阅读的场所。在这方面，新加坡邻里图书馆及区域图书馆的经验值得学习。

图书馆是人们精神家园的重要载体。如何使图书馆成为文化的重要中心，使其阅读的公益性与便捷服务性得到最大限度的展现，丰富人们文化生活和精神生活的同时，提高全民阅读水平和文化水平，越来越考验政府部门的公共服务能力。因此，对于文化事业的普及性发展，不是做大做强少数标志性大图书馆就能起到作用的。我们应该从这些作为文化“毛细血管”的基层图书馆做起，让这里成为城乡居民乐于汇聚、沟通心灵之所，让文化的血脉畅快流通，文明才能真正源远流长。

社区图书馆的意义

如今，社区图书馆在城市建设中发展尤为缓慢。加快社区图书馆建设，能消除影响和制约我国图书馆事业发展的不利因素，使公益性文化事业与社会协调发展。

公共图书馆在促进社会进步、支持地方经济、培养人才技能、激发个人创造力、提高社会整体智能水平、帮助政府达成经济目标等方面都有着不可低估的作用。我国目前公共图书馆数量少、规模小。下面两组数据的对比，足以反映出我国目前公共图书馆发展所面临的窘境：

我国平均公共图书馆拥有量：46 万人 / 座，1181 人 / 平方米；人均藏书 0.27 册。

北京市平均公共图书馆拥有量：55 万人 / 座，104 人 / 平方米；人均藏书 2.8 册。

上海市平均公共图书馆拥有量：54 万人 / 座；人均藏书 3.53 册。

广州市平均公共图书馆拥有量：65 万人 / 座，625 人 / 平方米；人均藏书 0.4 册。

而联合国早在 20 世纪 70 年代公布的公共图书馆拥有量标准为：3 万人 / 座；发达国家平均公共图书馆拥有量为：瑞士 3000 人 / 座、挪威 4000 人 / 座、奥地利 4000 人 / 座、芬兰 5000 人 / 座、德国 6600 人 / 座、英国 1.14 万人 / 座、法国 2.2 万人 / 座、意大利 2.6 万人 / 座、美国 3.11 万人 / 座。

显然，随着我国城市人口快速增长，公共图书馆设施建设与社会、经济发展不协调的矛盾越来越突出。发展公共图书馆事业面临财政资金紧张、土地规划难、管理协调复杂等困难，难以快速改变现状。推行社区图书馆建设，就是要消除影响和制约我国图书馆事业发展的不利因素，使公益性文化事业与社会协调发展。

一、社区图书馆的建设有利于推动科教兴国、科技创新战略的实施

综合国力的竞争实际上就是科学技术实力的竞争，当前各国经济竞争的焦点已经从产品竞争深入生产要素的竞争、科学技术的竞争、国家科技创新能力的竞争。科技创新源于教育，而在信息时代，教育演变为终身学习的过程。因此，除了学校教育，包括公共图书馆在内的社会教育机构，将创造更多的接受教育的机会。社区图书馆将作为公共图书馆的一部分，

融入社会教育机构，给各个年龄层的人提供终身学习的场所。

二、公共图书馆发展受限，社区图书馆可成为有效补充

即便是发达国家，公共图书馆也因财政资金短缺的问题而有所萎缩，在我国现有的3000家国家公共图书馆中，有600多家全年无一分购书经费。此外，土地划拨、城市规划等也成为制约公共图书馆发展速度的因素。显然，单纯依靠政府来解决公共图书馆不足的问题需要时间，缓不济急。如果将难题化整为零，结合社会力量建设社区图书馆，则可以缓解上述矛盾，减轻财政负担。

三、公共图书馆利用率低，社区图书馆可弥补其不足

我国目前公共图书馆持证读者数是582万，仅占全国总人口的0.47%（美国为75%，英国为58%）；平均每册藏书年流通仅为0.4次；在一项调查中发现，仅5%的受访者曾经在图书馆中读过书。造成上述问题的一个重要原因是政府公共图书馆使用不便，在生活节奏日益加快、工作压力不断加大的今天，人们专程去公共图书馆的时间成本加大，最终导致图书馆的利用率低下。原本就数量不足，再加上利用率低下，对公共图书馆而言无异于雪上加霜。社区图书馆则可以“飞入寻常百姓家”，使用便利、投资不多、效率却很高，可弥补公共图书馆的不足。

四、推动创建和谐社会

英国的一项研究表明，居住在谢菲尔德市中心的失业人员中，有72%的人每周利用图书馆1次以上；调查还表明，在受高等教育率越低的地区，以教育为目的利用图书馆的人比例就越高。由此可见，图书馆在帮助政府解决社会问题方面也有很大的价值。所以，可利用社区图书馆为社会失业人员建立社会福利系统，培养其读写、计算、信息交流技术等基本技能，帮助其再就业，重新踏入社会，从而减少犯罪等社会问题。社区图书馆在

创造社会公正与和谐方面有很大的发挥空间。

从发展社区图书馆的可行性来看，在社会组织形态转型、社区成为有效纽带的今天，社区图书馆已显得更可行。20 世纪 80 年代之前，我国城市居民的属性通常是“单位的人”，将同一个生产、服务单位的人划分为同质性群体。随着货币化分房的推行、住宅产业的发展，人们现在已转变成将居住于同一社区的人划归为一个同质性群体，由于其所拥有房屋资产的关联性而产生了诸多利益共同点，进而增强了此类群体关系的密切性与稳定性。某些城市基层人民代表的选区也开始以社区为单位进行划分，社区观念的不断强化由此可见一斑。

如果将社区图书馆作为社区配套设施之一，以技术规范方式列入土地出让条件，那么社区图书馆就成为社区居民共同利益的一部分，其建立、使用、管理必将得到社区居民的关注，使该项工作容易落到实处。

另外，我国住宅产业进入高增长期，发展社区图书馆也正当其时。自 20 世纪 90 年代后期推行住房制度改革以来，我国的房地产业进入高速增长期，住宅产业更成为推动国民经济发展的重要支柱产业之一。通过近 10 年的发展，与住宅产业相关的法规指引、金融扶持、技术发展、产业链配套渐渐完善，发展社区图书馆的时机已经成熟。

目前我国很多城市建设主管部门本来就对住宅开发提出配套设施的建设要求，如果在配套设施中进一步明确社区图书馆设置规定，则可在增加很少一点投资（主要是图书与办公家具购置）的前提下获得较大的社会效益。这样，将社区图书馆的建设融入住宅项目建设之中，通过社会力量办公益事业，可以避免增加财政负担、受制城市规划、发展进程缓慢等种种问题；如果再将相邻社区图书馆组成网络连锁运作，甚至与政府公共图书馆、学校图书馆联网，则更能取得聚沙成塔、规模效应倍增的效果。

我认为，可按照“政府宏观规划、开发商建造、物业管理公司管理、业主使用”的流程进行操作，实施方法建议如下：

（1）配套建设制度化。

政府建设主管部门将社区图书馆列为明确功能的社区配套设施，在住宅用地公开出让时以地块规划要点形式加以明确，并作为今后项目规划验收时的考核内容。具体配建的面积规模可视各地区情况而定。

（2）资金筹措多元化。

建设资金以及开办费（用于图书、家具购置）由开发企业承担，列入开发成本；运营管理费（主要是管理人员费用、水电通信费用）在物业管理费中列支；设施维护更新、图书更新则可在公共物业维修基金中列支。

（3）运营管理网络化。

社区图书馆的日常运营管理由社区物业管理公司承担并收取相应费用。条件成熟时，可将社区图书馆与邻近的其他社区图书馆、政府公共图书馆、学校图书馆联网，在保持图书所有权不变的前提下，定期置换使用权。这样既可以使社区图书馆以少换多，取得规模效应倍增的好处，又使政府公共图书馆在一定程度上缓解购书资金不足的困难，逐渐增加可借阅的新书数量，从而收到一举两得的效果。

（4）使用功能综合化。

除了将社区图书馆作为社区居民丰富生活、陶冶情操、终身学习的场所，也可以将社区图书馆作为社区儿童课后活动室或自习室（社区放心班）、再就业人员的技术培训教室、民众实用生活技能（如医疗保健）的讲授课堂、学生勤工俭学的基地，将它的效益发挥至最大化。社区图书馆可以成为社区的学习中心、市民的活动中心。

如今，中国城市化进程加快，一旦能在这个进程中全面部署、加大社区图书馆建设力度，这些社区图书馆就成为星罗棋布的小花，它的芬芳必然会使我们的城市被书香萦绕，更具魅力。

第五章　共读、共写、共同生活

无论是学校还是社会，我们亟须重建共同的语言，我们亟须拥有共同的价值，我们同样亟须用真诚的共同行动，来创造共同的未来。我们亟须通过共读，通过对话和相互用文字交流（共写），来实现真正的共同生活。

共读，是一个班级、一个家庭、一所学校、一个社区、一个国家乃至整个人类通过阅读继承共同的文化遗产，拥有共同的语言和密码，从而能够共同生活的最重要的途径之一。

共写，是指同学之间、师生之间、亲子之间乃至整个社会通过反复交互的书写彼此理解，并在不断的自我反思中加深认同，体认存在的过程。

共同生活，是指同学之间、师生之间、亲子之间、社区成员之间，乃至东西部之间以及所有公民之间，通过共读、共写、共做（行动）等途径彼此沟通，相互认同，在保持差异性的同时不断地消除隔阂，并逐渐拥有共同的愿景、共同的未来。共同生活的努力，也是整个社会逐渐民主化的过程。

共读、共写、共同生活，意味着这样一种文化上的努力，即恢复书香传统以及书写传统，在现代生活背景下，通过对传统文明的反思继承，逐渐形成新的价值观，将班级、学校、家庭、社区、国家重新凝聚起来。

建设共同的精神家园

希望通过我们的身体力行，我们的民族能够在不久之后恢复并长久地拥有“共读”的传统、“共写”的实践，从而具有共同的核心价值体系与共同的思想基础。我们与孩子之间，我们的孩子之间，在未来能够拥有共同的语言与密码，真正地“共同生活”在一起。

一、共读、共写、共同生活的社会背景

我们应该庆幸，自己能够身处一个伟大的时代。在这个时代，一头睡狮已经苏醒，一个古老的民族再一次走向昌盛。但同样真实的另一面则是：我们刚刚走过的昨天，以及正在被我们抛在后面的今天，都并不是完美的时代，而是一个需要我们共同努力来加以改造的时代。

这个带着我们走向伟大未来的时代有许多问题。几乎和所有快速崛起的时代一样，它首先面临着共同价值濒临崩溃的危险。当今的社会没有共同的语言，而没有了共同的语言又怎么可能有共同的理想、共同的道德标准与价值观？

胡锦涛总书记在中央党校的讲话中，曾经明确提出：要大力建设社会主义核心价值体系，巩固全党全国各族人民团结奋斗的共同思想基础。这番话再次为我们敲响了一个警钟：一个民族如果没有核心的价值体系与共同的思想基础，将会面临真正的社会危机。

此时此刻，一些人在象牙塔里贩卖着陈旧的道德文献，更多的人在大街上、在集市里、在工厂里、在田野上仅仅为生计而奔波，而当他们脱离

了贫困线之后，由于惯性，他们也仍然只是一群被饥饿感驱使着追逐面包和金钱的拜金主义者……

把我们凝聚成一个共同体的民族的精魂在哪里？难道金钱就是我们这个时代、这个社会唯一流通的共同语言？

甚至在我们的学校里，这个本应该最温馨、最纯真的地方，这个寄托着未来社会美好希望的所在，今天也同样存在着共同语言、共同价值和共同道德崩溃的危机。我们认为，全社会的核心价值体系与共同思想基础的形成，必须从学校开始。可我们无须粉饰，正像整个社会陷于拜金主义的风潮中一样，我们的学校目前正深陷于拜分主义和市场主义的陷阱中，甚至我们不能不怀疑，是不是只有分数才是我们学校的师生之间、家长和教师之间、校长和教职员工之间、学校和社会之间的共同语言。机械的应试教育既毒害了一批批青少年的身心健康，也严重违背了国家和政府关于实施素质教育的政策，更不能为未来的社会造就有创新能力、有公民素养的新人。但是，由于教育的无方向性，由于科举文化与应试教育的惯性，由于没有终极价值的引领，由于长久以来的不安全感和无力感，整个社会和绝大多数学校依然沉溺其间而无力自拔——这已经成为我们民族的一个潜在危机。

无论是学校还是社会，我们亟须重建共同的语言，我们亟须拥有共同的价值，我们同样亟须用真诚的共同行动来创造共同的未来。为此，我们首先需要拥有共同的历史、共同的英雄、共同的文化符号、共同的心灵密码，也就是说，我们亟须通过共读，通过对话和相互用文字交流（共写），来实现真正的共同生活。

二、共读、共写、共同生活的概念辨析

共读、共写、共同生活，是过一种幸福完整的教育生活的必由之路。

共读，是一个班级、一个家庭、一所学校、一个社区、一个国家乃至整个人类通过阅读继承共同的文化遗产，拥有共同的语言和密码，从而能够共同生活的最重要的途径之一。

共写，是指同学之间、师生之间、亲子之间乃至整个社会通过反复交

互的书写，彼此理解，并在不断的自我反思中加深认同，体认存在的过程。

共同生活，是指同学之间、师生之间、亲子之间、社区成员之间，乃至东西部之间、所有公民之间，通过共读、共写、共做（行动）等途径彼此沟通，相互认同，在保持差异性的同时不断地消除隔阂，并逐渐拥有共同的愿景、共同的未来。共同生活的努力，也是整个社会逐渐民主化的过程。

共读、共写、共同生活，意味着这样一种文化上的努力，即恢复书香传统以及书写传统，在现代生活背景下，通过对传统文明以及人类文明的反思继承，逐渐形成新的价值观，将班级、学校、家庭、社区、国家重新凝聚起来，冲破个人主义屏障，打破人与人之间相互隔离的状态，恢复生活的整体性和人与人之间的联系，从而不断地创造新的更加美好的未来。

新教育实验在共读、共写、共同生活方面，将做出以下努力。

我们将努力打破教科书和教辅资料一统天下的格局，恢复师生之间、亲子之间的共读传统，为每一个孩子寻找此时此刻最适合他的书籍，让师生、亲子沉浸在民族乃至人类最伟大的作品之中，恢复与传统的血脉联系，恢复师生之间被应试教育异化的密切联系。我们同时期待从书香校园的建设走向一个真正的书香社会。

我们将努力倡导真正意义上的写作，将写作与生活连为一体，并成为反思交流的重要手段。在此意义上，通过师生、亲子之间的相互书写，通过师生、亲子之间的言语沟通与交流，将彼此的生命编织在一起，从而尽可能地消除隔阂，避免相互隔膜、相互对立甚至相互伤害，使人类生活的真正经验能够通过共写（沟通与交流）在彼此之间传递流动。

通过共读、共写、共做，以及课堂等场合平等自由的交流，我们希望师生之间、亲子之间，能够拥有真正的共同生活。不但生活在共同的空间里，而且也生活在共同的精神背景下，逐渐疗治被畸形竞争隔开的孤独的心灵，更强调人与人之间的合作与和谐。同时，我们也将致力于推动在共读、共写背景下的共同体建设，教师之间、学生之间、师生之间、班级之间、学校之间……应该建设更多的基于理解的共同体，从而恢复教育生活的完整性。我们还将通过新教育每月一事等实实在在的共同行动，帮助教师与学生拥有完整的生活。在此基础上，我们将致力于推进各种学习型组织的建设，并使之成为真正的学习型社会的坚实基础。

三、共读、共写、共同生活与民族文化认同

我们倡导共读、共写、共同生活，首先要解决的一个问题就是我们自身的认同——既包括我们每个个体的自我认同，也包括一个民族的自身文化认同。也就是说，为了使我们的存在充满意义，我们必须回答以下问题：我们是谁？我们从哪里来？我们想到哪里去？但如果不存在一个“我们”，而只有像沙砾一样的一个又一个“我”，那么这些问题就不可能被提及。

如果没有共同的神话与历史，没有共同的英雄与传说，没有共同的精灵与天使，没有共同的图画与音乐，没有共同的诗歌与小说，我们就不可能拥有共同的信仰、共同的道德标准和对未来的共同愿景，也就没有所谓的核心价值体系和共同的思想基础。我们的社会就只是一群乌合之众。

除非我们拥有共同的信仰，拥有共同的英雄与历史，拥有共同的语言，否则社会上的个体只是没有灵魂、没有身份的芸芸众生，未来的社会就会成为个人主义猖獗的场所，而不可能成为我们共同的家园。

但是，身为一个中国人，身为由数十个民族组合而成的中华民族的子孙后代，今天我们却面临着前所未有的茫然：我们从哪里来？我们究竟是谁？

我们是不是龙的传人？我们是不是炎黄子孙？我们是不是儒家文化的传人？我们是不是拥有诸子百家和唐诗宋词的伟大民族？我们是不是拥有二十几个伟大朝代的历史？现在，这一切都因为虚无主义、怀疑主义、西方文化中心主义和狭隘的民族主义而遭受侵害。

在民族文化认同上，现在有两种非常有害的极端观点。一种是彻底地西方化，并把西方化伪称为全球化、全人类文明，把西方的某些价值等同于普世价值。在这种思想的影响下，有人已经不再认同龙是我们民族文化的象征，不再承认我们灿烂的历史和文明是人类的一朵奇葩，这种思想的危害是摧毁了我们共同的文化圈，让中国人无家可归，无从依托，没有灵魂，没有信心。而一个没有民族认同感和自豪感、没有国家认同感和自豪感的人，又如何能够积极地投身于辛苦的事业，为创造共同的未来而付

出？与西方化相对的另一种极端的观点则是拘泥于血统的狭隘的民族主义，它否认中华民族是一个不断相互融合的大民族的历史事实，只把历史的某一段当成正统的中国史。这种狭隘的观点又会导致我们的视野与思想封闭，并且在我们民族内部制造不和谐的声音，让一个共同的家园变成不和谐的古代战场。这两种极端的思想都是有害的，都不利于我们拥有一个共同的未来。

一个人的精神发育史就是他的阅读史。一个民族的精神境界，取决于这个民族的阅读水平。为了寻找到我们自身，我们需要共读我们的神话与历史。通过共同阅读盘古开天地、女娲造人、后羿射日、嫦娥奔月、精卫填海和夸父追日，以及炎帝与黄帝的战争和结盟，我们将真正地成为同一个中华民族祖先的文化后裔。

然后，通过阅读希腊神话和希伯来神话，通过阅读世界历史，通过阅读美洲的发现和南北战争解放黑奴的历史，我们了解其他民族所拥有的历史和传说，我们与整个人类的文明在更大的生物圈里融为一体。

四、共读、共写、共同生活与和谐社会建设

我们曾经有过伟大的共读、共写、共同生活的传统，千百年来，四书五经这些儒家经典曾经把我们的祖先紧紧地团结在一起，他们拥有完全相同的语言，而这些语言也有着相似的解释：礼、仁、智、义、勇、孝、悌……在对这些共同经典的解读中，逐步形成了共同的价值体系与思想基础。

在数十年前，我们还曾有过一个短暂的共读历史，通过共同阅读马克思主义学说，一个民族又一次拥有新的共同语言。

我们提起这些，并不是缅怀失落的过去，更不是提倡大家把四书五经或者某部哲学经典当成我们这个时代共同语言的唯一来源。从历史身上我们不得不看到事实本身：只有拥有共同语言、共同经典的民族才是一个民族共同体，而不是聚集在一起的人群；只有拥有共同基本立场与价值观的社会才是一个真正的社会共同体，而不是一盘散沙。

没有共同价值、共同愿景的一群人严格来说称不上一个真正的社会，

更谈不上是一个共同体，那只能是一群乌合之众。

时代过去了，共同的价值已经不可能再由谁来强制规定。在这样的背景下，我们真的只能听任共同的语言慢慢丧失，听任共同的价值、标准逐渐地从我们生活中消失，听任一个历经苦难而好不容易又开始走向复兴的民族成为一群乌合之众？

是的，许多迹象表明一切并不令人乐观，正如安·兰德所言："一个人如果不知道人性的伟大为何物，心中也没有具体的形象，那么要保留对生活美好的幻想是很困难的。每天，当你阅读当天的报纸标题时，你会发现自己变得越来越猥琐，距离希望越来越遥远。如果你转向现代文学，想从中找到一些人性美好的东西，却往往发现那里面尽是些从三十岁到六十岁不等的罪犯。"（《通往明天的唯一道路》）

但是我们坚信我们仍然大有可为。我们仍然有力量从过去的岁月里，从人类的文明史上，从民族的发展史上找到我们共同的神话、共同的英雄，进而形成共同的价值与标准，并用那些高尚的标准来使未来的人们从平庸的偶像崇拜中挣脱出来。

现在，大多数理智的人已经认同自己既是某一民族子孙，同时也是中华民族的传人。但是，事实上因为另外的因素，我们并没有能够成为真正的承担共同命运的一家人——贫富悬殊，东西部差距的持续加剧，使我们不得不面对一个事实：我们共同的社会已经被偷走了！事实上，我们被金钱所左右，被流俗和传媒所左右，分成了富族与贫族，分成了东部与西部。正是基于这样的事实，中共十六届六中全会提出了构建社会主义和谐社会的理念，希望努力缩小东部与西部、城市与农村的差距。

现在，和世界上其他民族相比，我们整个民族的阅读水平令人忧虑。有调查表明，我国国民阅读率呈持久下降态势。目前，中国人有读书习惯的大概只占到5%。

在所有阅读匮乏的重灾区中，西部儿童的阅读状况相对是最为恶劣的，引发的问题也更为严重。许多原本善良天真的孩子，在应该大量阅读的时期没有得到阅读的滋养，又过早地步入社会，面对社会的一些残酷和世俗，善良的天性很快地被扭曲，这其实也是大量"马加爵"涌现的主要原因之一。与此同时，许多老师至今还认为读课外书是不务正业，这使本来就贫瘠的西部儿童阅读“雪上加霜”。

我们想象一下三种未来：

一种乐观的前景，是今天通过父母和当地政府、学校的努力，东部发达地区的儿童顺利地在他们的童年晨诵了许多美妙的诗歌，阅读了许多美妙的童书，写下了他们美丽的童年生活，开展了丰富的艺术、体育、公益活动，在小王子、彼得·潘们的保护下，在桑桑和杜小康们的陪伴下，他们成长为未来社会的合格公民。但与此同时，西部的儿童却因为历史的原因，因为经济的原因，因为人们的冷漠与短视，他们的童年没有这些最能够丰富心灵的营养品，没有与同伴或者老师、父母分享和交流的快乐，没有能够愉悦他们身心的活动，而只有充斥着凶杀与言情的电视、明星们的绯闻。当这两股潮流在未来的某一处汇合的时候，我们能够想象一个怎样的明天?

还有一种悲观的可能，是应试教育最终战胜了我们的一切努力，在应试教育摧残身心之后，在拜金主义大潮扫荡文化过后，在未来高耸林立的水泥与玻璃大楼之间，虚无的一代将像互不相关的沙粒一样存在于未来。

当然，我们还可以拥有第三种未来，那就是通过“新教育人”，以及所有和我们有相同志向的人的卓绝努力，所有的孩子共同沐浴于美妙的诗歌里，共同陶醉于神奇的童话里，共同生活在伟大的历史与神奇的科学世界里，沿着彩色的阶梯健康成长。我们可以想象一下：一个生长在西部农村，但阅读过《小王子》的男孩长大成人之后；一个生长在乡下偏僻的角落，但画过《一百条裙子》的女孩长大成人之后，当他们来到繁华的大城市的时候，难道会那样简单地因为贫穷而成为“马加爵”？更重要的是，未来已经长大了的孩子们，会因为在童年时读过相同的书而拥有共同的梦想，拥有共同的语言密码，可以无阻碍地沟通，可以真正地生活在同一个社会、同一个时代、同一个世界。

是的，未来的孩子——无论是东部的孩子还是西部的孩子，无论是男孩还是女孩，他们共同的偶像不应该是由小报制造并传播绯闻的明星们，而应该是一个民族以及人类文明史上那些最激动人心的真实英雄与文学形象。他们象征着那种高于金钱的核心价值与目标，而这些，只能通过今天的共读、共写，以及今天就开始的共同生活来实现。

五、共读、共写、共同生活与美好家庭

然而，在今天，不要说整个社会的共同语言已经开始丧失，即使是在同一个家庭里，在夫妻之间，在父母与孩子之间，也一样存在着共同语言沦丧的危险。

在教育在线网站上，曾经有人转帖了一首小诗:《我们孩子的痛》。作者是一个叫陈鲁直的男孩，今年 10 岁。全诗如下：

我们这些小学生，
痛苦实在太多太多，
在我们这年头，
光是思维就已被大人侵入。
即使不被侵入，
也已经陷入黑暗。
因一点小错误而挨骂，
因成绩不理想而被斥责。
因想考上好中学而被迫奔波于补习班，
这些都是大人制服我们的军队。
劝告和警告，都是间谍。
优等生是指使它们的统领。
他们用它们来劝我们投降。
打骂更是大人的攻城器具，
这足以让我们恐惧。
我只是想通过这首诗，
给那些大人提示。
如果你们觉得语言过激，
那我就告诉你一个道理：
当局者迷，旁观者清！

当然，我们能看出，这个孩子其实也并不是清醒的旁观者，但孩子毕竟是无辜的。如果成人世界和孩子世界竟然是这样敌对的两个世界，或者父母与孩子只是因为共赴中考与高考的难关而紧紧联系在一起，那么我们确实应该反思，父母与家庭的意义究竟在哪里?

克里希那穆提曾经说过:“许多父母由于全神贯注于他们自己的问题中，于是把使孩子幸福的责任推给教师。”的确，许多父母因为生存的压力、工作的压力、住房的压力，把所有的精力都放在了为生计而奔波上，他们对“家”的理解，已经仅仅是宽敞一点的房子和宽裕一点的经济，而把教育子女的任务大部分推卸了出去，交给了学校和家教，甚至听任孩子在社会上、网吧里不知不觉地接受一种现世的低俗文化和道德教育。即使那些重视对孩子进行教育的父母，也仅仅把教育视为提高学业成绩的手段，或者用参加兴趣班、艺体班来提高相互竞争的“综合素质”，并没有多少家庭在进行真正的全人的教育。最好的家庭教育，应该从“亲子共读”开始，从父母与孩子的分享开始，从父母与孩子的共同活动开始。据调查，能够经常和孩子一起读书的家庭，即使在北京这样文化教育发达的城市，其比例也不足20%。没有父母与孩子的亲子共读，孩子就处于一种人生的盲目之中，他们敏感的小心灵，就非常容易被另外的不良声音所捕获。

台湾地区的家长们普遍地知道:浇花要浇根，教人要教心，从小培养儿童注意周遭的人、事、物，要有所感觉、感触、感动或感恩，这是教育的真正本质。阅读对于儿童来说是他生活的一部分，因为阅读使他对事物的看法更精确，因为阅读使他对生活事件更敏锐，因为阅读使他对人与自然产生感情，而对人生才有意义和价值的操持。因此，儿童阅读“读好书”比“读多书”更重要,“如何读”比“大量读”更重要,“读适合的书”比“读好书”更重要，每一个学习的关键期都有其适合导引的图书可阅读。因此，在一定意义上可以说，父母与老师的任务就是选择和导读，并且和孩子们共读，就像哲学大师加缪所说的:

> 请不要走在我的前面，因为我不喜欢去跟随;
> 请不要走在我的后面，因为我不爱充领导;
> 我只期望请你与我同行。

而最受美国人喜爱的诗歌之一则是这样描述:“你或许拥有无限的财富,一箱箱的珠宝与一柜柜的黄金。但你永远不会比我富有——我有一位读书给我听的妈妈。”

现在,当我们“新教育人”明确提出“共读、共写、共同生活”的方法的时候,我们更加深刻地理解了美国人喜爱它的原因。越来越多的事实证明,亲子共读是一个孩子未来的智力发展和人格获得充分发展的必要保证。从国外的许多研究也可以看出,有早期亲子共读经验的家庭,儿童的发展与终身的成就远远超过没有早期阅读经验的家庭。这样的故事,在《朗读手册》中可以随时看到。亲子共读,从科学上来说,就是用最温暖的方法,用最不着痕迹的方法,让孩子掌握“阅读”这种人生最重要的学习武器。而且,因为学会了阅读,他会爱上阅读;因为爱上了阅读,他会在今后的学习上持久地领先,在一生的学习、工作中取得成功。

而比这更重要的是,通过亲子共读,通过父母亲口向孩子传递那些最重要的语言密码,父母与孩子就真正成为“一家人”,而不仅仅是生活在同一个房间里的“陌生人”。

事实上,这样的“陌生人”家庭在今天的中国大地上已经非常普遍。在这样的家庭里,父母们操着另外一套语言,讨论他们的工资,讨论他们同事的是非、股市的涨落,而孩子们则沉溺于他们的“还珠格格”和“五阿哥”,再大一点,则用的是网络上令成年人感到完全陌生、惊讶与恐慌的符号和语言。他们完全生活在两个不同的世界里。

这样的家庭关系发展到了极点,就会出现最大的危机。2007 年 6 月,广东瑶台一位 16 岁的王姓少年残忍地杀害了自己的母亲,砍伤了自己的父亲。我们无须再去追究这种频频发生的家庭悲剧后面的细微原因,作为一个时代的社会现象,我们不得不认识到,父母与孩子因为不存在共同的语言,没有相互沟通的心灵密码,两代人之间的精神裂缝已经成为一个时代的危机。

我们一直认为,与孩子一起成长,是家庭教育最重要的理念。克里希那穆提说:“正确地教育我们自己,非常重要。关切我们自己的再教育,远比为了孩子的未来幸福和安全焦忧来得更迫切。”(《一生的学习》)而恢复亲子共读传统，在家庭中实现共读、共写、共同生活，是实现每一个家庭的幸福生活的可靠途径。我们应该提倡从“亲子共读”开始，从每一个家庭开始，来真正实现一个民族复兴的希望，一个拥有共同价值与理想的未来社会的希望。而亲子共读的父母们，本身又需要我们教师——教育的专业人士——去加以引导。学校应该成为社区的文化中心，学校应该领导父母一起来实现对青少年的教育。

六、共读、共写、共同生活与校园文化

令人遗憾的是，因为没有对经典的共同阅读，因为没有师生之间真诚的共读与对话，因为许多教师自身就没有把阅读当成一生学习的重要途径，因为没有学生与学生、学生与教师、教师与教师之间的真正意义上的共同生活，许多学校不仅无法成为社区的文化中心，甚至已经成为精神与文化的荒芜之地。

在20世纪初，我们曾经有过一个短暂的名校林立的辉煌。当时有两所著名的基础教育界的学校：北有南开，南有春晖。这是怎样的两所学校，今天它们有什么值得我们学习？我们不妨来看一下南开的校歌和春晖中学的毕业歌：

> 渤海之滨，白河之津，巍巍我南开精神，汲汲骎骎，月异日新，发煌我前途无垠。美哉大仁，智勇真纯，以铸以陶，文质彬彬。渤海之滨，白河之津，巍巍我南开精神。（南开大学校歌）
>
> 碧梧何荫郁，绿满庭宇。羽毛犹未丰，飞向何处？乘车戴笠，求无愧于生。清歌一曲，行色匆匆。（春晖中学毕业歌）

我们已经无从领略当年的大师们、当年的学子们在这样的歌声中，在那样的校园里是如何孜孜于学习、汲汲于真理的。但是，我们依然可以从这样的歌词里感受到对历史和民族的虔诚，感受到超越小我、现世的那种大气磅礴。

有那样的大师存在，有那样的人生导师和莘莘学子共读经典、指点江

山、激扬文字，那么一所小学、一所中学就是真正的大学。反之，今天大楼耸立的大学校园，却因为丧失了拥有高尚操守的大师，也仅仅是面积大、人数多，而不再是大学之大。

缅怀过去，只是想追寻一个问题的答案：我们如何让学校重新具有魅力？如何让学校再次成为社会的文化中心、文明中心、创造中心？如何让在其中生活、在其中度过青春和一生的师生过上一种幸福完整的教育生活，而不是一手交钱一手交给答案与分数的知识贸易市场，更不是成为恩格斯曾经抨击的智慧与心灵的屠宰场？

答案很显然，通过建造高楼，通过张贴广告，我们无法让学校成为我们想要的文化策源地、文明的焦点，甚至通过高薪引进名师也不一定能够实现此一目标。即使因为极高的升学率成为令世人瞩目的“高分名校”，我们也依然无法认可这是一个为实现我们上述理想而努力着的理想之地。

学校应该“相信教师所从事的事业不单纯是对个人进行训练，而是形成正常的社会生活”（杜威《我的教育信条》）。学校应该认识到工业化的发展和城市中心的扩展破坏了人们的集体感，使人与人之间相互疏远，抗拒这股潮流是学校义不容辞的职责。

要达到这个目的，其中一个重要的方法就是“共读、共写、共同生活”。通过师—生（子女）—父母的共同阅读，对社会重大问题的共同关注与探讨，来制造相互依赖感，建立合作的精神。正像新教育实验“毛虫与蝴蝶”项目，尤其是常丽华老师的故事中所呈现的那样，通过与更多的家庭共读一本书，共同思考一个社会问题，父母的视野会逐渐地从自己的子女身上，扩展到整个共同体的命运上。这样，原本单纯地相互竞争的一个个家庭，就成了一个大共同体中一道学习与生活的合作者，是真正意义上的“一家人”。

教育在线的老网友“看云”（薛瑞萍）老师有一本书非常有名，它的名字叫《给我一个班，我就心满意足了》。这是一个令人遐想的好书名，在这句话里有着相当的气度，只有既像一个古老的农民那样朴素，又像一个现代的艺术家那样充满创造性地对待自己的职业，才能说出这样的话来。只有与自己的学生一道晨诵美妙的诗歌，一道阅读深邃的经典——中国的经典和世界的经典，一道编织有意义的生活，一道经历生命中的悲喜，才能够真正地拥有一个班，就像拥有一块辽阔的土地，从而创造一段“短暂而永恒”的历史。

不同于许多抱怨社会、抱怨学校、抱怨周遭环境的老师，我们欣喜地在“毛虫与蝴蝶”项目中看到了许多像常丽华老师和“看云”老师这样，把自己生活的乐趣和孩子们一生的命运掌握在自己的手上，视为自己的职责所在的老师。我相信，他们才是我们民族真正的希望所在，是我们教育真正的希望所在——因为他们的共读，已经将书本与自己的生命、与孩子的生命相连，并进而将自己的生命与孩子的生命，乃至那么多家庭的命运紧紧地凝聚为一个共同体，因为他们坚持着用漫长的岁月，沉静而朴素地进行共读、共写、共同生活。

“给我一个班，我就心满意足了”的另一面是：我的班级我来承担！

老师们，孩子们今天的幸福、明天的命运，整个社会未来的可能性，全掌握在你们的手中。让知识焕发出无穷的魅力，让课堂焕发出自主、对话的生命力，让诗歌和书籍成为我们共同的语言和密码，你们要相信，在这样的努力中，我们在开创一个真正令人向往的未来。

七、共读、共写、共同生活的理论基础

但是，仍然会有许多教师担心：共读、共写、共同生活听起来很美，只是，没有了分数我们无法生存啊。只有等到我们拥有了分数，或者说闯过了分数关，我们才能够来共读、共写、共同生活啊。

为了回答这个问题，我们不得不从社会学和教育心理学的角度来进一步考察“共读、共写、共同生活”的意蕴。也就是说，我们需要从“伦理上规定应该怎样做”与“依据学习规律怎样做更有效一些”这两个方面来分析这句话。这其实也正是“共读、共写、共同生活”的理论基础。

从这两点来考察，我们可以先简单地给出一个结论：从教育的正确目的（为了国家与社会，为了全人类与未来，为了个人的真正发展与幸福）来看，教学本该是在共同生活的过程中授予学生知识的过程，而不应该只是授予一个个体在竞争中获胜的知识；从哪一种学习最符合心理学规律（也就是学生的认知规律或者学习的规律，从而能够长久地取得优秀的学习成绩）

的角度来看，以“共读、共写、共同生活”为背景的学习，将学科知识与更宽广的背景相结合的学习，都是最能够持续发展的学习。

正如杜威所说：“人们因为有共同的东西而生活在一个共同体内……为了形成一个共同体或社会，他们必须共同具备的是目的、信仰、期望、知识——共同了解——和社会学家所谓的志趣相投。”“人们住地相近并不成为一个社会，一个人也并不因为和别人相距很远而不在社会方面受其影响。一本书或一封信，可以使相隔几千里的人们建立起比同住一室的住户之间存在的更为紧密的联系。”（《民主主义与教育》）

只要一个社会不想通过仅仅培养个体残酷的竞争力而使社会充满冷酷和暴力，而是想在竞争和合作之间形成一个平衡，形成一个拥有共同愿景与语言的有机共同体，那么家庭与学校中的“共读、共写、共同生活”就值得我们大力提倡。

在更高的哲学与人类学的层面，我们提倡“共读、共写、共同生活”有着更为深远的意义。大家都听说过“巴别塔”的神话：最初人类同操一种语言，因此人们语言、思想和情感彼此相通，大家和睦团结地生活在一起，人类的力量因此而越来越强大，于是他们想合力建造一座通天之塔（巴别塔），以便能够重返伊甸园。上帝对人类的力量非常震惊，于是让人类的语言从此四分五裂，各不相通。建筑通天塔的计划，于是就因为语言的不同而破产。

这个神话故事用德国哲学家洪堡特的话来说，就是“每一个人，不管操什么语言，都可以被看作一种特殊世界观的承担者。世界观本身的形成要通过语言这一手段才能实现……每种语言中都会有各自的世界观”。“语言仿佛是民族精神的外在表现；民族的语言即民族的精神，民族的精神即民族的语言。”（洪堡特《论人类语言结构的差异及其对人类精神发展的影响》）

因此，我们首先应该改变一种鼠目寸光的语言观和阅读观，即我们必须认识到，我们的汉语和汉字，用汉语和汉字书写的一切作品，不仅仅是工具，而首先是我们存在的家园，是我们栖息的大地，是我们精神用以呼吸的空气，是我们灵魂的家乡，是我们真正的故土、真正的祖国。

现在，因为市场主义与沙砾化个人主义的猖獗，作为存在的共同家园已经被破坏，人们因此而无家可归。要重建国人存在的共同家园，重建护佑人之灵魂的精神家园，我们就必须通过共读、共写，拥有我们共同的语言和密码，真正地共同生活在同一个学校、同一个祖国、同一个地球。

以上是我们从民族和人类对教育的期望、要求、命令的角度，来探究“共读、共写、共同生活”的必要性。我们如果相信科学，相信心理学的研究，相信人类大量的实践成果，那么我们就无须担心这种“共读、共写、共同生活”会影响学习质量，因为它是完全符合最新的认知哲学与认知心理学的。其实，国外的大量实证研究和新教育实验学校的许多个案，都已经成功地证明了“共读、共写、共同生活”的可行性。常丽华以及全国各地大小“毛虫们”的探索，以及那么多家庭的自觉参加，也为“共读、共写、共同生活”的精彩提供了证据。

人类迄今为止对于学习及其规律最为科学的解释之一，是维果茨基等人的社会建构主义理论。对维果茨基，许多人听说过他的“最近发展区”概念，却往往并不了解这个概念的真正意思。一种简单甚至包含着错误的解释是把它比喻为“跳一跳，摘桃子”，因为这个比喻中把最近发展区最重要的“学习的社会性”给过滤掉了。用简单的话讲，“最近发展区”就是一个儿童自己单独地学习所能达到的水平，和在教师、伙伴的帮助下（在共同学习中）所能达到的水平之间的落差。

也就是说，“最近发展区”这个概念本身，就强调了学习是一种社会活动，是一种特殊的共同生活。

教育心理学经过数百年的努力，逐渐对教学中的学习达成一些基本的共识，那就是学习同时是对知识的认知过程，是与他人的交往过程，是自我经验的建构过程。学习是文化共同体中借助于年长者、已有知识以及学习伙伴来发展完善自我的过程。

从心理学对学习的理解来看，最好的学习应该是充满魅力的知识与儿童对话的过程，是年长者与儿童对话的过程，是儿童之间对话的过程，是一个儿童与自己原有经验持久对话的过程。要想取得良好的教学效果，让儿童充分地、深刻地掌握知识，并在此过程中发展正确的社会观，学习本身就应该是一个共读、共写的过程，是一个共同生活的过程。“这种共同生活，扩大并启迪经验，刺激并丰富想象；对言论和思想的正确性和生动性担负责任。”（《民主主义与教育》）

把学习视为共同阅读、相互对话以及共同生活的最好范例之一，是伟大的苏联教育家苏霍姆林斯基。在《给教师的建议》一书中，苏霍姆林斯基根据心理学的研究成果和大量的实践经验，提出了“智力背景”的概念。他说，必须识记，在材料越复杂，记忆里的概括、结论、规则越多，学习过程的“智力背景”就应当越广阔。换句话说，学生要能牢固地识记公式、规则、结论及其他概括，就必须阅读和思考过许多并不需要识记的材料。……如果通过阅读能深入思考各种事实、现象和事物，它们又是应当保持在记忆里的那些概括的基础，那么这种阅读就有助于识记。这种阅读就可以称为给学习和识记创造必要的智力背景的阅读。学生从对材料本身的兴趣出发，从求知、思考和理解的愿望出发而阅读的东西越多，他再去识记那些必须记熟和保持在记忆里的材料就越容易。苏霍姆林斯基还依据经验提出了这种作为背景的阅读和作为知识的学习之间的大概比例为3∶1。即要正确理解一个知识，需要拥有三倍于这个知识的背景知识。而没有一个可观的阅读量，这一点显然是无法达到的。因此，苏霍姆林斯基是最重视阅读的教育家之一。他曾经反复说，无限地相信书籍的教育力量，是他的教育信仰的真谛之一。他甚至认为：一个学校可以什么都没有，只要有了为教师和学生的精神成长而准备的图书，那就是学校了。

所以苏霍姆林斯基又说：“如果一个人思考过的材料比教科书里要记熟的材料多好几倍，那么再照教科书去识记就不会是死记硬背了。这时的识记就成为有理解的阅读，成为一种思维分析的过程。多年的经验使我深信，如果有意地、随意地识记是建立在不随意识记、阅读和思考的基础上的，那么少年们在学习教科书的过程中就会产生许多疑问。他知道得越多，他不理解的地方也就越多；而不理解的地方越多，他学习教科书的正课就越容易。”

但是，儿童随意的、散漫的、没有引领的阅读是危险的，也是低效的。要有效地扩充学生的智力背景，就要教师和父母用共读把最好的书带给孩子，并用共写以及主题探讨等方式引领学生的自主阅读。

“毛虫与蝴蝶”项目的研究表明，“共读、共写、共同生活”不仅丰富了儿童的智力背景，还具有非常广阔的社会学意义。大量一线教师的新教育实验事例，证明了“共读、共写、共同生活”能够改变学生的精神面貌，进而改变学生对学习的态度、对学校和教师的态度，进而极大地提高学业成绩；甚至从心理治疗的角度揭示了这种“共读、共写、共同生活”所蕴含的丰富积极的作用与意义。

是的，“共同生活过程本身也具有教育作用。……一个在身体和精神两方面真正单独生活的人，很少机会或者没有机会去反省他过去的经验，抽取经验的精义”(《民主主义与教育》)。

当然，新教育所提出的“共读、共写、共同生活”的概念是极为丰富的。它不仅仅是“毛虫与蝴蝶”项目的一个基本理论，同时也包括学校内全体教师的“共读、共写、共同生活”，因此，它既是一种专业主义的研究方法，也是一种共同体寻找共同语言的途径。当然，这个问题我们将在另外的主题——以教育教学实践为核心的“新教育教师专业发展方程式：专业阅读 + 专业写作 + 专业发展共同体”——加以探讨。如果说新教育共同体 2006 年提出的“过一种幸福完整的教育生活”是新教育实验的一个使命、一个理想的愿景的话，那么“共读、共写、共同生活”则是实现以上使命与愿景的一个基本原则和基本方法。

八、结语

虽然“共读、共写、共同生活”的理念在全社会的应试喧嚣中显得单薄，但是如果我们不审慎而又积极地采取行动，那么人类美好的愿望将永远不会实现，社会的不公平与冷漠也将永远无法消解。

我们应该牢记一个事实：没有共同意志的民族只是一群乌合之众，他们随时会被其他人征服，或者仅仅被一些新鲜的词语和肤浅的偶像所迷惑；没有共同英雄与准则的社会只是一个生物智商的角斗场，它不可能为人类带来真正的幸福；没有共同的语言与密码的学校、教室和家庭只是一间冷冰冰的房间，生活的丰富性在这里丧失殆尽；没有共同体背景的学习只是一个机械的训练过程，它不可能真正实现生命中的无穷可能性。

衷心希望通过“共读、共写、共同生活”，和与此相关联的新教育实验其他项目的卓绝努力（譬如教师的专业发展、理想课堂的研究等），从我们每一个家庭、每一个教室、每一座校园开始做起，我们民族的梦想、人类的美好梦想都能够在将来成为现实。

衷心希望通过新教育人的身体力行，我们的民族能够在不久之后恢复并长久地拥有“共读”的传统、共写的实践，从而具有共同的核心价值体系与共同的思想基础。我们与孩子之间、我们的孩子之间，在未来能够拥有共同的语言与密码，真正地共同生活在一起。

（此文为 2007 年 7 月在山西运城所做的新教育实验第七届研讨会主报告）

师生共读：书写生命的传奇

阅读不仅仅是学生和学校的事，老师、家长在儿童阅读中也具有重要作用。通过师生共读、亲子共读而发生巨大改变的故事越来越多，正是这些故事在逐渐改变着我们的学校、家庭和社会。

学校、家庭对教育的影响不言自明，而阅读也不仅仅是学生和学校的事情，老师、家长在儿童阅读中的重要作用和重要意义也不可估量。我想讲几个关于通过师生共读、亲子共读而发生巨大改变的故事，这些都是发生在我们新教育实验学校中的真实故事，每一个故事都意味着一个改变。这些改变汇集起来，其巨大的教育作用将越来越得到显现。

童书战胜电视

现在很多家长为孩子沉迷于电视、网络而发愁，那么我们看看这位老师是怎么做的。

著名的诗人罗尔德·达尔，曾经写过这样一首诗：

如今随便走进哪一座房子，都看见小朋友目瞪口呆地在做同一件事。

他们躺着，靠着，坐着，看个没完没了，直到连眼珠都突出，落掉。

他们坐着，看着，看着，坐着，和这糟透的废物难分难舍，直到被它完全催眠，直到像喝醉了酒一般，它使头脑乱糟糟！

它使想象力丧失掉！

它搅乱人心！

它使小朋友变蠢！

他再也不能理解，幻想和童话的世界！

他的脑子变得和干酪一样软！

他的思维能力生锈，凝滞不前！

他不会想，只会看！

这首诗讲的就是沉迷于电视的孩子，这样的孩子已经丧失了真正的童年。其实，这也是我们现实生活中的一个真实图景。我们很多父母面对这样的孩子往往束手无策。

浙江诸暨的一所普通农村学校有一位名叫黄芳的老师，她参加新教育实验的一个很重要的原因，就是她自己的孩子不爱读书。于是，她向我们的实验研究团队成员咨询，她的孩子天天看电视，还跟她“捉迷藏”，爸爸妈妈一离开家就立刻将电视打开。父母总不能把电视机加个箱子锁起来吧。所以，她找到了新教育实验，找到了儿童阅读项目，于是，她开始给孩子讲故事，将最美丽的童书和孩子分享。分享以后，她发现孩子对童书的兴趣远远超过了对电视的，然后她就开始把这个经验实施到自己的班级里。班级里也有一批小电视迷，在阅读的影响下他们同样变化很大。

在她的班上有一个有名的调皮大王，他在写给黄老师的信中说：“以前我是个电视迷，对电视节目了如指掌，双休日更是时刻守候在电视机前，和它就像是一对形影不离的好伙伴。可是有一天，我交到一位好朋友，它彻底改变了我的生活，这位朋友就是童书。”这个孩子还写了另外一首关于阅读的小诗——《吃书》：“吃啊吃！吃啊吃！一定要吃到老。如果不够就再吃，一定要吃到老！身边的书吃完了，想一想哪里还有。国家图书馆？

就到那里去。别忘了一定要吃到老，一定要吃到老。”曾经沉迷于电视的孩子，对书产生了这样的一份情感，这种变化让我们倍感欣慰。

把故事和游戏还给童年，这是对童年最真实的珍惜，是孩子们在这个天真的年纪最值得做的功课，是最合乎生命要求的学习。

阅读抚慰心灵

这是一个用图书来关注心灵的故事。故事的主人公原老师也是参与新教育实验的老师，她在浙江杭州萧山区任教。

2007 年 10 月 11 日，她写下了这样一篇日记：

> 昨天，一个孩子没来上课。晚上，他的爸爸打电话，说他的妈妈去世了，孩子希望我别让其他同学知道。这个消息让我震惊，我怎么也预料不到，昨天他经历了怎样痛苦的生死离别。这个孩子应该怎么办？会不会就此萎靡不振？我能帮他做什么？

然后，原老师就想到用童书来帮助这个孩子。

果然，在童书的引导下，孩子慢慢摆脱了忧伤，走出了阴影，健康地成长着。

原老师有意识地给他读和他的生活经历相关的书，第一本就是童书《獾的礼物》。孩子读了以后很感动，写下了这样的读后感：“老师给我的书我读了，不管一个动物或者人，总有死的那一天，但是要做到对别人有好的影响，要做到虽然离去了，但人们总在怀念他做过的好事，人们依然在心里感谢他。只要他的精神在，人们就会永远思念他。”原老师的批语则是：“獾离去了，朋友们还记得它为朋友们所做的一切，其实，獾还活在朋友们的心中。所以，最亲爱的人离开了，但是她的爱无处不在，只要你愿意，在你的身边，仍然有关心着你的人。”

就这样，原老师通过和孩子们的互动，以这样一种方式关注每一个幼小的心灵。

一个月后，这个孩子写了这么一篇让我们感动的日记：“晚上，我写完作业，然后看妈妈以前的照片。看着她那面带微笑的样子，我觉得妈妈现在就在我的面前微笑。我会永远保留妈妈的这些照片，就算是到了天涯海角，我都会带着她看风景。”原老师批注道：“老师被你的懂事感动了，妈妈一定非常高兴看到儿子现在的样子。”

孩子就这样在阅读的滋润下渐渐地成长起来，渐渐地懂得了人生。

在山西运城举行的新教育年会上，原老师深有体会地说：“要相信传奇、童话和神话故事的力量，因为它们是以想象的形式表达了高层次的真理。经由你，这些童话、传奇和神话再度有了灵魂与生命。当你在讲述这些故事的时候，一字一句都散发着你对这些故事的虔诚、信任之心，你便将真理带入了儿童的心，真理便在你与儿童之间交流。”

阅读提高学习成绩

很多人担心读书影响孩子的成绩，认为现在孩子已经够忙了，作业负担已经够重了。我认为绝对不会。在我们新教育实验学校，书读得越多的孩子往往成绩越好；书香校园做得越好的学校，教育质量往往越高。这是我们几百所学校通过阅读实验所得出的结论。

接下来讲一个关于阅读促进学习成绩提高的故事。这是在四川成都一所私立学校发生的故事。故事的主角是陈美丽老师，她的先生是我们新教育研究院的研究人员，因此她开始在班级里鼓励学生进行大量阅读，师生共读了很多书，像《夏洛的网》《波丽安娜》《山居岁月》《希腊神话》《中国神话传说》等。然后她和孩子们一起开阅读讨论会。

安迪同学的妈妈给老师写信说：“谢谢您为家长和孩子推荐这样的好书！”黄梦夕同学和爸爸妈妈共读了《苹果树上的外婆》以后，对老师说：“爸爸妈妈变得温柔了，脸上开始挂着笑容了——是书改变了他们。我的心温暖多了。”孩子们是能够感受到父母的变化的。

陈老师通过阅读走进孩子们的生活，静静地和他们生活在一起，和孩子们一起活动、玩耍，体验快乐，快乐着孩子们的快乐，悲伤着孩子们的悲伤。共读完《特别的女生萨哈拉》这本书后，陈美丽老师要求全班学生模仿故事中的萨哈拉，一起来写心情日记。大量的阅读也激发了孩子们的写作热情。班上的一个孩子说："我现在最膨胀的愿望是把我的《快乐花园》一直写下去，到时候能出一本书。"这是五年级的孩子在开心地向大家展现自己的愿望。班上的另外一个孩子更厉害，在2007年"世界读书日"的当天，这个孩子写了一首关于读书的诗，我觉得这首诗可以放进国家图书馆：

打开神秘的扉页，一个未知的世界，无数缕目光，投向你。

那诡异的文字，在水管的岛屿间悬浮，在桌面的沙滩中漫步，在沙发的海洋上空起舞。

充满魔力的手指，止住蜈蚣胡乱的脚步，目光念起古老的咒语，纸面燃起熊熊的烈火。

飞来的漂流瓶，撞碎在桌角，去星空没有公路，要在天花板上开始徒步。

哦，长满书的大树，一直在冰箱和电视机间跳舞，摘下一本，它却会虚情假意地愤怒，它等待着你用咒语让每一个故事复苏。

合上书，魔术结束，舌头开始催促，牙齿仍在起舞。

2007年，陈老师班上的平均成绩比第二名的班级高出三四分，比最后一名的班级高出10分，比年级平均分高出5分多，优秀率和合格率都是年级第一。所以，大量阅读的孩子的确不用担心学习成绩。

陈老师的女儿就在她的班上，她给妈妈写了封信。女儿说："妈妈，你知道吗，这样的书把我带到另外一个地方，你想知道那是一个什么地方吗？告诉你，那是一个童话般的地方，我不知道它的名字该怎么说。那个地方有一条很恬静的小河，河边有一个茶馆，茶馆里有很多的书，像一个图书馆一样多，其中有很多散文诗。那儿没有一个人说话，大家都在仔细品尝书中的甜味。妈妈，有时我就觉得这个世界其实很小，书、茶馆、小河就构成了一个世界。你不要看这个世界小，它可以把我带到很远很远的地方，它可以让我从中国到美国，从北极到南极。今年的寒假结束以后，我们班的学生回到学校，有的说去了香港，有的说去了新加坡，有的说去了澳大利亚。他们一个寒假只去了一个地方，只有我去的地方最多。你猜我是怎么去的？一本书！你知道吗，一本书就够了。你是不是觉得我很幸福呀？”这是一所私立学校，其他孩子的父母可能都很有钱。同学们暑期都出国去旅游，只有她和图书为伴，但是她没有一点自卑感，她觉得她很富有。

陈老师当时所在的这所学校的校长叫弥晓蓉，她写给陈老师这样一段话：“不管是走进五（9）班的教室还是寝室，心里都会有一种愉悦的宁静。这种宁静是孩子们送给我的。五（9）班的孩子爱读书，也会读书。那么多有意思、有意义的书滋养了他们的心灵，使他们把读书当成了生活中最有趣和最‘伟大’的‘游戏’。看看他们阅读《绿野仙踪》后所作的精美的绘图笔记，我真的相信没有有问题的阅读，只有有问题的阅读引领。他们有一个优秀的阅读引领者，名字叫作陈美丽。”

这样美丽而神奇的故事还有很多，这样感人并催人奋进的故事还有很多，不是我的这篇文章能够讲完的。如果您感兴趣，可以登录我们教育在线网站，在我们的论坛上有一个叫“毛虫与蝴蝶”儿童阶梯阅读的分论坛，在那里您可以看到很多老师和孩子、家长们每天一起编织的阅读故事。

这些故事，让我们既看到了孩子们的成长，也看到了中国教育的希望。

亲子共读：避免成为熟悉的陌生人

孩子们的阅读是需要环境的，如果外部环境都是打牌、看电视、玩网络游戏，怎么可能要求孩子静下心来阅读呢？阅读不是孩子个人的事情，只有亲子共读的生活才是真正意义上的共同生活，这样，亲子间才不是同一屋檐下的陌生人。

现在，孩子们的课业负担很重，很多家长都担心，在课业负担外再让孩子大量阅读，是否会影响孩子的学业成绩？从大量的实践来看，家长的这些担心是没有必要的。

先说不喜欢阅读的孩子，他的知识面窄，生活枯燥，学习兴味寡淡，学习成绩自然不会太好；越往后走，学习古板、思维僵化的孩子的学习成绩必将会越发吃紧。

再说喜欢阅读的孩子，他会在阅读中学到很多的知识，发现很多的乐趣，他的思维开阔，学习兴趣浓厚，智力背景丰富，发展潜力巨大，越往后走，学习成绩必将越来越好。这一点已经被许多国内外的实验所证明。

当然，我们所说的课外阅读，不是读那些消遣、娱乐、搞笑的漫画书，而是读那些经得起时间考验的、开发智力、启迪人心的优质图书。孩子们学习累了，偶尔翻翻看看那些漫画书不会产生什么负面影响，但是，孩子们的业余时间都去读那些不动脑子的、打打杀杀的消遣娱乐书，那就会影响孩子的学习和做人了。

尽管不是所有的书都是好书，但我们家长切不可因为排斥那些消遣娱乐的劣质书，就把高品质的书也都排斥在孩子的阅读之外。孩子小的时候，对他们读什么、怎么读，多加关心、过问是正常的、必要的；孩子一旦步入正轨，当他们有了高品质的阅读需求，阅读成为他们的生活方式时，就没有必要再干涉他们的阅读了。

真正的好书，特别是经过大浪淘沙留下来的经典图书，都是最好的书。但是，最好的书不一定适合各个年龄的孩子——每一本好书都有它相对特定的、最适合的阅读时机和阅读对象。所以，对于不同年龄、不同喜好的儿童，选择阅读时机和阅读对象是非常重要的，同时，开展丰富多彩的活动也是非常重要的。因为阅读毕竟不像看电视、玩电脑，不像做其他游戏那么轻松随意；阅读是一个眼到、脑到、心到的智力过程。所以，重阅读不重兴趣培养不行。

在新教育实验学校，我们开展了儿童阶梯阅读的实验，为不同年龄发展阶段的儿童选择不同的图书，如在 1 ～ 3 年级，我们采取以绘本为主的读写绘一体化实验。同时，我们为孩子的阅读开展了非常多的有意义的活动，如配画，儿童看名著后为名著配画、绘图；再如书中人物表演：你演孙悟空，他演猪八戒，搞情景剧，让孩子们到台上现场表演；此外，还有续写童话等，孩子们根据自身的体验、爱好续写童话，大大满足了他们的创作欲望。

不鼓励孩子阅读，他们不会自行寻找、阅读那些经典好书；把一堆好书扔给孩子，不加引导，不调动情绪，也很难使他们爱上这些书。把书和孩子的年龄、性格、爱好结合起来，让他们在玩中品尝阅读的乐趣，在阅读中提升玩的品位，就能收到一箭双雕的效果！儿童14岁前读过的好书，会给他们留下终生难忘的印象。我多次讲过，人的一生其实是围绕童年展开的，儿童早期的阅读、体验、经验等，就是成年人今后建设属于他们的世界的基本工具。

我们鼓励儿童读书，但不主张儿童滥读。因为，儿童最初见到的是什么，那东西就将成为他的图腾，最终他也会成为那样的人。童年的秘密远没有揭示出来，阅读的秘密也远没有揭示出来。可以说，人的一生都是围绕童年展开的。童年见识真、善、美越多，他心中的真、善、美就越多，他也会成为真、善、美的人。那么真、善、美在哪里呢？它们就在童书里。

从小就给孩子们推荐健康有益的书，孩子们有了基本的价值取向，长大后，看见那些红红绿绿的低级劣质的书，自然就会避而远之。一个孩子品尝过真正的美食以后，即使偶尔好奇而品尝几次文化快餐，也不会妨碍精神的健康发育，对于真正的文化垃圾自然就不会感兴趣了。当然，对于未成年的孩子，家长、老师随时都得强化他们的精品意识、健康意识，不能放任自流。

那么，在孩子的阅读过程中，家长充当什么角色、采取什么行动才能对孩子的阅读更有帮助呢？我一直认为，阅读不是孩子个人的事情，只有亲子共读，才能够取得最好的效果。实际上，很多好书让父母和孩子一起阅读，效果会完全不一样。因为，只有共同的阅读才能拥有共同的语言、共同的生活密码。父子之间、母子之间等全部家庭成员间的语言有了书中的人物、书中的故事、书中的理念，那样的生活才是真正意义上的共同生活，亲子间才不是一个屋檐下的陌生人。

中小学是阅读的黄金时期，孩子在这个时期，有时间、有精力、有兴致进行大量的阅读，这些阅读会为他们一生的幸福奠基。大学是阅读的最后阵地，过了这一时期，再想安心阅读、大规模阅读，已经没有那样的条件和心境了。所以，在孩子小的时候，我竭力鼓动亲子共读共享，让孩子感到阅读和吃饭、穿衣一样必不可少，他们就不会对阅读产生排斥、厌恶情绪了。

当然，仅有阅读是远远不够的，阅读滋养底气，思考带来灵气，实践造就才气。“读万卷书，行万里路”是古代知识分子的一种人生境界，也是我们今天培养、造就孩子的重要途径。孩子不读书，不继承前人的优秀文化传统，不可能凭空创建自己的知识体系；孩子不走进自然，不参与社会实践也不可能学以致用，拥有过硬的本领。我们去考察，去游历，是靠什么去体验、靠什么去创造？如果我们不能认识到自身内在世界的现实性的话，我们看得再多、走得再远，获得的也只是一大堆知识和经验，是很难培养一种理性的洞察力，也很难开启生命的智慧的。我们的“身”在游历，实际上是“心”在体验和创造，而真正的阅读是帮助我们走入这种内在的现实世界的。在书的世界里，我们可以遇见最伟大的灵魂，它们可以指引我们认识自己和这个世界，促使我们觉醒。从这个意义来说，阅读不仅没有浪费生命，而且还以一种美丽和快乐的方式创造自己生命的经验。

孩子们的阅读是需要环境的，如果外部环境都是打牌、看电视、玩网络游戏，怎么可能要求孩子静下心来阅读呢？在新教育实验基地，我们要求儿童每天都晨诵、午读、暮省，这对儿童的健康成长是非常有益的。但是，走出校门，孩子所处的环境就不那么尽如人意了：孩子的父母没有阅读的习惯，孩子的亲戚、长辈、邻居也没有阅读的习惯，很多成人的业余生活就是玩牌、看电视、玩网络游戏、闲逛闲聊，这对孩子的学习会有什么好的影响？从另一个角度说，真正优秀的童书所弘扬的都是人类最积极、最纯净、最高尚的精神。和孩子共读这样的书籍，不仅给孩子营造了好的学习环境，也能帮助已成年的父母涤荡现实的尘埃，寻回失落的美好与纯真，既是陶冶，也是沟通，更是与孩子在同一屋檐下，真正实现了共同生活、共同成长。

共同编织幸福的教育

新教育实验一直主张教师与学生、父母共同编织有意义的人生。所以，无论是学期开始和中间写给孩子与父母的信件，还是学期结束时为每个孩子量身制作的生命叙事（学期评价），都是用心去写的。只有这样，教育的生活才是润泽的，师生的关系才是润泽的，教师与学生才是幸福的。

2007年9月，我在媒体上看到一则来自昆山玉峰实验学校的新闻：《父亲突然离世　家校簿留言成15岁少女最珍贵礼物》。因为玉峰实验学校是我们新教育的第一所挂牌实验学校，所以我格外关注。

新闻报道的是，江苏昆山市玉峰实验学校初二（6）班女生陆凯悦的父亲在车祸中不幸罹难，去世时没给妻女留下只言片语，全家沉浸在深深的悲痛中。怎样才能安慰这个孩子，让她学会坚强呢？班主任于洁老师想起了凯悦父亲曾经在“家校联系簿”上为女儿写下的一段段充满爱心的留言。她想，如果把这本联系簿送给凯悦做纪念，将会让凯悦感受到父亲的爱永远存在。

当这本不寻常的“家校联系簿”送到凯悦手中，看到父亲这些已成绝笔的文字，凯悦禁不住泪流满面……在于洁老师和大家的关怀、鼓励下，15岁的凯悦逐渐从悲伤的阴影中走出，变得越来越坚强。

凯悦在《留一份心痛也美丽》的文章中这样写道：

过去，我是一个人人羡慕的孩子，我拥有幸福美满的家，可是父亲的突然离去，让我一下子掉进了痛苦的泥沼。

直到听到这么一个故事：上帝总爱像吃苹果一样，在他认为是强者的人身上咬一大口，他越是青睐你，咬的那一口就越大越深。我于是开始想：大概我就是上帝眼中的那个可人儿，不然他为何在我身上咬那么大一口呢？

不过我又想：上帝无私地赐予我世界上最伟大的父爱，让我尽情享受了15年。或许是这15年来我只知道索取而不懂得给予，上帝才一怒之下收回对我的恩赐。这时我才明白要拥有爱就必须付出爱，太迟了！

……尽管心还在隐隐作痛，但我仿佛听到了父亲在对我说：“别哭，好孩子，等你长大了，你一定会明白：有时候，留一份心痛也美丽！”

当时读到这个报道，我既为凯悦失去父亲而悲伤，也为她能够很快振作起来、微笑地面对痛苦而欣喜，更为于洁老师的教育智慧而感动。从此，于洁老师的名字就深深地印刻在我的脑海中。

昆山玉峰实验学校作为第一所挂牌的新教育实验学校，因为走进新教育，发生过许多感人的故事，书写过许多教育的传奇。例如，吴樱花老师用教育随笔帮助一位离异家庭的孩子成长为苏州市中考状元；例如，高子阳老师通过专业阅读，与孩子一起阅读写作，成长为特级教师；等等。他们的共同特点，是通过教育随笔，通过教育叙事，通过与父母的便笺，通过家校联系的卡片等，与父母、孩子共同编织有意义的人生。

没有想到，几年过去了，于洁老师捧出了厚厚的一本教育随笔文集《草尖上的露珠》。

泰戈尔说过：人的青春时期一过，就会出现像秋天一样的优美成熟时期，这时，生命的果实像熟稻子似的，在美丽而平静的气氛中等待收获。

这是我读了于洁老师的书后从脑海里跳出来的第一反应。

是的，沉稳、优雅，有诗人的气质，有理想的追求，也不缺少青春的活力、创新的方法，也许，这就是做了 20 年语文老师、20 年班主任的于洁老师在这本书里浮现出来的让我日渐清晰的身影。

教育这条路有时是藏在海底的，妄想漂浮在海面的人是走不远的。教师最要紧的是能够“沉”下去，沉到课堂里去，沉到学生中去，沉到教育教学的实践中去，沉到书本中去，沉到思考中去，沉到对教育实践的反思提升和不断校正中去。

新教育主张师生共写随笔，不是为写作而写作，不是为了培养离开教育生活的“作家”，而是为了改进教育的生活，改进教育的品质。于洁老师这本书的可贵之处，在于她用朴素的笔，饱含爱心，将她和学生的点滴成长一一记录下来。所以，我在意的不是她的教育随笔写得多么文采斐然，而是她已经把自己的根深深地扎在教室，扎在孩子的心里。

新教育一直主张教师与学生、父母共同编织有意义的人生。所以，无论是学期开始和中间写给孩子与父母的信件，还是学期结束时为每个孩子量身制作的生命叙事（学期评价），都是用心去写的。只有这样，教育的生活才是润泽的，师生的关系才是润泽的，教师与学生才是幸福的。

看了于老师写给每个学生的那么多信，几乎是每学期每个学生一封，完全没有内容上的雷同。每一封信都有对学生学习生活细节的描述与点评，可见她对学生了解之深。我也看到学生们写给于老师的信，信中同样有对她的教育教学甚至穿着气质等生活细节的描述与点评，可见她的学生对她了解之深。于老师在《一场对心灵的考试》中说：“教学相长，这应该是教育的最高境界，学生向老师学习，老师向学生学习，在教与学的过程中，互相促进，共同进步。我想说，同学们，我和你们，真的是教学相长呢。所以，除了被你们感动，还有一种心情我要告诉你们，和你们在一起，我很幸福。”

于洁老师在《红烛之光》的照耀下，成为《世界上最幸福的人》，她和她的学生有《一秒钟的默契眼神》，她为这些90后的孩子《拥有一颗善良快乐的心》而快乐着，她和他们一起《看焰火》，一起《席地谈心》，她《在笛声里，走进你的心》，她的《委屈，有你们安慰》，她平息《MP5风波》，她让一个《没有熟透的柿子》变得甘甜，她和她的学生们《用自己的方式，爱着我们的班级》，她时刻提醒自己《向年轻人学习》，她是一个用心而快乐的班主任。

她的生活丰富而细腻，精彩又精致。她诗意地栖居在教育的大地上，和她的学生们一起成长，一起享受成长的幸福。这应该是新教育关注学生、呵护学生、促进学生精神成长的又一个范例。

是的，一个老师的好坏，最有发言权的是他的学生和家长，最直接的评论者却是内心深处的自己。你只要问自己，和你的学生在一起，你幸福吗？如果你毫不犹豫地由衷地回答说你很幸福，那么，你一定是个好老师。

曾经有人诘问新教育：完全的草根运动是否具有长久的生命力？时至今日，新教育实验已经走过了9个年头，要马上下永恒的结论似乎为时过早。

让我欣喜的是，在新教育这条路上，我们已经从一开始拥有狂热的追随者，到如今拥有这样一批身处一线、厚积薄发的教育者：他们冷静成熟，他们能够适时调整教育教学状态，他们在实践操作中获得合适的教育教学方法，他们把手中的班级创设成一个“用教育的理想实践理想的教育”的舞台。

只要我们在推进实验的过程中防止形式主义、功利主义、虚无主义，坚守住新教育的理念，坚守住对教育的大爱，草根运动必然星火燎原。

鸟飞过，天空无痕。但是，鸟飞过，也是一段永恒。

玉峰实验学校校长周建华曾经对学校的老师们感慨："同事们，我已经做教师20年了，再做20年就要离开这个岗位了。如果我就这样碌碌无为地走过去，等我退休的那一天，我会发现我40年的教育历程是一段模糊不清的记忆。我不想这样，希望你们也不要这样。我们要把自己教学中哪怕是一点体会记录下来，我希望我们的图书馆里不光有别人的著作，更要有我们自己亲手写下的作品。"

我想，这大概就是于洁老师为书的第一部分起名"天空之痕"的原因吧。

这何尝不是她的教育之痕呢？这样的痕，有个名字，叫作幸福。这样的幸福，如同草尖上的露珠，晶莹剔透，润泽根底。

有一种幸福叫教育，这是新教育老师的追求，也是新教育人发自内心的真实感受。

推动摇篮的手能撬动地球

很多父母常常忽略自己的教育职责。由于社会普遍关注的焦点是学校教育，父母更多考虑的也是学校教育，却忽视了他们自己才是真正的教育基础，才是决定孩子命运的关键。在学习型的家庭中，父母与孩子是共同成长，甚至是相互影响的。

家庭教育是科学，必须符合孩子的成长规律；家庭教育是艺术，蕴含情感，凝结智慧，必须找到适合自己孩子特点的沟通、教育方法；家庭教育是生活，不是刻意的说教，不是外加的任务，而是渗透到日常生活中的常态化教育，是随机引导的责任与义务。

家和万事兴。家庭教育是学校教育和社会教育的基础。家庭教育在加强未成年人思想道德建设、推进素质教育、构建和谐社会方面具有不可替代的作用。

虽然从全社会的角度来看，我们对于家庭教育远远没有给予足够的重视，但是在许多家庭里，自觉不自觉地关注教育问题，甚至是过度关注孩子的教育问题，已经是一个非常普遍的现象。无论是幼儿园“入园难”“入园贵”问题的产生，还是“虎妈”“猫爸”的争论，无论是“哈佛女孩刘亦婷”的火爆，还是“不让孩子输在起跑线上”的流行，都表明家庭教育受到了前所未有的重视。

当然，与重视形成强烈反差的是，许多家庭根本不懂得什么是好的教育，如何开展健康的家庭教育。我们的父母大多没受过专门训练。无论是小时候还是长大恋爱成家，无论是在学校还是在社会，很少有人告诉我们该怎么做父母。即使有人说过，也是“棒头出孝子”“不打不成才”等传统说法，而这些观念对不对尚且需要我们去反思。

“家长”这个概念，在英文中其实是个贬义词，含有“家长制”、非民主的意思。要孩子完成一件事，必须让孩子真正理解、接受，他才能去做好。对教育职责漠视，教育理念偏颇，自然会导致家庭教育较易出错。

父母的过度关心、过度照顾，剥夺了孩子成长的空间。现在的很多大学生不知道怎么安排生活，甚至要父母陪读。其实，他们中的很多人从小到大不需要考虑任何事情，怎么会有成长呢？正是父母过多限制、过多干涉，阻碍了孩子潜能的释放。我们常常居高临下地对待孩子，以家长自居：“你是我生的，我让你听，你不听，找揍！”如此，家庭教育缺失了“人格平等”（这可是《联合国儿童宪章》规定的根本精神），怎能使孩子健康成长？而成长往往是父母撒手让孩子飞的过程。让孩子飞，首先是父母必须相信孩子无限发展的潜力，尊重子女的健康情趣，松开他们的翅膀；其次是让孩子飞，要给孩子真正地插上理想的翅膀，让他们不断增强行动的力量，坚守自己的梦想。

但是，望子成龙、望女成凤的心理易使家庭教育偏离方向。父母与孩子间有天然的感情联系，特别是母子一体，自然产生期待，把自己没实现的、没做成的，都转而寄希望于孩子来完成，难免不切实际。一本《哈佛女孩刘亦婷》卖了几百万册，正是父母们这种心理的反映。这些年来，教育问题已经引起全社会的关注，政府对教育的投入也逐步加大。教育是民族振兴、社会进步的基石，承载着中华民族伟大复兴的希望，这已经成为大家的共识。但是，在教育体系中，家庭教育往往游离于义务教育、高中教育、大学教育、职业教育等之外，寄托着亿万家庭对美好生活期盼的家庭教育，似乎还没有成为现代国民教育的重要组成部分，教育行政部门也没有专门的机构管理。

我们都知道，要想驾驶车辆，需要到驾校学习两三个月，并经过严格的测试，才能拿到驾照，如果无证驾驶，就会受到重罚。而要为人父母，“驾驶”家庭之舟远航，恐怕不是两三个月就能学会的。何况连婚检都懒得做的现代人，根本没有可能去进行两三个月的专业培训，便糊里糊涂地做了父母，似乎全然不顾自己的语言、行为、教育会在孩子身上留下什么样的烙印。

很多父母常常忽略自己的教育职责。由于社会普遍关注的焦点是学校教育，父母更多考虑的也是学校教育，忽视了他们自己才是真正的教育基础，才是影响孩子命运的关键。俗话说“三岁看老”，孩童时代所受的教育，影响着人的一生，儿童对世界的最初认识源于父母，家庭教育对人的影响刻骨铭心。

都说父母是孩子的榜样。通常优秀孩子成长为优秀人才的背后，总能找到温馨和谐家庭的影子；同样，一个人形成不健全的人格，也可以从其家庭中找到充满冲突和矛盾的因素。

父母们把孩子送到小学、中学时，总喜欢说：“老师，这孩子全交给你啦，拜托啦！”其潜台词是“与我无关啦”。其实，这是绝对不行的。撬动地球的手，就是推动摇篮的手。好的家庭往往是父母伴随着孩子共同成长，坏的家庭往往给孩子负面影响。

有这样一个真实的故事可以印证。张家港某校一位读初二的孩子，星期日晚上在家复习迎考，他父母邀了几个朋友来家搓麻将，其响声搅扰了孩子，孩子无奈地说：“11 点多了，还打，我明天怎么考试？”麻友们正在兴头上，对孩子的话不予理睬。孩子生气了，就将电视打开，并把音量调大，弄得左邻右舍上门抗议，他父母觉得丢了面子，将他打了一顿。孩子连夜出走……

朋友们常问我，每周有多少时间与孩子在一起？我说由于工作忙，我与孩子相互交流并不很多，但只要孩子看到我，我一定是在看书或写作。不需要讲话，身教远大于言教。父母有多少时间在家读书，家中有多少书，培养出的孩子境界是不一样的。据调查：我国有45%的家庭无一本藏书，无一个书柜；韩国有96.8%的识字家庭有500本以上的藏书。没有书香家庭，哪有书香校园、书香社会？父母不进步又怎指望孩子成龙、成凤？

学习型的家庭中，父母与孩子是共同成长，甚至是相互影响的。他们往往有一些成功的影响方式，如亲子共读、亲子通信、讲述成长故事等。父母的成长和孩子的成长一样，是没有止境的过程。父母的不断进步、不断学习，其影响是无形而深刻的。

总之，父母要同孩子一起成长，离不开持续的知识学习。培养读书人应从改变父母开始，改变父母就从阅读开始。如果我们的父母都热爱读书，那么他们的孩子自然会和父母一起来共同构建家庭里、世界上最美的生活方式——读书。

从并肩共读到携手共写

新教育实验有一个非常重要的理念，就是“共读、共写、共同生活”。我们认为，如果没有亲子之间、师生之间的共同阅读，他们很可能就是生活在同一个屋檐下的陌生人，因为他们没有共同的语言和密码。

由于生存的压力、工作的忙碌，父母往往在疲惫之余，把教育孩子看成枯燥的责任和义务。日常生活里尤其在家庭中，层出不穷的琐事又会使人无意中忽视真正的心灵沟通，很容易形成父母付出、孩子冷漠、亲子关系疏离的局面。天长日久，原本温馨的家庭，最终反倒可能成为酝酿不幸的温床。

事实上，孩子最重要的老师是父母。在孩子来到人世以前，我们身为父母，本应该接受基本的教育理念，掌握基本的教育方法。而现在的父母大部分是“无证上岗”，这与没有经过驾驶训练的司机其实没有什么区别，而且危险性更大——因为儿童的早期教育，是决定人的一生发展的关键。

正如惠特曼所说，儿童最初看到的东西，那个东西就成为他的一部分，他就会变成那个东西。父母的教育，是为孩子的生命奠基。在孩子走进学校大门以前，他们的人格特征、行为方式、认知风格，基本上已经具备了雏形。因此，新教育实验一直倡导让父母与孩子一起成长。我们认为，没有父母的成长，就没有孩子的发展，没有父母与孩子的“共读、共写、共同生活”，就没有真正意义上的家庭教育。在许多新教育实验学校，我们开展了新父母教育的探索。我们希望父母更加自觉地关注与直接地介入孩子的成长，不能把孩子的教育仅仅看成是学校的事情。

父母如何与孩子一起成长？如何开展家庭教育？我们认为，父母与孩子一起阅读、一起交流、一起游戏，一个家庭才会拥有共同的语言、共同的价值、共同的生活密码。而且，就在我身边、就在我的朋友的身上，已经有很多生动的幸福事例证明：“共读、共写、共同生活”不仅帮助了孩子的成长，同时也促进着父母的发展。

《新京报》的资深编辑曹保印的故事，就是一个典型。

作为一个男人，他的生命中有两件事是非常关键的：成为父亲和失去父亲。成为父亲是人生的第一次历练，这个时候，他会体验到心理的断乳，认识到他的生命不再仅仅属于他自己，他会更加富有责任感，觉得自己开始真正长大。而失去父亲则是人生的第二次历练，他会体验生命的断乳，觉得自己是一个家庭的顶梁柱，成为一个真正意义上的男人。

而曹保印幼年丧父，所以对亲子关系特别敏感和珍惜；中年得女，所以对女儿特别钟爱并为之骄傲。在女儿天天诞生后的忙乱的第一个月里，他每天坚持写札记。

曾经有许多学者、作家记录过孩子的成长，如著名儿童心理学家陈鹤琴先生，就用近一年的时间记录儿子的生活。但是，每一个孩子都是一个世界，都是一个独特的生命。每一个父亲都有自己的审美情趣与价值观，都有自己的观察方式与记录视角。

从“降临人间”到“焦虑的体温”，从“梦中的微笑”到“半夜的啼哭”，从“肚脐盖脱落”到“伤了小脚丫”，从“理胎发成光头”到“安静过满月”，曹保印用心地记录着孩子成长过程中的每一个细节。他把月子里发生的所有育婴问题整理出来，从分娩到如何抱孩子，从初乳到吸奶器，从吃奶习惯到爽身粉使用，从换洗尿布到擦肚脐，从理胎发到剪指甲、洗澡。它已经不是一本简单的原始记录，而是经过许多研究分析以后的建议书，简直就是一本现身说法的育婴指导读物，认真地反省着每一天的成败得失……

就这样，曹保印妻女的月子，也是他自己的“月子”。他记录自己的生活，反思自己的行为，陆陆续续居然写了 16 万余字，最后这些文字由人民出版社以《月子：一位父亲的札记》为题出版。

当女儿逐渐长大，父亲也同时成长。曹保印很重视电影的教育意义与价值。他用反省的方法，比较深入地研究了自己童年和青少年时代看过的电影，印象特别深刻的是一部在正式电影放映前加映的科教片《热风是怎样形成的》，相反，对那部正式放映的电影，他却没有任何印象了。他由此想到用电影教育孩子的妙处所在。

同时，在现实生活中，很多父母苦恼于和孩子无话可说，却又不知道原因到底在哪里，自己又该怎么做。而一旦父母和孩子无话可说，或者“话不投机”，说几句话就觉得多，那么，父母对孩子的教育就很难开展。在美国，很多家庭有传统的周末保留节目，如看音乐电影《夏洛的网》，这一点就非常值得我们学习。如果我们的很多家庭也有这种好传统，那么，整个中国教育都可能会有所改观。在这一点上，曹保印无疑是先行者。

于是，曹保印用心寻找那些真正能够走进孩子生命、真正能够伴随孩子成长的好电影。

曹保印努力的初步成果，是不仅陪着女儿看了一部又一部的好电影，不仅用电影做出了生动活泼、孩子喜闻乐见的家庭教育，而且又写出了一本《陪孩子看电影吧》。

承载着热爱家庭的价值的《绿野仙踪》，承载着合作、诚信、友谊的价值的《夏洛的网》，承载着热爱生命的价值的《导盲犬小 Q》，承载着对“问题儿童”不放弃、不抛弃，坚信奇迹会发生的价值的《放牛班的春天》……曹保印以爱家、爱朋友、爱生命、爱追梦、爱青春为主题，全面介绍了 20 部世界经典儿童电影。他完全是以儿童为中心来判断电影的价值，这些电影涉及了人类所有美好的价值与情感，如家庭、生命、友谊、理想、青春、诚信、合作、承诺、正义、善良、勇敢、公平、公正等。

当然，与所有的书目选择一样，选什么总是非常困难的，而且也总是众说纷纭。电影的选择同样如此。虽然曹保印用心研究并综合了很多读者和网友的意见，但书中所选择和解读的20部电影，肯定有遗珠之憾，而且跟我们选择学生读物时出现的窘境一样，这20部电影中，我们民族自己的原创作品始终太少。

纵然如此，曹保印的探索也有着深远的意义。因为，与那些承载这些价值与情感的书一样，这些东西，不仅孩子需要，成年人同样需要。这些年在推广儿童阅读的过程中，我们遗憾地发现，中国儿童极其缺乏这些充盈着人类最美好的价值与情感的营养，中国孩子的父母、教师也同样缺乏这些营养。而我们的电影，就更加没有这样的文化自觉。但儿童的健康成长，却真的离不开这些价值，也真的离不开这些承载着普遍价值的电影艺术作品。在这一点上，中国确需努力追赶。

因此，曹保印的书，不仅是一部简单的电影导游书，而且是一部价值熏陶的书。他希望更多的父母、教师甚至全社会，能够意识到这些世界经典儿童电影所承载的价值与情感的极端重要性，并自觉用这些影片去教育、引导和影响孩子；希望通过"亲子共赏"的形式，丰富儿童和青少年的精神文化生活，使他们的视野更开阔、思想更敏锐、眼界更高远；促进他们的身体健康，使他们能从高高的作业堆里抬起头来，偶尔解脱一下，轻松轻松；增进孩子与父母的感情，制造父母和孩子能聊得来、聊得轻松愉快、聊得有价值有意义的共同话题，进而使家庭气氛更加温馨，也可以使孩子与父母互相增进了解与理解。

曹保印的"亲子共赏"，就是"亲子共读"的另外一种表现形式。因为这些世界经典儿童电影，大部分是根据经典的儿童读物改编的，如《再见了，可鲁》《绿野仙踪》《夏洛的网》等。欣赏这些电影，不仅可以帮助孩子更好地理解优秀的儿童读物，也有助于孩子更好地走进儿童经典读物的世界。

事实上，的确有许多孩子就是因为喜欢上了这些世界经典儿童电影，转而想阅读跟这些电影有关的图书，从而慢慢地热爱读书的。曹保印也非常自觉地结合具体的电影，向孩子们推荐了很多好书，尤其是那些经典电影的原著。在视觉文化占主导的时代，很多人正是在看了电影之后，才去阅读和电影相关的图书的。往往随着某一部电影的热播，同名图书总是会有非常不错的销量。电影和图书“捆绑”销售，用电影票房带动图书码洋，用图书码洋反推电影票房，已经成为“时尚”。利用这个规律，我们就能让孩子们真正地从“亲子共赏”走向“亲子共读”。

曹保印的育儿故事，因为女儿年龄尚幼，还只是共赏、共读、父母来写。但是，一旦父母提笔为自己的孩子、为那个全世界独一无二的生命，记录下成长的历史，父母就会自然而然地跟孩子一起，在记录中反思、成长。而这样成长着的父母与孩子，在共同度过漫长的岁月后，就会轻而易举地创造“共写”的佳绩。

如新华出版社的编辑徐光，有一天她自己也写了一本书，名为《教育无痕》。这是一本非常有意思的书，是母亲徐光与儿子嵇萧桐共同创作的。这可不是用上儿子几幅插图式的“合作”，而是由始至终都闪耀着儿子的智慧。

首先，这本书其实是在儿子的鼓励下写成的。有一天，儿子看到妈妈写的文章，就兴奋地对妈妈说：“您为什么不写本书呢？”当妈妈担心写不好时，年幼的儿子竟然对妈妈说：“有我呢！您不知道写什么的时候就问问我，我是您的孩子，也是您智慧的源泉。”也许，没有儿子的这番鼓励，可能就不会有这本书的问世。

其次，这本书记录了母亲与儿子的大量对话以及发生在他们家庭中的故事。在书中，我们会看到妈妈怎么让在学校受到挫折的孩子当“家庭体育委员”，看到妈妈怎么与儿子一起打雪仗、堆雪人，看到妈妈怎样与孩子一起研究蚂蚁并且让儿子创作出《蚂蚁国王的生日》，看到妈妈怎么让孩子绘出梦中的“我”，看到妈妈怎么让孩子去感受大学的生活……我们看到，其实教育就在平常的生活之中，一个有心的母亲就是一个伟大的教育家。

最后，在这本书中，母亲为孩子记录了许多“名言”，如“为错过一次机会而哭泣的人，等到第二次机会来临的时候，他也会照样错过”“母亲的慈爱给人以温暖，父爱的光芒给人以激励；两者合在一起，则变成了雄鹰翱翔的天空”“如果你想做一个完美的人，一定要把你身上的缺点克服掉。缺点就像垃圾一样，不打扫，就会越积越多”，等等。这些儿子的“名言”在母亲的心目中与培根、鲁迅、杜威、陈鹤琴等人的语录具有同等的价值，在书中也享受了同样的待遇。

这本由母亲与儿子共同完成的著作中，没有什么惊天动地的故事，也没有像哈佛女孩那样的标榜，是可能发生在每一个家庭中的普普通通的事情。但正因如此，才有着独特的价值，才能给更多父母以启发：从普通的事情中，我们足以得出许多不普通的感悟。就如该书的97个标题，本身就非常值得玩味，堪称97个精彩的哲理。如“不让童心去流浪”“相信孩子是独一无二的”“欣赏孩子成长的每一瞬间”“不要逼兔子游泳”“让孩子自信地过一生”“孩子的心灵埋藏着哲学的种子”等。

徐光之所以能与儿子一起写出这样精彩的著作，是因为她把家庭教育当作自己的“一种乐趣，一种享受，一种富足”，只有能够享受教育的人，才会演绎教育的精彩，创造教育的辉煌。而之所以能够实现无痕的家庭教育，归根结底，其密码仍然是基于母子都有阅读的习惯，心灵得以对话，持之以恒记录，真正共同生活。

《中国青年报》常驻福建的主任记者陈强也是如此。

这位从业20载的资深记者，遍访中华大地，涉足诸多国家。2006年1月至2007年7月，他到美国密苏里新闻学院做访问学者，当时他的女儿陈韵正是福州群众路小学六年级学生，于2006年初随父母到美国，在哥伦比亚市Lee小学五年级和Lange中学六年级学习过一年半时间。

到美国不久，父女俩就唱起了“二人转”，在《海峡都市报》开设了《大小眼看美国——陈强陈韵正父女专栏》。专栏好评如潮，故而结集成书。《中国青年报》的副社长谢湘说，这本书是60后与90后两代人的联动，是“新闻眼”与“儿童眼”的互补，是理性的“观察眼”与纯真的“感性眼”的微观扫描，他们从不同的角度展现了一个“微观美国”。

大眼看的美国是以小见大，如“为什么说诚信是美国社会的通行证”“美国社会生活中的活雷锋”“免费公共资源从何而来”“美国穷人如何过日子”“美国基层选举是怎样进行的”“美国癌症病人咋就这么潇洒”“市长为啥不领一分钱工资”等，一事一论，都是作者的亲身经历，有一些可以说是他刻骨铭心的感受。像关于诚信问题的观察与思考，关于志愿服务精神的考量与分析，都非常值得我们学习。

小眼看到的美国是小中有大。无论是“教室里居然有个浴缸”“小学生怎么过情人节”“老师发的钱能买时间”，还是“美国老师教我做家务”“为何美国校车有特权”，虽然没有许多分析与思考，但是这些现场记录的文字，为我们提供了许多思考的空间。如小眼看到的教科书循环使用的问题，陈韵正就领到了一本1992年就开始被人使用的课本。她已经是第四位使用者了。再如“家长会”，在美国是以学生为主，单个家庭进行的，是孩子向父母展示“成就”的活动。这些对于我们的教育是很有借鉴意义的。

放眼四周，还有很多这样的榜样。只是时代喧嚣，他们的歌唱往往被应试的大潮淹没。

新教育实验一直倡导“过一种幸福完整的教育生活”。如果说因为社会大环境的影响，导致这一理念在学校里普遍落实还需要时间，那么在家庭里，落实并不是难事，而且完全可能立即成为现实。让孩子有一个阳光灿烂的家庭与学校生活，是新教育实验的重要价值追求，让孩子过一种幸福完整的教育生活，则应该成为父母自觉的行动准则。只有这样，才能让每一个孩子成为他自己，发挥他的个性、特长和潜力，成长为一个对社会有用的人，这样的孩子就一定能在享受到教育的幸福完整后，拥有人生的完整幸福。

共读、共写、共同生活。如果我们的父母能够真正与孩子并肩共读、携手共写，那么在我们洞察孩子生命的神奇时，也会发现自己存在的意义。“大眼小眼”一起看世界、看人生，大手小手一起写经历、写梦想，父母与孩子一起阅读世界的纷繁，记录生命的历史，书写生活的美好，应该成为现代家庭教育的方式。

静思觅恒谈阅读

从水龙头里淌出的，永远是水。从血管里涌出的，永远是血。一个人的生命体验，决定着这个人言说的内容。这些年，我始终呼喊着“一个人的精神发育史就是他的阅读史”，正是因为这是我的亲身体会。在书香世界里拥有完美人生，我的人生因阅读而幸福。

对我来说，读书也是一种行走教育的方式，书香世界是滋养灵魂的泉源。

《沉思录》《居里夫人》《林肯传》《产生奇迹的行动哲学》《如何改变世界》……我喜欢看伟大人物传记类的图书。心里有梦，生命就有光芒；坚持行动，梦想就能实现。阅读潜在地改变一个人的命运。

报刊也是我精神之旅的重要驿站。报刊的新闻性与及时性打开了一扇世界之窗，窗外的世界很精彩。如何辨析、取舍，如何汲取、消化，如何借鉴、行动，将脚下坚实的大地耕耘成为别人眼里的风景？不断反省，点滴进步。

当然，我读的主要有三种书：第一种是名著，尤其是教育类名著。与经典对话，与大师交流，给心灵一份营养，给思想一方晴空，已经成为我生活的重要组成部分。第二种是朋友的著作。我是许多朋友的著作的第一读者，走近这些著作的时候，经常感觉到一种温馨的沟通、亲切的回忆，为朋友们的书写点文字，也成为我的一种享受。第三种是自己的著作。写作的过程，其实也是阅读检索自己心灵的过程。而且，每一个作者都要读自己的书，都要为自己的书撰写前言、序或后记等，这些前言、后记等文字往往是一张导游图，一张说明书，又似乎是一张门票，成为联系作者与读者的桥梁。

与生命发生共鸣的阅读，才是最好的阅读。因此，阅读必须结合着每个人的生命阶段与个性特质，对于不同的人群来说，阅读的内容与方法，都有所不同。

对成人来说，终身教育是使个人具有健康的精神生活、精彩的人生情趣的重要途径。个人的终身教育开展得怎样，在很大程度上取决于个人的学习态度，而开展的方法则在很大程度上取决于阅读能力的高低。曾有人将人的生活比喻为三个阶段：第一是“吃饭”阶段，主要是解决温饱，满足基本的生存需要；第二是“吃药”阶段，指人们开始关注健康，包括对环境、对绿化的重视，追求生活的舒适；第三是“吃书”阶段，就是要生活得高雅一些。

正如陶行知先生所说:“如果你有两块面包,你要拿出一块去换一盆水仙花。”很显然,这里的“水仙花”就是比喻较高品位的精神享受,或者说是较为高雅的精神生活。作为个体,如何尽快跨越前两个阶段而进入第三阶段?依我看,接受和投入终身教育自然是最为重要的一条途径。社会上健康向上的学习娱乐活动多了,社会也将更加安定、协调,个人也将获得更多健康、高雅的精神生活。

对孩子来说,早期的阅读是扎根在孩子心灵深处的永恒记忆,童书中孕育着动物、植物、人物的美好形象,承载着人类美好的情感——尊重、友情、爱等,这些情感的种子在幼儿阶段播撒下去最能根深蒂固,并能在日后长成参天大树,伴随一生。一个孩子的精神成长仅仅依靠学校是远远不够的。因此,我们应当高度重视儿童的阅读问题,指导孩子阅读优秀的儿童书籍,为其健康成长提供充足的精神养分。

而现在流行的卡通读物就像麦当劳、肯德基,虽然它们不是最好的,却在以特有的东西打动孩子。因此童年的阅读既需要孩子主动地探寻,也需要成人的引导。孩子喜欢感动他们的东西。我们要知道什么是最好的,并找到最好的东西给孩子,和孩子一起分享,一起“品尝”,一如衣服、食物。

对教师来说,要弄清教师专业阅读与人文阅读的关系。前者只是一个领域,后者是十分重要的。不同学科的老师有不同的阅读空间,一如人的胃,不能过分强调营养结构而忽略了人的个性需要。每个老师可以选择自己感兴趣的内容。阅读中很重要的一个内容是老师和孩子共同阅读,很多老师要补童年的课,如儿童读物这一课。否则,老师就没有和孩子共同成长的语言、共同生活的密码。

中小学教师有两类书必须读:一是孩子们读的书,像《格林童话》《安徒生童话》以及现在孩子们正在着迷的书。只有这样,教师和学生才有对话的可能。二是读教育名著。因为人类几千年的教育活动积累下来的好的理念和经验是不变的,读这样的书可以少走弯路。我心中理想的教师,就应该从基础做起,扎扎实实多读一些书,要读《论语》,要读陶行知,要读杜威,要读苏霍姆林斯基……

对学校来说,图书馆和计算机房是学校设施的灵魂。苏霍姆林斯基说过，一所学校可以什么也没有，但只要有图书馆，就可以称之为学校。读书是丰富学生精神世界的重要渠道。我们的学校教育和语文教育已误入歧途，图书在许多学校只是装点门面的工具，而没有成为孩子们须臾不离的精神食粮。有鉴于此，新教育实验专门成立了新阅读研究所，已经推出了中国幼儿和中国小学生基础阅读书目各100种，中学生、大学生书目正在研制中。我们希望通过阅读它们，新一代的中国孩子能有更多的人文关怀、更高尚的人格魅力。

我们已经进入一个新的时代，这是信息化程度非常之高的知识经济时代。学生的学习已不可能只限于课堂，只限于学校。互联网上的各种信息已成为丰富的教学资源。如何让我们的学生形成强烈的信息意识与高超的信息处理能力，是教育的一项紧迫任务。

传统学校的格局，现在完全可以彻底改变：把学校的图书馆搬到教室里、走廊上，学生随时可以找到自己想读的书、想查的资料；把学校的计算机房搬到教室里、走廊上，学生随时可以上网浏览，随时可以与专家联络。这些地方应该没有节假日，只要有学生在学校，我们就要尽一切努力为他们服务，让孩子们得到最大的便利。

与此同时，学校图书馆配书很值得研究，包括好的书目、出版社、版次。有些招标来的图书并不适合孩子看，其实需要专门机构来解决这个问题。我认为有一个原则：当图书与眼睛、心灵交流时才成为图书，否则就是废纸。中小学图书馆的建设包括图书馆管理员的选择，都很重要。

对于每个人来说，有必要强调一下的是读者应有的读书品质，即有心读、有书读、读之有法、能真正收到效果的必要前提，概括而言就是四个字：静、思、觅、恒。

静：现代社会，人们普遍带有浮躁不安和急功近利的心态。对读书人来说，能否抵御外在的喧嚣，抛却过度的物欲，以一种古典的平静之心面对书籍，这是我们能否真正走进书香世界的前提，因为淡泊得以明志，宁静方能致远。也只有在这种宁静、闲适的精神漫游中，阅读者才能真正品味到一种平和空灵的喜悦，体悟到一种“宠辱无惊，去留无意”的豁达，从而呈现出一种“重为轻根，静为躁君”的安详，也才有可能使书尽显其应有的益智、怡情和滋养人生的潜在的价值。

思:“学而不思则罔，思而不学则殆”，此言用于读书亦然。因为读书的关键在于读书的过程中是否能够善思，能否“思接千载，视通万里”，进而时时闪现思维的火花。一本书中自有许多东西，读者可以读到书中有的，但能否读出更多书中所没有的，却有赖于读者的思考，进而不断丰富自己的思想。正如《说读书之重要》的作者唐君毅先生所言:“直接单纯的一个思想，从来不会深的。只有对一个思想再加思想，才能使思想深。……人只有走过他人所已走过的，才走得远。人亦只有思想过前人所思想的，才能思想得深。”此言甚然。

觅:这里所讲的“觅”，既是指读书的种类、书的内容，更是强调在相对有限的自我支配的时间、空间情况下，读书人应当有效地合理分配时间、充分利用时间，尽一切可能通过读书来不断充实、提高自己。能否做到这一点，关键还是取决于读书的意识是否强烈、自我提高的内在需求是否迫切。暂且不说“三上”的时间不可荒废，只要我们能把平常忽视的、分散的时间加以利用，也同样能收到集腋成裘、聚沙成塔的效果。

恒:古人的“十年寒窗”之语，早就明示了学习、做学问要有刻苦、恒久的决心和毅力。而在现时期，能甘守清贫与寂寞，孤身一人、孤灯一盏，以书的博大来温润自己的生命，从而执着地追寻精神的家园，即贵在一个“恒”字。否则任何计划、方法都是镜花水月。事实上，奥斯罗的 15 分钟的启示就在于，我们既要善于经营自己的时间，又要把每天的读书时间相对固定并持之以恒地加以坚持。无“恒”则一事无成。

对世界来说，中国文化是一个非常特殊的体系，用汉字写出来的东西，经过英文转译以后，本身的韵味就受到了很大的影响。例如我们的唐诗、宋词翻译成英文以后，很难达到原来的境界。我们很多优秀的汉语书写的作品，通过语言转换以后，魅力也会受到很大的影响。我们缺少像傅雷、钱锺书、杨宪益等老一代那样的非常优秀的翻译家，而国外的汉学家对中国著作翻译的力度又不是很大。要想改变，就需要我们通过阅读以开阔视野，最终通过行动以开拓创造。

我坚持提倡设立“阅读节”，其目的就是想通过节庆的方式唤醒国民的阅读意识，让阅读变成中国人的一种日常生活方式。我认为，所有电视台应该有专门的阅读栏目和读书时间，如在早晨的新闻节目前安排一个名著欣赏或诗词吟诵节目，在晚上的黄金时段，为什么不可以有好书评论节目呢？电视媒体应该主动承担起“拯救阅读”的责任。通过电视这样一种强势媒体的广泛影响力，使更多的人加入阅读的行列，让阅读真正成为人们的一种需要，成为一种相伴终身的行为。

附 录

朱永新：推广阅读是我终生的事业

朱永新，推进新教育实验，倡导全民阅读，作文饱含真知灼见，言说条理清晰，为人亲和真诚，做事干脆利落；他以学者的智慧、诗化的语言和充满理想主义而又切合实际的行为，改写了人们心目中的官员形象。2010年两会，朱永新再次提交了把孔子诞辰日作为国家阅读节、把全民阅读作为国家战略、设立国家阅读基金、建设“全国图书资源信息共享系统”等建议。2010年3月8日，在第十一届全国人民代表大会第三次会议分组讨论的间隙，朱永新接受了《中国新闻出版报》记者的采访。

学者朱永新——精神发育来自阅读

朱永新有一个核心思想，认为“一个人的精神发育史就是他的阅读史”。朱永新酷爱阅读，还是一个懵懂少年时便怀抱文学梦想，尝试过诗歌和小说的创作。1975年，17岁的朱永新高中毕业，在镇上当文教助理的父亲没有利用职权给儿子安排一份代课教师的工作。之后的两年，朱永新在建筑工地上当泥瓦小工，在乡镇小厂里把通红的铁水灌进砂模，或者肩挑背驮，踏着忽闪的跳板装卸沉重的货物……最后，朱永新成了当地供销社的一名棉检员。

1978年，恢复高考的春风激荡着朱永新年轻的心，一心想当作家的朱永新盼来的录取通知书上，却赫然写着“江苏师范学院政治教育专业”。但这并未影响朱永新的读书热情，他选择了自己感兴趣的教育心理学专业。1986年底，年仅28岁的朱永新凭借几百万字的著述被破格评为苏州大学副教授。10年间，通过刻苦攻读，朱永新完成了从大队会计、翻砂工、泥瓦匠小工、搬运工、营业员到“学术狂人”、江苏省最年轻的副教授的转变。

回顾在苏州大学度过的废寝忘食、读书成瘾的青葱岁月，朱永新感慨良多。第一次走进学校图书馆，浩瀚的书籍让他瞠目结舌！从此，他的眼睛再也离不开书籍，直看到戴上眼镜，镜片儿度数日渐加深。在这期间，朱永新阅读了大量的名人传记，他把这些伟人看成一座座山头，他要一座一座地“阅”（越）过去，把自己理想的标杆插在这些高山峻岭上。

在苏霍姆林斯基的著作中，朱永新读到过这样一段话：“无限相信书籍的力量，是我的教育信仰的真谛之一。”从此刻骨铭心。朱永新说：“许多年过去了，我对这句话的理解与日俱增。如果说人类的物质文明可以通过建筑、工具等物化的形态保存和延续，那么人类的精神文明如何保存和延续呢？”带着延续人类精神文明的强烈愿望，朱永新倡导并力行的“新教育实验”中，阅读成为一项重要内容，通过经典阅读，让教师在每天日常的课堂里找到自信和价值，让学生养成终身阅读的习惯。“教育是我的最爱，而阅读和教育紧密联系在一起。”朱永新说。

言者朱永新——用思想之火点燃理想之柴

朱永新从不讳言自己是一个理想主义者。“当今世界，理想主义因其稀缺而更显珍贵，一个知识分子应该成为理想主义的代言人，警醒并引领一个时代往更好的方向前进。”

在前辈老师的推荐下，1988 年，而立之年的朱永新成了中国民主促进会的一员。2003 年 3 月，朱永新当选为全国政协常委。之后，在全国两会上，一向平易近人的朱永新锋芒毕露，从对假民办的批评到对独立学院政策的质疑，从限制审批大学城扩张到公务员考试应该取消学历门槛，从义务教育到教育公平问题，他慷慨陈词、大胆建言。当本报记者问及他的激情与锐气来自何处时，朱永新说：“激情与早年的阅读和写作训练有关，是年轻时代梦想的延续。锐气来自对教育理想的追寻，也来自作为一个民主党派人士的责任，民主党派领导人的职责之一就是建言献策，帮助政府发现问题、解决问题。在大家都关注 GDP 时，需要有人仰望天空，看得更远，想得更深。”

事实上，朱永新仰望天空的同时从未放弃言说，他充满激情的演讲激发和感染过无数人。2001 年，他的《我的教育理想》出版，书店的样书不断告罄，大宗的订单发自省外，山东的一位校长因为一时买不到书，竟然复印了 100 本发给每一位老师……短短一年内，这本书再版了 5 次。一本教育理论书成了畅销书，是思想之火点燃了人们胸中的理想之柴，也是语言的魔力叩开了人们久闭的心扉。

同样，关于阅读，朱永新激情依旧，他在各种场合一再重申自己的观点："一个人的精神发育史就是他的阅读史；一个民族的精神境界取决于这个民族的阅读水平；一个书香充盈的城市必然是美丽的城市；让阅读成为我们的生活方式，让阅读成为教育的主要内容，让阅读成为我们的国家战略！"

从2003年开始，朱永新每年都从不同角度在两会上提交"建立国家阅读节，促进全民阅读"的建议。这项建议得到了新闻出版总署的充分肯定，目前，新闻出版总署已与中宣部联合正式向国家法制办提交了这一建议。

行者朱永新——把阅读进行到底

朱永新自称是一个现实的理想主义者、一个行动的理想主义者。的确，从走进各地中小学校推行新教育实验，到在苏州打造书香城市，到连续8年提案建立"国家阅读节"，到提笔撰写《改变，从阅读开始》，可以看出，朱永新不是一个仅仅沉溺于书斋的学者，而是把真正对社会和他人产生作用视为己任。

1997年，在苏州大学教务处处长任上显露了出色管理才华的朱永新被调任苏州市副市长，分管教育、文化、卫生等。在他的倡导和主持下，2006年9月，首届苏州阅读节以"阅读，让苏州更美丽"为主题拉开帷幕，开展了100多项活动；2007年9月，第二届苏州阅读节以同样的主题，在更加高昂的热潮中举办。这一年，朱永新当选民进中央副主席，并荣登"2007中华十大财智人物"榜首。又一个10年，朱永新在追寻教育理想的过程中，不经意间完成了由知名学者、实干官员到民主党派领导人的转身。

朱永新曾经说过，要把阅读进行到底。在朱永新看来，离开苏州市副市长的位置就任民进中央副主席，在推进全民阅读方面，虽然没有了一方水土的实验场，但是舞台更大了，机会更多，资源更多，也更有利于登高一呼。在回答本报记者做学者与做官员的区别的提问时，朱永新说："学者代表社会的良心，对社会提出批评和提醒，而政府负责建设和行动，碰巧我把二者统一了起来。推广阅读是我一生的事业，这点不会变。"

推广阅读，朱永新没有停止行动，除在两会上提交了四份建议外，朱永新还带领他的“新教育”团队研究适合不同读者的分类书目，他要站在完全公益的立场为中小学生、领导干部等不同人群推荐真正的好书。为了不让生活的压力影响独立书评人的精神自由甚至磨灭其思考能力，朱永新寄希望于国家阅读基金的尽快设立。

“我希望中国能拥有一批真正独立的书评人，每年专门负责给国家和社会推荐优秀的图书。”朱永新说。

选自2010年3月17日《中国新闻出版报》，记者周翼双

《我的阅读观》教育经典版后记

2000 年，《我的教育理想》一书由南京师范大学出版社出版。

因为这本书中提出了新教育的许多基本理念，直接催生了新教育实验的落地，我们把这本书作为新教育实验诞生的标志。

转眼间，新教育实验走过了整整 18 个年头。

2012 年，《我的阅读观》一书由中国人民大学出版社出版。

这本书总结了我关于阅读问题的思考和新教育十余年在营造书香校园方面的探索，虽然冠名为"我的阅读观"，其实就是新教育的阅读观。

《我的阅读观》出版以后受到广泛的好评，被认为是一本关于阅读的比较经典的著作，因此也多次重印。

漓江出版社的文龙玉老师，是新教育人的老朋友。一直尽自己的力量帮助新教育总结、出版系列的著作，从新教育的年鉴，到一线老师的著作，多年来从未懈怠。

文老师多次提出漓江社要出版《我的阅读观》一书，她的一个基本主张是中国的图书市场非常大，不同出版社有不同的读者群，好的书需要扩大影响。因为之前出版这本书的呼延华先生也是我多年的好友，所以一直没有同意。去年，她再一次认真地找我，希望把我自己最看重的《我的教育理想》《我的阅读观》和《致教师》三本书，作为我的三本代表作品一起出版精装本，像她们已经为李镇西和魏书生出版的代表作一样。我答应了她的请求。

她希望我为《我的阅读观》新版写一个后记。我也答应了，但是一直没有写。这两天她不断告急，说万事俱备只欠后记了。于是我匆匆忙忙写了点文字。

想起前不久应某报社记者就阅读问题做过一个访谈，把这次访谈的内容放在这里，作为后记的一部分内容。

问题一：为推动全民阅读，提升民族素质，国家把全民阅读上升到法律层面，可见国家对阅读的重视。作为全民阅读的推动者，这几年来，就全民阅读的质与量而言，您认为是否达到了预期？

朱永新：我个人认为，这些年来全民阅读的质量还是有了很大的提升。首先，阅读的理念已经被更多的人接受，全民阅读的氛围越来越浓厚，阅读率连续下降的趋势也得到遏制。据中国新闻出版研究院2017年发布的全民阅读调查数据显示，2016年我国成年国民各媒介综合阅读率达到79.9%，其中数字化阅读方式的接触率达到68.2%，较上年上升4.2个百分点，连续八年保持上升势头。其次，各级政府高度重视全民阅读工作。倡导和推进全民阅读，已经连续五年写进《政府工作报告》。据不完全统计，全国已有400多个城市设立了城市读书节，如苏州、深圳等地的读书节已经发展成为城市的重要文化活动。许多城市和学校也像我们所提议的那样，把每年的9月28日孔子诞辰日作为自己的阅读节、阅读日。《全民阅读促进条例》的出台和《中华人民共和国公共图书馆法》的颁布也表明，一系列重大举措正在推动着全民阅读向纵深发展。再次，一大批民间阅读推广人和推广机构活跃在全民阅读领域。以新教育研究院新阅读研究所为例，自2010年成立以来，就先后研制了《中国幼儿基础阅读书目》《中国小学生基础阅读书目》《中国初中生基础阅读书目》《中国高中生基础阅读书目》《中国教师基础阅读书目》《中国父母基础阅读书目》等多个书目，并且通过网络读书会的方式服务2亿以上人次；针对教师、父母、儿童和社会各界举办各类培训数百场，每年召开“领读者大会”，发布年度中国童书榜；发起的“领读者联盟”也有数百家阅读推广机构参与其中。

当然，离我们理想中的书香社会，仍然很有不少距离。阅读还没有成为大部分人的生活方式，如在高铁、飞机以及许多公共场合，真正潜心读书的人还不多，等等。

问题二：《梦想因阅读而生》一书中，您提到了阅读要有生活经验支撑。如此而言，中小学生、大学生和工作之后的人的阅读，是否应该有所区别？这是否意味着阅读要有选择和取舍？如何才能做到阅读的取与舍？

朱永新：人生不同阶段的阅读内容、阅读方法、阅读途径等都是不同的。正如一个人的阅读会经历浪漫期、精确期和综合期一样，一个人在中小学、大学和工作以后的阅读是应该有所区别的。

中小学阶段，是一个人一生中阅读的“浪漫期”，也是阅读的打基础的时期。这个时期的阅读，可以结合学校学科学习，比较系统地阅读文学、科学、社会、哲学等领域的优秀书籍。掌握人类最基本的经典，为自己的人生打好精神的底色。

大学阶段，是一个人一生中阅读的“精确期”，也是阅读的黄金时期。这个时期相对有比较充裕的时间，也是构建自己的知识体系的关键时期。这个时期，可以好好地围绕自己的阅读兴趣和未来发展领域系统，全面地进行相对“精准”的阅读。也可以弥补中小学阶段的阅读缺陷，进行一些补充性的阅读。

工作以后的阶段，是一个人一生中阅读的“综合期”，也是阅读的“马拉松”时期。这个时期，一方面要围绕自己的工作领域阅读，让自己在工作领域里有话语权，成为受人尊敬的专家；一方面也可以围绕自己的兴趣领域阅读，成为某个领域的专门家。一个人长期关注某个问题，系统地进行专题性阅读，5~10 年的时间就可能成为这个领域的小专家。当然，成年人的阅读，可以更率性一些，更自由一些，更少一些功利。让自己享受阅读的过程，让阅读成为自己的生活方式，才是最为重要的。

就阅读的取和舍，我个人认为还是尽可能阅读那些经过时间考验，大浪淘沙传承下来的伟大书籍。读最好的书，正如交最好的朋友。书和人是彼此驯养的。

问题三：针对学校教育重课本、轻课外阅读的现象，甚至一些教师授课只读几本参考书的现象，您提出了教师不阅读，从某种意义上是整个社会缺乏阅读现象的缩影。建设书香社会，要从打开教师的阅读视野开始？

朱永新：我曾经说过，学校的课本相当于母乳，在孩子成长的最关键时候发挥着重要的作用，因为它营养最丰富，最容易消化吸收，也最安全。但是，一个只吃母乳的孩子一定是营养不良的孩子。特别是 6 个月以后，孩子就需要补充五谷杂粮，补充肉蛋蔬果。如果学生只读教科书，不读原著经典，也会是一个精神发育不良的人。

其实，我不是很赞同使用“课外阅读”这个概念，因为阅读是没有所谓课外课内的，所有的学科都有阅读的任务。阅读对于开阔学生的视野，形成广阔的智力背景具有重要的意义。那种只让学生看课本做习题的老师，是目光短浅的老师，他们的学生也一定是走不远的。没有热爱阅读的教师，是不可能培养出热爱阅读的学生的。而没有热爱阅读的学生，自然未来的公民就不可能热爱阅读。在这个意义上说，建设书香社会，应该从教师的阅读开始。

我曾经说过，教师本身就应该是一个优秀的读书人，就应该懂得享受阅读的乐趣，就应该懂得什么是好书。只有这样，才能把这种享受和愉悦传导给学生，才能为学生们推荐最优秀的图书。所以，教师不仅要自己带头阅读，更要成为阅读的组织者与领导者，及时与学生分享自己正在阅读的好书，讲述那些曾经影响过自己的好书，帮助学生建立各种各样的阅读俱乐部，开展丰富多彩的阅读活动。

教师也是推动父母阅读和“亲子共读”最重要、最有效的力量。新教育实验主张“共读共写共同生活”，新教育的老师，尤其是班主任，往往会定期给父母写便签和书信，推荐亲子共读的书目，把父母亲带入与孩子一起读书的活动中来，这也是培养学生阅读兴趣的重要路径。

问题四：您主张用阅读重建信仰，建设书香社会，希望父母、教师和领导干部要起带头作用？根据您的观察，这三类人群的阅读现状到底如何？您对此有何建议？

朱永新：是的。我认为在全民阅读已经取得一定成效之后，如何进一步深化阅读，让阅读取得更好的效果，让阅读能够为中国的腾飞进一步增添动力，需要进一步努力、深化、细化、实化。具体的办法还是要抓住父母、教师和领导干部三个重点人群。父母之所以特别重要，是因为家庭是真正的孩子的摇篮，父母是孩子最重要的首任老师，亲子共读是激发孩子阅读热情最有效的方法。领导干部之所以特别重要，是因为领导干部的视野与胸怀直接影响到全社会所有工作的推进，而他们的视野及胸怀与阅读直接相关。同时，领导干部本身也是重要的阅读推广人，他们在言谈中会议上推荐的书籍，会影响和带动全社会的阅读。教师之所以特别重要，是因为学校是播下阅读种子的最重要的地方，尤其中小学时期是阅读兴趣与能力形成的最敏感时期，教师是教孩子学会阅读最关键的引路人。

从目前的情况来看，三个人群的阅读情况都还有很大的提升空间。许多父母和教师虽然开始关注孩子的阅读问题了，但是对于自己的阅读却不重视。他们不知道，与孩子、学生一起成长才是真正的成长，与孩子、学生共同阅读，才有共同的语言和密码。许多领导干部说忙于事务，忙于各种会议、检查等而没有时间阅读，其实可能也不是真的没有时间，而是没有真正意识到阅读的意义和价值。我一直认为，真正重要的事情一定是有时间做的。关键还是要真正从思想上提高对于阅读问题的认识。

而要真正解决思想认识问题，需要国家的顶层设计，需要把阅读作为国家战略。今年两会上，我就此提出了三条建议：

一是设立国家阅读节。节日的本质也是平常的日子，只不过我们把日常生活中重要的部分提升为一种仪式。设立国家阅读节是最简便有效、最好的扩大对阅读的宣传、加强影响力、提高重要性的做法。让节日长假和阅读仪式紧密结合，开展丰富多彩的活动，对阅读进行推动，让人们能够以丰富的心灵度过长假，让阅读与生活更紧密地相连。

二是加强书目研制。在信息时代，信息越是丰富，越容易导致人的迷失。书目的研制是为一个人的精神提供了一份营养全面的科学配餐方案，是为一个人的成长提供了一份藏宝图，便于人们按图索骥。信息时代读什么，是一个至关重要的问题，是一个影响着民族文化传承的大问题，也是树立文化自信的不二法门。政府可以通过委托研究或者购买服务等方式，为不同人群定制科学合理、具有创新精神、培养创造力的专业书目。

三是支持举办共读活动。由政府倡导、民间主导、媒体推动各种形式的共读，不同的群体进行同一本书或同一类书的阅读活动。建议以儿童为中心，一方面推动师生共读，一方面推动亲子共读，以影响学校里的教师和家庭里的家人这两个最大的群体。同时在党政机关举行共读活动。让全社会阅读氛围更为浓烈，阅读效果进一步加强。

本来想利用再版的机会重新修订，但是最近忙于《未来学校》一书的写作和两会提案的准备，实在无法静下心来，请各位海涵。

朱永新

2019 年 2 月 24 日写于北京滴石斋

《我的阅读观》新版后记

《我的阅读观》出版以来，已经多次修订，多次重印，各种版次已经超过了 30 种。漓江出版社先是出版了这本书的精装本，作为“教育经典”系列之一，颇受欢迎。这次又推出平装版，调整了一些篇目，希望我写一个新版后记。

《我的阅读观》第一版是 2012 年初由中国人民大学出版社出版的。也就是在同一年的 7 月，中央电视台评选“全国十佳读书少年”。我被邀请参加颁奖典礼。走进休息室，主持人把一位 12 岁的选手，带到了我面前。他是来自新疆维吾尔自治区奎屯市的少年，名叫塞普丁。

主持人问塞普丁：“认识这位老师吗？”少年盯着我看了看，说：“是朱永新老师。”我非常惊讶。我从来没有见过这个孩子呀，他怎么会认识我呢？

主持人也非常惊讶，追问到底怎么回事。第一次来到北京的塞普丁，在中国最大的电视台的摄像机前，当着一群大人的面，没有一丝怯场。塞普丁说：“我们学校是新教育实验学校，校园里有朱老师关于阅读的很多话，还配有朱老师的照片。我的父母，都是目不识丁的文盲。我自己在小学时还不会说汉语。但是，我们学校建设书香校园，要求我们多读书，读好书。所以，我读了很多书，也因此记住了朱老师。没有阅读，我不可能来到北京。也就不可能有今天的我。”

当着大家的面，塞普丁对我说：“朱老师，您说过，一个人的精神发育史就是他的阅读史。我要说，我的阅读史，将是改变我的家族和民族的历史。”

那一年，来自新疆的塞普丁，最终荣获了“全国十佳读书少年”的称号。后来，塞普丁就读于天津财经大学，在大学校园里继续阅读。

塞普丁的故事，只是这20多年来5600多所新教育实验学校无数故事中的一个。从2000年开始，我发起的新教育实验，用“营造书香校园”的行动，以推动阅读的方式，让许许多多师生、学校、地区，都发生了翻天覆地的变化。

我为什么发起新教育实验？也因为我读过的一本书。

早在发起新教育实验之前，在1993年，我当时担任苏州大学教务处处长，就推出了苏州大学学生必读书计划；1995年，我组织专家学者开始研制中国第一个中小学生书目。但是，直到1999年，我读到《管理大师德鲁克》这本书，才真正懂得了学者的使命和教育的真谛。这本书中讲到德鲁克父子去看望老师熊彼特，熊彼特对这父子俩说：“我现在已经到了这样的年龄，知道仅仅凭自己的书和理论而流芳百世是不够的。除非能改变人们的生活，否则就没有任何重大的意义。”写下这本书的德鲁克，和阅读这本书的我，都被熊彼特的这句话深深震撼。于是，我发起了新教育实验，走进了教育一线，走进了基础教育领域，走进了更多孩子们、父母们、老师们的生活之中。

我相信，这一类发生在中国大地上的故事，也发生在世界各地。肯定有许多人读过法国著名小说家让·焦诺的《种树的男人》。故事发生在普罗旺斯的一片荒漠中，有一个中年男人，每天选出100颗树的种子精心种下去，一年种下了3万多颗种子，有10%成活……就这样，一种就是30多年，他从中年变成了老年，昔日的荒漠变成了绿洲，人们形容这位种树的男人做到了只有上帝才能够做到的事情。

阅读，不就像给自己的心灵种树吗？在我们心中种下一本本美好的书，让它们滋养我们的心灵。哪怕生活中遇到痛苦的沙漠，我们也会有力量重新将它变成绿洲。

阅读推广人，不就像为人们的心灵种树吗？在人们心中种下一本本美好的书，哪怕只有10%的成活率，也永不放弃，最终创造出精神的绿洲。

而且，在阅读推广的路上，没有人是孤独的。在全世界，在中国，在我们新教育实验区、实验学校里，都有无数阅读推广人在行动。就像种树的男人一样，不断播下一本本好书的种子，不断培育一粒粒读书的种子。我们播下的是种子，更是希望、是力量、是美好、是未来。

只要行动，就有收获；只有坚持，才有奇迹。我愿意和大家一起，种树，种书，全力以赴地耕耘。

朱永新

2022 年 3 月 25 日写于北京滴石斋

2016 年 12 月 19 日，在湖北武汉做学前教育调研